Mundos de Primo Levi

Mundos de Primo Levi

ORGANIZAÇÃO
Renato Lessa
Rosana Kohl Bines

EDITORA PUC RIO
EDITORA

Coleção Diálogos

©Editora PUC-Rio
Rua Marquês de S. Vicente, 225 – Casa da Editora PUC-Rio
Gávea – Rio de Janeiro – RJ – CEP 22451-900
T 55 21 3527-1760/1838
edpucrio@puc-rio.br
www.editora.puc-rio.br

Editor e coordenador:
Felipe Gomberg

Editora assistente:
Lívia Salles

Produtora editorial:
Tatiana Helich Lopes

©Editora Numa
contato@numaeditora.com
@numaeditora
numaeditora.com

Revisão de originais: Lindsay Viola
Revisão de prova paginada: Cristina da Costa Pereira
Diagramação de capa: Flávia da Matta Design
Diagramação de miolo: SBnigri Artes e Textos Ltda.

Dados Internacionais de Catalogação na Publicação (CIP)

Mundos de Primo Levi / organização Rosana Kohl Bines, Renato Lessa. – Rio de Janeiro: Ed. PUC-Rio: Numa, c2022.

324 p.; 21 cm. – (Coleção Diálogos)

Inclui bibliografia
ISBN (PUC-Rio): 978-65-88831-38-0
ISBN (Numa): 978-65-87249-50-6

1. Levi, Primo, 1919-1987 - Crítica e intepretação. I. Bines, Rosana Kohl. II. Lessa, Renato. III. Série.

CDD: 853.914

Elaborado por Sabrina Dias do Couto – CRB-7/6138
Divisão de Bibliotecas e Documentação – PUC-Rio

Estou certo que meu destino profundo
(meu planeta) é o hibridismo, a divisão.
Primo Levi, entrevista a Giovani Tesio, 1982.

Agradecimentos

A oportunidade de organização da presente coletânea foi proporcionada pela realização do Colóquio "Mundos de Primo Levi", na PUC-Rio, em setembro de 2019. Uma iniciativa que contou com o apoio decisivo do Departamento de Direito da PUC-Rio, na pessoa de seu então diretor, prof. Francisco de Guimaraens, ademais um leitor atento de Primo Levi.

O Colóquio foi concebido por uma Comissão – autodenominada *Comitato Primo Levi* –, composta por Anna Basevi, então pesquisadora da UERJ/Faperj, e Andrea Lombardi, da Faculdade de Letras da UFRJ, e pelos organizadores desta coletânea. Anna e Andrea foram essenciais para a concepção do evento.

O Istituto Italiano di Cultura do Rio de Janeiro e o Consulado da Itália, por meio de sua diretora Livia Raponi e do cônsul-geral Paolo Miraglia del Giudice, propiciaram a vinda ao Colóquio do prof. Fabio Levi, do Centro Primo Levi de Turim e contribuíram, ainda, para a divulgação do evento.

A Associação Scholem Aleichem – ASA/RJ –, por meio de seu presidente Mauro Band, foi igualmente fundamental para a vinda do prof. Fabio Levi e para a divulgação do evento.

O apoio do Centro Primo Levi, de Turim, na pessoa de seu Presidente, o prof. Fabio Levi, foi-nos muito valioso, pelo estímulo, pela disposição de colaboração pessoal e institucional e pelo uso da "marca" "Mundos de Primo Levi", antes empregada em exposição concebida e realizada em Turim, pelo mesmo Centro.

Agradecemos, ainda, ao prof. Maurício Rocha, pelo apoio na produção dos materiais de divulgação, e às estudantes do Programa de Pós-Graduação em Direito Constitucional e Teoria do Estado, Maria Izabel Varella e Viviana Ribeiro, pela ajuda na organização propriamente dita do Colóquio.

Cabe agradecimento especial aos colegas que prontamente e com grande entusiasmo "aderiram" ao projeto do Colóquio e das publicações que se lhe seguiram: a coletânea e a revista *Hurbinek*. Nesse particular, deve ser mencionado o apoio decidido da Editora da PUC, na pessoa de seu diretor Felipe Gomberg.

Somos gratos, ainda, à PUC-Rio e, em particular ao Centro de Teologia e Ciências Humanas, e a seu diretor Júlio Diniz, pelo acolhimento ao projeto de constituição, em nossa Universidade, de um núcleo permanente de atividades, devotado à obra e aos temas do escritor italiano, o Centro Primo Levi/PUC-Rio.

Sumário

Apresentação

Uma coletânea a respeito da obra e dos temas de Primo Levi dispensa, em princípio, justificativas. Um dos mais importantes pensadores do século XX, o escritor-químico-judeu--sobrevivente do Campo de Extermínio foi autor de obra dotada de elementos de atemporalidade e de interpelação polivalente. Referido em seus momentos iniciais à experiência pessoal como interno em Auschwitz entre 1944 e 1945 – por meio do livro de estreia, *Se questo è um uomo*, de 1947 –, o legado literário de Primo Levi percorreu múltiplas direções. Se o espectro de Auschwitz ronda a quase totalidade dos textos, a variedade das formas narrativas é notável. Em adição ao experimento literário contido no primeiro livro, há no conjunto da obra incursões nos domínios da poesia, da literatura fantástica, do romance de ficção, do ensaio, do conto, além de textos indefiníveis, tais como o livro *A tabela periódica*, de 1975, considerado em 2006 pela Royal Institution do Reino Unido como o melhor livro sobre ciência escrito em todos os tempos, não sendo exata e exclusivamente um "livro de ciência".

O próprio tema "Auschwitz", no transcurso da obra viria a ser marcado por múltiplos tratamentos formais. Aparece de modo pungente, tanto em poemas, como em contos e ensaios dispostos em livros diversos. Merece, ainda, inclusão no acervo multiforme de escritos a profusão de entrevistas concedidas a interlocutores diversos, caracterizando um gênero próprio. Primo Levi foi, entre tantos atributos, um excelente entrevistado. Em muitas entrevistas, Levi acrescentou imagens e linhas de reflexão não diretamente contidas em outros textos seus e indicou caminhos possíveis de interpretação, o que as torna matéria fértil para a reflexão a respeito de seu autor e do mundo que criou. Levi praticou, ainda, a arte dos diálogos, tal como testemunham tanto as duas fascinantes conversas havidas com o físico Tulio Regge e com o escritor Philip Roth, quanto a incansável disposição de conversar com públicos diversos[1]. Essa faceta é explorada, no espaço dessa coletânea, pelo texto de Fabio Levi, diretor do Centro Internacional de Estudos Primo Levi, de Turim, dedicado ao tema dos "diálogos".

O fato de a coletânea dispensar justificativas, pela importância indiscutida de seu personagem central, não exime seus organizadores de declinar a ocasião particular que lhe deu origem. Os textos aqui recolhidos foram apresentados em evento realizado na PUC-Rio, em setembro de 2019, alusivo aos 100 anos de nascimento de Primo Levi. Durante três dias, o Colóquio "Mundos de Primo Levi" reuniu pesquisadores de áreas e instituições diversas que trataram de aspectos importantes da obra leviana, a partir de recortes disciplinares – ou *in-disciplinares* – específicos. O título adotado pelo Colóquio replica o da exposição, concebida e organizada pelo Centro Primo Levi de Turim – "I mondi di Primo Levi: uma strenua chiarezza" –, naquela mesma cidade e aberta entre janeiro e abril de 2015. Na verdade, o

---

[1] Cf. Levi e Regge, 2012. O diálogo com Roth está incluído em Roth, 2008. Trata-se de um diálogo magnífico, ao fim do qual Primo Levi teria dito que "seria difícil dizer qual dos dois seria o irmão mais velho". Marco Belpoliti, na introdução ao terceiro volume das obras completas de Primo Levi, sugere que o conjunto de entrevistas e diálogos compõe um "quarto ofício" – *quarto mestieri* –, ou quarta modalidade entre as atividades de Primo Levi, somadas a de químico, a de escritor e a de testemunha. Cf. Belpoliti, 2018: xi-xxx.

projeto da exposição visava à itinerância, o que permitiu sua reapresentação em várias cidades italianas e no exterior. A inspiração extraída da iniciativa do Centro Primo Levi de Turim foi essencial para a concepção do Colóquio de 2019 na PUC-Rio.

A presente coletânea reúne tão somente parte dos textos ali apresentados. Os demais foram incluídos no primeiro número da revista *Hurbinek*, cuja concepção também decorreu da experiência do Colóquio, marcado tanto pela variedade das abordagens como por sua qualidade. O conjunto dos textos – tanto na coletânea como na revista – atesta a densidade do crescente interesse brasileiro pela obra de Primo Levi. A realização do Colóquio deu, ainda, partida a iniciativas voltadas para a fixação, no âmbito da PUC-Rio, de um programa permanente de atividades em torno dos temas e da obra de Primo Levi, materializado na criação de um núcleo de pesquisa e disseminação – o Centro Primo Levi/PUC-Rio, vinculado ao Instituto de Estudos Avançados em Humanidades da PUC-Rio – e a publicação bianual do periódico *Hurbinek: Revista de Estudos Levianos*, uma iniciativa pioneira no âmbito dos estudos sobre o autor.

Sobre os textos

O conjunto de ensaios incluídos nesta coletânea é aberto pela conferência proferida por Fabio Levi, diretor do Centro Internacional de Estudos Primo Levi, de Turim. Há dez anos, o Centro Primo Levi apresenta anualmente uma conferência – a "Lezione Primo Levi" – dedicada a temas pertinentes à obra do autor piemontês. O ensaio aqui publicado – em modo bilíngue – foi originalmente proferido, em Turim, como a Lição Primo Levi do ano de 2017. O texto de

Fabio Levi destaca um aspecto crucial da trajetória de Primo Levi: a prática do diálogo. É o que transparece em afirmações como a seguinte: "Sou dos que precisam se comunicar muito; se eu não consigo me comunicar, sofro. Preciso falar ou escrever; ter, se possível, uma troca de comunicação". O ensaio mostra como o empenho por parte de Levi na prática dos ensaios decorria da natureza de seus próprios textos, e do quanto o autor neles estava implicado.

Por meio de um minucioso trabalho de pesquisa em arquivos na Itália e no Brasil, Aislan Camargo Maciera reconstitui em seu capítulo os caminhos que a obra de Primo Levi precisou percorrer até chegar ao público brasileiro. Ao analisar os contextos de recepção e circulação dos livros de Levi entre nós, Aislan rastreia menções ao autor na imprensa brasileira desde o final dos anos 1970, elucidando também a crescente difusão de seus textos no meio editorial brasileiro. Nesse aspecto, as cartas trocadas entre Primo Levi e Luigi del Re, tradutor para o português de *É isto um homem*, mostram-se particularmente reveladoras das negociações para fazer chegar o relato testemunhal de Levi ao leitorado brasileiro no final dos anos 1980. A partir desta primeira publicação, Aislan traça um amplo panorama das diversas traduções da "poliédrica" obra de Levi no Brasil, em suas vertentes testemunhal, ensaística, poética e na prosa de ficção científica. Sob o prisma crítico do pesquisador, somos convidados a dimensionar o impacto dos textos de Levi no sistema literário brasileiro e o papel fundamental da tradução no acesso ampliado a textos do autor ainda inéditos no Brasil.

Déborah Danowski propõe em seu texto um diálogo com a obra de Primo Levi para pensar a "destruição de ecossistemas e morte de uma enorme quantidade de viventes", no contexto das catástrofes ambientais contemporâneas.

Retoma, em sentido amplo, o termo *holocausto* como operador especulativo para abordar o abate de animais pela indústria agropecuária e o extermínio incendiário de diversas espécies pelo aquecimento global antropogênico. Sua discussão interpela o problema do negacionismo climático, retomando debates em torno do negacionismo da *Shoah*. O capítulo enfrenta abertamente os riscos envolvidos na proposição de uma analogia entre o holocausto judeu e o holocausto ambiental, ao considerar (e combater), na malha argumentativa, os problemas que emergem desse gesto de aproximação, defendendo com contundência a importância de se forjar passagens entre contextos históricos distintos, quando o que está em risco é a continuidade mesma da vida no planeta.

Ao lançar um olhar pormenorizado sobre o livro *A escrita ou a vida* do escritor espanhol Jorge Semprún, Joel Birman explora articulações entre experiência traumática e práticas testemunhais. A discussão recupera proposições-chave da teoria psicanalítica do trauma para pensar processos de simbolização de situações inomináveis. Birman prepara os leitores para a entrada na narrativa de Semprún, construindo um percurso reflexivo que passa pelas modalidades de testemunho de ordem jurídica, arquival e finalmente literária. Com Hannah Arendt, tece considerações sobre o julgamento de Eichmann em Jerusalém e sobre o estatuto da fala das vítimas, na tensão entre verdade documental e verdade psíquica. Discute em seguida a conformação de arquivos audiovisuais feitos com depoimentos de sobreviventes, avaliando a força da memória e dos afetos na emergência das narrativas. A partir de Primo Levi, adentra a dimensão literária do testemunho para abordar a tensão entre o imperativo e a impossibilidade de comunicar a outros a experiência concentracionária. Dúvida que atravessa também a obra de Semprún, como demonstra a leitura detida de Birman, ao sondar os enlaces entre ficção e verdade na prosa testemunhal do escritor espanhol.

"É difícil escrever algo sobre Primo Levi". A constatação que impulsiona o capítulo de Jeanne Marie Gagnebin toca no incômodo de reconhecer, ainda hoje, que as matanças e iniquidades não cessam de acontecer. E, se por um lado, a absoluta atualidade da escrita de Primo de Levi se associa ao sentimento de vergonha por vivermos em um mundo em que as catástrofes se multiplicam, a autora propõe pensar também que outros afetos políticos o testemunho de Levi ajuda a construir, sobretudo com relação aos mais vulneráveis às muitas formas de violência que ainda persistem. A discussão de Gagnebin interroga o estatuto ambivalente da racionalidade iluminista que perpassa a linguagem sóbria e precisa com que Levi narra a experiência concentracionária para mostrar como a lucidez descritiva é atravessada também por uma desconfiança crítica do alcance e dos poderes dessa razão, capaz também de planejar a morte.

O título do capítulo de Eduardo Jardim, "Primo Levi e Hannah Arendt", evidencia a proposta de ler, lado a lado, as obras desses dois autores, sem desconsiderar suas diferentes perspectivas na abordagem dos campos de concentração. Passagens dos livros *A origem do totalitarismo* e *A condição humana,* de Arendt, são cotejadas com trechos do relato testemunhal de *É isto um homem*, de Levi, criando uma espécie de câmera de ecos em que podemos ouvir não apenas o empenho comum em decantar processos de desumanização radical, como também as formas singulares como cada autor fraseia e dimensiona as estratégias de "domínio total" que estruturam a política de extermínio. Nesse percurso de leitura pareada, Jardim não deixa de observar também os enunciados de resistência que indiciam pequenas esperanças e gestos de amizade, ajudando a manter viva a condição humana nas situações mais degradantes.

Maurício Rocha traz à cena porções expressivas do livro *É isto um homem* para investigar os "muitos sentidos da interpelação que o título do livro nos faz". Trecho a trecho, a obra de Levi comparece de forma generosa e espraiada, ganhando vulto e presença material no corpo do capítulo. Não se trata tanto de discorrer *sobre* a narrativa, mas de com ela compor um espaço reflexivo partilhado, que dê a ver a força especulativa da escrita leviana, realçada pelas glosas e pontuações críticas que o pensamento de Rocha vai desdobrando de cada um dos excertos citados. Em um segundo movimento, o capítulo propõe diálogos com uma série de historiadores e estudiosos do holocausto que investigaram os mecanismos de organização cotidiana da administração do extermínio nos campos. A maquinaria mortífera é assim dissecada por múltiplas vozes, oriundas dos espaços de produção acadêmica, que ajudam a adensar a discussão numa embocadura distinta da inflexão testemunhal de Levi. Na parte final do capítulo, retomamos contato com a linguagem do escritor italiano, na forma de cartas, entrevistas, cenas de livros e poema, que permitem a Rocha elucidar dimensões da relação conflituosa do sobrevivente com seus perpetradores e com as novas gerações de alemães que se tornaram leitores de sua obra.

Um encontro improvável entre Primo Levi e Virginia Woolf é o ponto de partida da reflexão de Viviana Ribeiro. Ao colocar em diálogo escritores que nunca interagiram de fato, faz-se uma aposta ousada na imaginação como vetor especulativo, capaz de abrir caminhos inesperados de pensamento. O problema do *embrutecimento* configura o ponto nevrálgico de articulação entre Levi e Woolf e o capítulo se ocupa em demonstrar como cada autor declina casos e tipologias da vida embrutecida pelos dispositivos violentos do fascismo, que ambos vivenciaram de lugares bastante distintos. Nesse acompanhamento detido de frases e cenas criteriosamente selecionadas e comentadas por Ribeiro, somos confrontados com nuançadas formas de narrar processos violentos de assujeitamento, mas também com a potência do ato narrativo como apelo sensível ao *desembrutecimento* dos leitores, expostos à carne viva dos relatos. A reflexão debruça-se assim sobre as forças da linguagem literária e seus operadores expressivos, na sondagem de modos de dizer, de afetar e de transformar. Na companhia de Levi e de Woolf, somos instados a pensar o papel da literatura na configuração de novas imaginações políticas.

Na sequência, as "reflexões introdutórias" de Andrea Schettini e Maria Izabel Varella sobre as relações entre testemunho, memória e Direito na obra de Primo Levi. Não à toa, optamos por posicionar no fim da coletânea este capítulo que professa, desde o seu título, uma vocação para os inícios. De fato, diante dos textos inesgotáveis de Levi, sempre se está a recomeçar. As duas autoras abraçam com vigor essa atitude epistemológica de quem chega, como se fosse pela primeira vez, a um rico acervo testemunhal e se dispõem a percorrê-lo com a devida cautela e vagar, em respeito à complexidade do material. Em exposição clara e paciente, as professoras oferecem uma aula aberta sobre as reverberações do pensamento de Levi no campo do Direito, considerando aspectos tensos da relação entre testemunho literário e lógica jurídica, entre fragmentação narrativa e demandas por objetividade documental, no empenho de contribuir para o debate contemporâneo sobre as formas de transmissão e escuta dos crimes do passado, articuladas ao imperativo político de se manter viva a *memória da ofensa*.

Renato Lessa acrescenta, por fim, ao conjunto de ensaios um posfácio, no qual fornece um quadro bio-bibliográfico resumido da trajetória de Primo Levi.

***

Um dos objetivos perseguidos por esta coletânea foi o de indicar a presença de uma importante reflexão a respeito de Primo Levi – de sua obra e de seus temas – por parte de uma crescente comunidade de pesquisadores e ensaístas no Brasil. Os temas e os textos de Primo Levi, como dissemos, são intertemporais e, portanto, dizem-nos respeito. Não são, por certo, portadores de soluções para nossos dilemas, mas operam como sensores dotados da capacidade de detecção dos piores espectros. Em Levi, a manutenção da memória do que aconteceu nos campos de extermínio é parte essencial de uma disposição diante do presente e do futuro. Tal empenho, na vida de Primo Levi, teve a marca de um irredutível compromisso antifascista, fundado na forte intuição de que a emergência do fascismo sempre é possível. Em tempos de regurgitação filofascista, é vital ler e falar de Primo Levi.

Os organizadores

Referências

LEVI, Primo; REGGE, Tullio. *Diálogo sobre a ciência e os homens*. Lisboa: Gradiva, 2012.

BELPOLITI, Marco. L'uomo dai molti mestieri. In: LEVI, Primo. *Opere Complete III. A cura di Marco Belpoliti*. Torino: Giulio Einaudi, 2018.

ROTH, Philip. *Entre nós*. São Paulo: Companhia das Letras, 2008.

Diálogos*

Fabio Levi

Diálogos: um título plural. Porque os jovens das escolas, e os outros, com quem Primo Levi refletiu pessoalmente por quarenta anos, foram inumeráveis; porque seus escritos tornaram possível uma troca não menos intensa com um público muito amplo; e porque o diálogo interno entre as diferentes almas que habitavam sua mente nunca deixou de produzir novas ideias.

Um dia, falando sobre sua condição no *Lager* com uma jovem estudante que o entrevistava, Levi disse: "Sou dos que precisam se comunicar muito; se eu não consigo me comunicar, sofro. Preciso falar ou escrever; ter, se possível, uma troca de comunicação" (Valabrega, 1981).

Essa formulação simples e contida não remetia a nenhum programa, nem aludia a um modelo de literatura; expressava, mais que qualquer coisa, uma necessidade íntima, destinada, porém, após Auschwitz, a orientar uma prática cada vez mais refinada de encontro, de relacionamento. Uma prática solitária e inconfundível que se mantinha longe dos esquemas mais óbvios e consolidados: como daquele, por exemplo, da relação entre mestre e discípulo. Levi não gostava de papéis rígidos e não reversíveis, como aquele do escritor que se expressa apenas de forma mediada, por meio de seus personagens. Antes do escritor, vinha o homem, que falava diretamente e em seu próprio nome, que adaptava sua

* "Lição Primo Levi 2019 – PUC-Rio", proferida em 23 set., 2019. Tradução de Nayana Montechiari e Isabelle P. Martins e revisão técnica de Anna Basevi e Renato Lessa.

linguagem a cada interlocutor, que buscava a mínima brecha de compreensão mútua oferecida pela razão.

I.

Levi voltou de Auschwitz "profundamente perturbado" (Paladini, 1986). Em 1973, ele disse a um jovem entrevistador: "Durante toda a viagem até a Rússia, esse choque permanecera na sombra. Assim que voltei para casa, fiquei muito doente por vários meses" (Pennacini, [s.d.]).

Parecia-lhe quase impossível livrar-se do peso da experiência que acabara de viver e voltar à normalidade da vida cotidiana.

> Sentia uma necessidade fisiológica, uma necessidade urgente de contar essas coisas. Era considerado quase um desequilibrado porque à mesa, à noite e mesmo durante o dia eu falava e falava, e até falava de forma, segundo alguns, inadequada. (Paladini, 1986)

Os eventos de um passado atroz resistiam a transformar-se em memórias, como se eles se aglomerassem no limiar da mente, inumeráveis e desordenados, mas nítidos e a "cores".

De fato, nas condições extremas de Auschwitz, Levi não perdera a notória curiosidade de seus anos de juventude: "Eu e os outros acumulávamos todas as experiências com voracidade; e de fato estávamos numa busca: interrogávamo-nos mutuamente para conhecer a história uns dos outros" (Pennacini, [s.d.]). E para dar força a esse trabalho de registro quase espasmódico, houve a contribuição de uma sensibilidade não comum à dimensão moral, desenvolvida já durante o período de formação.

Essa sensibilidade havia sido apurada, a um preço alto, na iminência da prisão. Lemos em *A tabela periódica*: a partir de 1938 e nos primeiros anos de guerra: "tinham-nos declarado 'alheios', alheios ficaríamos; tomávamos partido, mas nos mantínhamos fora dos jogos estúpidos e cruéis dos arianos" (Levi, 2001: 128).

Como judeus, ele e seu pequeno grupo de amigos em Milão aprenderam, enfim, a enxergar o mundo em tumulto, a partir da posição nova e incômoda, dos párias. Depois, houve a experiência da resistência armada, o momento da escolha e, finalmente, da ação: "Parecia a única coisa decente que um jovem da minha idade e nas minhas condições pudesse fazer" (Constantini e Togni, 1986). Mas foi uma "experiência breve, trágica e até estúpida, porque agora, mesmo com discernimento (...), agora sei que não é assim que se faz, mas devemos pensar que me declarei *partigiano* da Resistência muito cedo, em novembro de 1943, quando a Resistência ainda não existia" (Constantini e Togni, 1986).

A Resistência, que posteriormente, foi avaliada no seu conjunto como um "fenômeno necessário, útil, e providencial" (Constantini e Togni, 1986), de fato, foi para ele uma oportunidade de aprendizado pelo lado negativo, por tentativas e erros – como diria o químico, acostumado a tirar proveito até das experiências fracassadas; no entanto, naquela situação, o envolvimento emocional, a decepção pela prisão quase imediata, o sentimento de privação profunda pela trágica inexperiência e fragilidade do seu grupo combatente foram muito mais devastadores do que uma experiência científica fracassada. De qualquer forma, uma bagagem não de todo inútil para enfrentar a deportação.

Graças à experiência assim adquirida, após o retorno tomou forma e foi publicado em 1947 o "livro primogênito",

Se questo è un uomo (*É isto um homem?*). Como sabemos, sua escrita foi determinada por uma dupla motivação: "Antes de tudo, me importava testemunhar; eu sabia que era um dos poucos sobreviventes italianos dos campos de extermínio e preocupei-me em testemunhar como se estivesse em um tribunal" (Paladini, 1986). Juntamente com o "dever cívico", a outra razão era pessoal: aliviar-se de um peso insuportável. A cura pela escrita.

Essas razões não previam um público específico. O livro foi escrito para todos e para ninguém em particular. Então, depois de uma pausa que poderíamos chamar de restabelecimento, dedicada em grande parte às pessoas queridas, ao trabalho, à química e a algumas provas literárias que se revelaram irrelevantes ao longo do tempo, chegou o momento de duas importantes descobertas: a primeira em 1958. Nesse ano, graças à nova edição da Einaudi, *É isto um homem?* "ressuscitou" e a partir desse momento ganhou vida própria. Foi então que o autor – é ele quem conta – percebeu "ter escrito esse livro para os alemães (...) "porque eles faziam parte da ação (...). Eu sentia-me testemunha. Os meus leitores são os juízes, mas quem é o réu? A Alemanha nazista, não os alemães, claro, alguns alemães, uma boa parte" (Paladini, 1986).

Naquele momento, começou o primeiro diálogo estreito, com Heinz Riedt, o tradutor alemão do livro: "uma frenética troca de cartas" que durou até a publicação em 1961, uma troca entre "perfeccionistas", aproximados pela idade, pela experiência antifascista comum, pela sensibilidade literária e pelo objetivo fortemente compartilhado de "manter sua fidelidade, não só lexical mas interna" (Levi, 1986: 145) à versão original do livro.

A segunda descoberta ocorreu em 1959: depois dos alemães, os jovens. Nesse ano, chegou a Turim a exposição itinerante sobre deportação. Já apresentada na cidade de Carpi, em 1955, era uma ocasião importante porque, pela primeira vez na Itália, a deportação era relatada publicamente de forma autônoma em relação à Resistência. Levi se recorda: Aquela mostra teve "um sucesso quase perigoso, por pouco eles não me sufocaram. Convidaram-me a comentar as fotografias em exibição e para falar" sobre *É isto um homem?* (Paladini, 1986).

Aquele evento gerou logo um desdobramento importante: a carta escrita ao jornal *La Stampa* por uma jovem adolescente "filha de um fascista", para perguntar se as imagens expostas no Palazzo Carignano eram autênticas. "Era a carta que estávamos esperando", respondeu Levi no mesmo jornal.

Uma multidão inesperada para ouvir a testemunha de Auschwitz no Palazzo Carignano e, então, o início do diálogo com uma menina nascida depois da guerra: é por isso que a partir do ano seguinte, 1960, começaram os vários encontros que mantiveram Levi engajado por muitos anos nas escolas de todo o país.

Até agora contei o que aconteceu nos primeiros quinze anos do pós-guerra, seguindo o que o próprio Levi narra a Carlo Paladini em uma entrevista de 1986. Ao longo do tempo, os interlocutores do jovem escritor-testemunha foram se definindo gradativamente, entre muitas dificuldades. Em geral, o público era desatento ou, por várias razões, indiferente e relutante em ouvir; mostrava descrença e irritação com a experiência dos campos de concentração, especialmente se o foco era colocado, como era justo que fosse, na aniquilação dos judeus.

Naquele clima, o fato de prestar testemunho de forma equilibrada era sinal de grande sensibilidade. Refiro-me, por exemplo, à decisão de Levi de rejeitar a solicitação da editora para introduzir na edição alemã um prefácio que tivesse o tom de um chamado ao povo alemão, um apelo ou sermão. Em seu lugar, ele preferiu publicar uma passagem de sua carta de agradecimento escrita ao tradutor. A história é conhecida, mas talvez possa ter um significado mais amplo à luz do discurso feito até agora. Do sermão, o autor não podia aceitar nem a carga emocional, nem a atitude implícita de superioridade em relação ao leitor. Ao contrário, queria que a clareza do discurso e a troca entre o autor e seus leitores prevalecessem. Por ter oferecido ao público alemão uma história inédita, Levi pedia uma contrapartida: ser ajudado a "entender melhor os alemães". Mantendo as emoções sob controle e impedindo que a testemunha se tornasse protagonista de um relacionamento desequilibrado, prevalecendo sobre os destinatários. Um objetivo preciso era, na medida do possível, diminuir o poder que o *Lager* tinha – mesmo além de sua própria existência – de fazer outros se sentirem fracos, incapazes e impotentes ao se aproximar dele.

Com isso, houve plena continuidade com o tom deliberadamente calmo, sóbrio e razoável de seu "livro primogênito". Entretanto, dar fôlego e autonomia de julgamento ao público, contrastando dessa maneira a remanescente potência homologadora e destruidora do *Lager* também exigia a seguinte condição: que cada sujeito, a quem se houvesse dirigido desde então, fosse respeitado por aquilo que era, com suas experiências, sua sensibilidade e cultura. Não foi fácil, e Levi gradualmente aprendeu essa arte desde seus primeiros encontros com os estudantes, nas cartas de resposta aos leitores alemães após o lançamento de *É isto um homem?* na Alemanha, nas entrevistas dadas com frequência cada vez maior, não por acaso a partir do início dos anos 1960.

A cada vez seria necessário imaginar o ponto de vista do outro e se deixar condicionar por estímulos e curiosidades nem sempre bem-vindos. Com base nisso, seria possível reformular o próprio discurso de acordo com cada um dos interlocutores. E assim foi, realmente, para todos os anos vindouros. Os exemplos a esse respeito podem ser numerosos. Entre os muitos, limito-me a mencionar apenas dois.

A entrevista concedida em 1973 a Marco Pennacini, um inteligente rapaz de 14 anos, destaca-se por seu tom carinhoso e um esforço de clareza, ainda maior que em outros casos. O entrevistador foi deixado completamente livre para conduzir a entrevista. As respostas são analíticas e muito ricas em informações, aprofundando até a etimologia das palavras. A mesma atenção é dada tanto às questões mais ingênuas quanto àquelas decididamente exigentes. O entrevistado às vezes cede à sua própria curiosidade e torna-se um entrevistador.

O segundo exemplo refere-se a um artigo na forma de uma carta, escrito para Rosanna Benzi, forçada pela doença a usar um respirador artificial e promotora de uma revista sobre deficiência, intitulada *Os Outros*. Como de costume, para contar a história do Campo, Levi não hesita em repetir a trama de sua própria história: a prisão, o primeiro campo de prisioneiros de Fossoli, a viagem, Auschwitz etc. A especificidade da narração, nesse caso, é dada pela escolha dos tópicos, pelo ritmo e pelas tônicas. A perseguição e Auschwitz são filtrados pelo ponto de vista da interlocutora. Lemos que em 1938 os judeus foram tratados por "outros" apesar de serem italianos como todo mundo. Em um ato de amigável empatia com o sofrimento de Rosanna, o ex-deportado Levi então conclui que Auschwitz não tirou seu desejo de viver, "aliás, ele aumentou-o em mim, porque deu a minha vida um propósito, aquele de dar o meu testemunho" (Benzi, [s.d.]).

II.

Mas vamos agora focalizar os encontros com os estudantes. Levi quase sempre aceitava convites das escolas, desde que não interferissem em seu trabalho na fábrica SIVA. Ele considerava-o um compromisso obrigatório. Contudo, ao responder em 1959 (numa carta publicada em *La Stampa*) à jovem "filha de um fascista" impressionada com o silêncio de seus professores, Levi demonstrara conhecer bem as dificuldades de quem toma a palavra nas aulas ou em outro lugar: "Nós entendemos, mas não podemos aprovar, aqueles professores que "suspiram e dizem: 'infelizmente' (...). A vergonha e o silêncio dos inocentes podem mascarar o silêncio culpado dos responsáveis" (Notiziario Gielle, 1959: 3).

No diálogo com os jovens, acrescentava-se a isso um outro problema:

> Sinto os anos passarem, inclusive os meus. E com o passar dos anos percebo uma mudança na maneira dos jovens interpretarem essas memórias (...). Há neles uma participação emotiva, até violenta; não histórica. Quando entro em uma sala de aula, ficam surpresos ao ver que o autor do livro que leram ainda está vivo, fala italiano; não latim ou grego. (Calcagno, [s.d.])

Não só o extermínio era percebido como se fosse uma história remota dos "Garibaldinos" (Pennacini, [s.d.]) ou da "Guerra da Independência Americana"; parecia até ter sido lançado para fora do tempo.

Mas o passar dos anos também influenciou a maneira como a mesma testemunha percebia a memória daquele passado. E talvez fosse preciso partir dali. Em 1976, Levi acrescenta um texto (*Appendice*) a *É isto um homem?* que reúne respostas para as perguntas mais frequentes dos jovens. É uma primeira avaliação dos encontros nas escolas, destinada a ajudar os leitores – jovens ou não – a se orientarem no meio dos novos desafios daquele momento histórico. Nesse texto, Levi (1976: 281-304) decide pôr as cartas na mesa:

> Agora muitos anos se passaram: o livro teve muitas travessias, e se inseriu curiosamente, como uma memória artificial, mas também como uma barreira defensiva, entre o meu normalíssimo presente e o passado feroz de Auschwitz. Digo isso com hesitação, porque não quero passar por cínico: ao lembrar do *Lager* hoje não sinto mais nenhuma emoção violenta ou dolorosa. Pelo contrário: à minha breve e trágica experiência, como deportado, se sobrepôs à maior e mais complexa de escritor-testemunha e a soma é claramente positiva; em sua totalidade, esse passado me tornou mais rico e seguro.

Daí a escolha de confirmar uma convicção e um compromisso jamais abandonados, principalmente em uma situação política marcada por novas manifestações do fascismo: "Eu acredito na razão e na discussão como instrumentos supremos de progresso" (Levi, 1976).

Instrumentos supremos de progresso: no entanto, com uma maior consciência de ter que medir sempre o potencial e os limites da razão. Precisamente em uma das respostas às perguntas recorrentes dos estudantes (Levi, 1976), a razão é colocada à prova em um assunto difícil: o antissemitismo. No final de uma análise longa e articulada, a conclusão é clara: "A guerra é sempre um fato terrível: é deplorável, mas está em nós, tem sua própria racionalidade, 'nós a compreendemos'" (Levi, 1976). Ao contrário, "no ódio nazista não há racionalidade: é um ódio que não está em nós".

> Talvez, o que aconteceu não possa ser compreendido, na verdade, *não deva ser* compreendido, porque compreender é quase justificar. Ou seja: "compreender" um propósito ou comportamento humano significa (mesmo etimologicamente) abrangê-lo, incluir o autor, colocar-se em seu lugar, identificar-se com ele. Agora, nenhum homem normal jamais será capaz de se identificar com Hitler, Himmler, Goebbels, Eichmann e tantos outros. (Levi, 1976)

Diante das realidades desta dimensão, era, portanto, melhor "contentar-se com (...) verdades mais modestas e menos empolgantes, aquelas que são laboriosamente conquistadas, pouco a pouco e sem atalhos, com estudo, discussão e raciocínio, e que podem ser verificadas e demonstradas" (Levi, 1976). Naturalmente, o ódio nazista nos deixa aturdidos, "não podemos entendê-lo, mas podemos e devemos entender de onde ele vem e ficarmos alertas" (Levi, 1976).

O *Appendice* foi o resultado das reuniões com os estudantes e foi escrito acima de tudo para eles. De fato, os jovens precisavam ter consciência das dificuldades que a testemunha enfrentara na sua "função" de mediador. A testemunha era um homem ou uma mulher como todo mundo; tinha que evitar qualquer atitude de superioridade. Essa ideia está em plena sintonia com a maneira pela qual a testemunha Levi conduzia concretamente seus encontros nas escolas. Trata-se de um tema que gostaria de abordar a partir das memórias daqueles que participaram e, em particular, da gravação em vídeo feita no maior teatro de Pesaro lotado de jovens. Era 1986 e esse foi o último diálogo público do escritor com os estudantes.

Primo Levi não ia às salas de aula para ensinar. Ele preferia se apresentar como um químico que passara por um acontecimento trágico na história recente e se colocava à disposição de qualquer um que quisesse lhe perguntar alguma coisa. Não atribuía a si nenhum papel especial, muito menos o de professor ou de especialista do extermínio, e, portanto, ele aceitava qualquer pergunta que os estudantes lhe dirigissem como escritor, testemunha, intelectual, judeu, historiador, homem de ciência ou pessoa comum. Antes da reunião em Pesaro, ele fez questão de não ler previamente a lista de perguntas preparadas, e na hora respondeu de maneira calma, concisa e, na medida do possível, completa. Sentia suas próprias responsabilidades como adulto, colocado na frente de outros homens e mulheres mais jovens que ele. Mostrava respeito ao interlocutor, identificando-se com seu ponto de vista, sugerindo, se necessário, um ângulo diferente e respondendo de modo direto e pontual. Assumia um tom tranquilizador quando temia que as emoções causassem mal-entendidos ou bloqueassem a comunicação. Mas, acima de tudo, ele conduzia um raciocínio e ajudava a refletir os que estavam à sua frente, procedendo com clareza, graça e ironia.

Para dar maior concretude ao discurso, proponho aqui um pequeno exemplo entre os muitos, tirado precisamente da reunião de Pesaro. A pergunta – naquele dia foram mais de trinta – era a seguinte: "Em seus personagens há sempre a viagem, a busca de algo, uma pátria, uma fé. Na base desta concepção está o significado da errância judaica?". E aqui está a resposta:

> Acredito que não. Eu não creio que sem meu itinerário terrestre de tantas viagens, eu teria tido a tentação da viagem na minha escrita. O fato da "errância" judaica, que só conheço culturalmente, pessoalmente não a vivenciei, porque nasci na cidade onde moro, na verdade, nasci exatamente na casa onde moro, é um caso extremo de sedentarismo. As viagens que fiz, as fiz, acima de tudo, porque me foram impostas, não por escolha. Por outro lado, não

> acredito que a sina do povo judeu esteja permanentemente inscrita neste destino de errância, inclusive porque não acredito em destinos. Pessoalmente, como dissemos antes, fui definido como racionalista, e como tal não acredito em uma predestinação. (Constantini e Togni, 1986)

Como vimos, Levi respondia de maneira direta; ele não hesitava eventualmente em expressar sua discordância, propondo, porém, uma explicação precisa; se referia, ainda que com discrição, a aspectos de sua vida pessoal; não hesitava em expor suas convicções como, no caso citado, a respeito da função crucial da razão, da importância de discernir entre conhecimento e experiência. Através de cada uma de suas respostas, estimulava os jovens a descobrir concretamente as milhares de maneiras úteis de conquistar cada fragmento da verdade; não os tratava como recipientes que precisavam de outro conteúdo; nem como sujeitos que deveriam adquirir verdades já intimamente conhecidas. Quem quer que tivesse feito a pergunta havia de ser colocado na condição – depois de ouvir a resposta – de comparar a si mesmo agora com aquele que tinha sido antes, para duvidar, desse modo, das suas próprias crenças iniciais. O objetivo era claro: com o diálogo, ajudar cada interlocutor a dialogar consigo mesmo.

Todas as escolas de ensino médio de Pesaro estavam envolvidas na leitura dos livros de Levi e, participaram, então, em grande número desse encontro público. Isso fazia parte de um ciclo que, ano após ano, envolvia muitos dos escritores italianos contemporâneos mais famosos. Comparando as transcrições dos vários encontros com os jovens – limito-me aqui a algumas menções –, o escritor mais próximo a Levi foi certamente Rigoni Stern, também um escritor-testemunha capaz de fazer das suas narrativas um espelho da sua própria experiência. Com Calvino, surgiram fortes correspondências, entre as quais, a ideia do autor-artesão satisfeito com o seu próprio livro quando este se revela um "mecanismo que funciona", e a concepção da escrita como forma de se ensinar a pensar.

De Sciascia, destacou o espírito do pesquisador e a capacidade de romper com os estereótipos atuais sob o risco de ser acusado de ambiguidade. De Volponi, prevaleceu sua crítica ao poder que acabou produzindo momentos de conflito aberto com e entre os jovens durante os encontros. Todos eles se colocavam no papel de escritores. Ao contrário de Levi, que debateu, sim, sobre seus livros, vistos, todavia, como parte de uma experiência mais ampla, em que o diálogo direto com os jovens tinha o mesmo peso da escrita. Levi achava que ali não era o lugar para refletir sobre o próprio público, porque naquele momento estava se dirigindo a ele; e também não disse nada a respeito de como ajudar seus interlocutores a pensar, porque com suas respostas ele já estava fazendo isso na prática.

E isso valia tanto para os indivíduos que fizeram as próprias perguntas, como para todos os outros que estavam ouvindo. A naturalidade com que Levi dava as suas respostas contribuía para criar um clima de curiosidade, atenção e envolvimento. Mesmo aqueles que não haviam formulado diretamente suas próprias perguntas, foram encorajados a compartilhar das dos outros e a participar, do próprio ponto de vista, dos desdobramentos da discussão.

III.

Em seus diálogos, com estudantes ou outros, Levi sabia como falar com cada um individualmente e com todos. Conseguiu fazer o mesmo com seus livros, abordando singularmente seus leitores, ajudando-os a formular perguntas e a respondê-las. Por meio dos livros, ele perdia a vantagem de "ver seus rostos", mas podia se dirigir a uma plateia muito mais ampla e a mais de uma geração. Para descrever como ele trabalhou nessa direção e refletir sobre os resultados que ele alcançou, começarei pelo último livro sobre Auschwitz, *Os afogados e os sobreviventes*, de 1986, publicado logo após o encontro de Pesaro e explicitamente concebido para aproximar Auschwitz dos leitores de hoje e amanhã. Ouvimos de uma entrevista sua:

> Interessava-me mostrar que essas coisas pertencem a um passado próximo, não apenas geograficamente. A semente de Auschwitz não deve germinar novamente, mas a violência está próxima, está ao nosso redor, e há uma violência que é filha da violência (...). Nossa sociedade, junto com a mídia (embora tão necessária), nos dá a disseminação da violência. Dispõe de mecanismos que a agigantam. (Calcagno, [s.d.])

Ao ler o livro, ficamos imediatamente impressionados com a multidão de sujeitos e personagens que povoam suas páginas: os Geheimnisträger – as testemunhas que carregam os segredos do *Lager* –, os "novos" (recém-chegados) de Auschwitz e os "antigos", os prisioneiros "privilegiados", os funcionários de baixo escalão, os funcionários de nível mais alto e os Kapos. O Sonderkommando e as SS. E ainda Chaim Rhumkowski, a garota que sobreviveu ao gás, os soldados russos a cavalo, os prisioneiros políticos que organizam a resistência clandestina, os militares soviéticos que não conseguem resistir, o último que se rebela, Alberto, Daniele, os alemães que viram as costas à própria culpa e à alheia, os deportados da Alsácia, os gregos, os húngaros e os italianos, os prisioneiros ingleses, o nazismo, as mulheres de Birkenau, os moribundos dos quais os perseguidores violam a porta de casa, os vendedores de cabelo humano, os deportados apinhados nos trens, o intelectual Améry e o químico Levi, quem cala, quem fala, quem convida a contar, a massa de *Häftlinge* (prisioneiros) passivos e impotentes, Mala Zimetbaum, os judeus que negam os sinais do desastre iminente, o tradutor alemão Heinz Riedt, Hety Schmidt Maas e outros que escreveram para Levi da Alemanha.

E eu poderia continuar. Mas todos têm, entre outras coisas, algo em comum: são muito limitados em sua capacidade de se expressar a partir da estrutura opressiva do *Lager*. A violenta imposição do alemão força a massa de prisioneiros de outros países ao status de "bárbaros" isolados e impotentes. A Babel das línguas impede que os deportados se comuniquem uns com os outros, a ponto de secar "com a língua, o pensamento" (Levi, 1986: 81). O que regula a vida e os relacionamentos são os gritos e os golpes. E mesmo depois do fim de Auschwitz, o silêncio prevalece. Os sobreviventes são uma ínfima minoria e suas histórias são bloqueadas ou condicionadas por sérios obstáculos, dentro e fora deles. É difícil para qualquer um falar sobre o *Lager*.

Para romper, pelo menos virtualmente, com essa afasia e esse silêncio, fazendo uso da "imponente literatura" publicada em trinta anos do pós-guerra e da própria memória, sempre submetida a rigorosas críticas, Levi realiza uma tarefa única: evoca esses sujeitos e esses personagens e imagina suas motivações, justificativas e representações de si mesmos; e nos descreve tudo isso. Ele nos explica, entre outras coisas: "A angústia é conhecida de todos, desde a infância, e todos sabem que muitas vezes é branca, indiferenciada" (Levi, 1986: 62).

A angústia causada pelo *Lager*, sobre a qual o escritor se debruça, deve ser estudada e interpretada, deve se referir a sujeitos e situações específicos; dessa maneira, surge a distinção entre as diferentes formas de vergonha experimentadas pelos sobreviventes, e antes pelos próprios deportados. Na citação a seguir, o autor também procura apenas sugerir – ato extremamente difícil – o estado de espírito de um dos poucos sobreviventes do Sonderkommando, testemunha em um julgamento contra os nazistas:

> De homens que conheceram essa destituição extrema não se pode esperar um depoimento no sentido jurídico do termo, e sim algo que fica entre o lamento, a blasfêmia, a expiação e o esforço de justificativa, de recuperação de si mesmos. Deve-se esperar antes um desafogo libertador do que uma verdade com o rosto da Medusa. (Levi, 1986)

A literatura é colocada aqui a serviço de uma representação quase inefável. Que pode, no entanto, afundar suas próprias raízes em uma rigorosa investigação do *Lager*, guiada por categorias interpretativas originais: por exemplo, a pressão extrema a colaborar com o opressor, geradora das infinitas nuances que compõem a "zona cinzenta". Mas não existe apenas a "zona cinzenta". Existe a "vergonha", como mencionei, que une a subjetividade do sobrevivente com a do deportado, e oferece mais uma chave útil para interpretar os pensamentos e os comportamentos de ambos e, a partir disso, pesar e distinguir. Assim como no caso da violência, vista sob a luz sinistra da sua "inutilidade" gratuita, ou no caso do impulso de se rebelar ou ceder – medida, entre outras, do grau da devastadora exaustão dos deportados. A pressão para colaborar, a vergonha, a violência inútil, o impulso ou não de se rebelar: são quatro instrumentos diferentes de análise social.

Levi submete à observação minuciosa até as suas próprias reações e comportamentos, comparados aos do filósofo Jean Améry: uma comparação virtual entre seus pensamentos e textos do intelectual austro-belga, sobrevivente de Auschwitz, mas que nunca conheceu pessoalmente durante ou depois da prisão. Com a mesma atenção, Levi analisa as atitudes e os pontos de vista dos seus primeiros interlocutores após o seu regresso: como já sabemos, os estudantes das escolas e, sobretudo, os leitores alemães de *É isto um homem?*. Esta foi a forma de dar conta dos primeiros resultados e, sobretudo, das dificuldades para encontrar um espaço proveitoso de diálogo.

O esforço de imaginação do autor consegue pôr em diálogo sujeitos diversos. Por exemplo: os judeus prisioneiros do *Lager*, quantas vezes devem ter pensado nisso! Mesmo conseguindo "superar a barreira do arame farpado e a cerca eletrificada (...) para onde poderiam dirigir-se?" (Levi, 1986: 131). Quais alternativas eles teriam? Ou, ainda, se baseando em fontes confiáveis, Levi chega a pôr em diálogo indivíduos em carne e osso. Também aqui, por razões de economia de espaço, limito-me a um único caso: uma cena do outro mundo e um diálogo atroz. Uma jovem inesperadamente consegue sobreviver à câmara de gás.

> É chamado um médico, que reanima a moça com uma injeção: certo, o gás não fez o seu papel, ela poderá sobreviver, mas onde e como? Naquele momento surge Muhsfeld, um dos soldados SS encarregados dos equipamentos da morte; o médico o chama à parte e lhe expõe o caso. Muhsfeld hesita e depois decide: não, a garota deve morrer (...) tem só dezesseis anos; não se pode confiar nela. (Levi, 1986: 48-49)

Outras vezes o diálogo resulta da combinação entre pontos de vista de sujeitos distantes, mas considerados na mesma situação ou postos diante do mesmo problema.

Enquanto explora pensamentos e estados de espírito, Levi oferece ao leitor a possibilidade de observar de perto inúmeros casos e de se perguntar quais margens de autonomia tinham, a cada vez, os vários sujeitos; até que ponto cada ato foi ou não fruto de uma escolha? O autor esclarece: "Só dentro do *Lager* o controle a partir de baixo era nulo, e o poder dos pequenos sátrapas era absoluto" (Levi, 1986: 40).

Mas o deportado, às vezes, podia fazer escolhas individuais, como acontece com Primo quando decide compartilhar apenas com seu amigo Alberto um gole de água doce encontrado por acaso. E assim, o leitor é levado a questionar-se sobre as implicações morais desta ou daquela escolha.

E é precisamente para esse tipo de compromisso ético que o leitor é repetidamente solicitado pelo autor. Sobre Rumkowski – o chefe do gueto de Lodz, "o rei dos Judeus", totalmente subserviente aos nazistas –, lemos, por exemplo, que para resistir ao nacional-socialismo "é preciso uma envergadura moral muito sólida". Logo depois: "mas, nós europeus de hoje, a teríamos forte?" (Levi, 1986: 58).

Mas, mesmo quando não é explicitamente questionado, o leitor sente-se parte da densa rede de pensamentos dos protagonistas, filtrados e tornados parcialmente acessíveis pelo autor: pensamentos duros, perturbadores, como só a realidade do *Lager* sabe ser.

E assim, com sua sensibilidade e suas reações, o leitor se depara com questões que "podem ser muitas, confundidas entre si, ou incognoscíveis, quando não até mesmo inexistentes" (Levi, 1986: 128). Mas, pelo menos, ele pode contar com a ajuda do escritor para identificar as questões mais relevantes e formulá-las da maneira mais adequada. Alguns exemplos: como avaliar o "concurso para o crime" (Levi, 1986: 38) daqueles que são levados a colaborar com o poder, movidos pela pressão irresistível dos donos do Campo? Diante da Alemanha nazista, é mais correto falar de "lógica virada para o mal ou ausência de lógica?" (Levi, 1986: 92). Qual é o significado da distinção entre violência "útil" e violência "inútil" e onde estaria a fronteira? É possível se rebelar em um Estado totalitário?

Dessa forma, se estabelece um diálogo entre quem lê, o autor e seus personagens. Um diálogo a três, em constante movimento, porque os leitores são inúmeros, mudam com o tempo e cada um deles passa por condições que são sempre diferentes. Assim, o texto pode vir a revelar-se uma fonte inesgotável, não apenas de verdades certas e indiscutíveis, mas também de muitas verdades possíveis. No prefácio, Levi escreve:

> Este livro pretende contribuir para o esclarecimento de alguns aspectos do fenômeno *Lager* que ainda são obscuros. Propõe-se também um fim mais ambicioso; pretende responder à pergunta mais urgente, à pergunta que angustia todos aqueles que tiveram a oportunidade de ler nossas narrativas: em que medida o mundo concentracionário morreu e não retornará mais, como a escravidão e o código dos duelos? Em que medida retornou ou está retornando? Que pode fazer cada um de nós para que, neste mundo pleno de ameaças, pelo menos esta ameaça seja anulada? (Levi, 1986: 17)

Trata-se, sem dúvida, de objetivos muito ambiciosos. As contribuições ao conhecimento oferecidas para alcançar o primeiro objetivo constituem uma base sólida de partida, mas é evidente que há muito a ser feito para alcançar o segundo, e isso cabe, em grande parte, ao leitor.

IV.

Como acabamos de ver, *Os afogados e os sobreviventes*, o livro da plena maturidade, é concebido para envolver o leitor em sua densa trama de reflexões. Enquanto É isto um *homem?*, uma obra juvenil, escrita sem ambições literárias, revelou-se capaz de durar como os melhores clássicos.

Certo dia, um jornalista da *London Magazine* perguntou a Levi sobre o "livro primogênito": "O seu tom calmo e sensato deu origem a muita discussão. É uma estratégia literária ou é uma característica pessoal?". Aqui está a resposta:

> Longe de ser uma estratégia; sou eu, é meu estilo de vida, em geral, não estou inclinado à raiva ou à vingança. Meu tom de voz não é nem um defeito nem uma virtude. É algo entre os dois. Eu não estou particularmente orgulhoso de ser assim tão calmo; eu fui criticado por isso. Mas desaprovo fortemente os livros "histéricos" sobre o Holocausto. (Rudolf, 1986)

Aquela calma, aquela complacência, em todo caso, servem para manter o leitor atento, para não o irritar e ao mesmo tempo deixá-lo livre para observar e julgar. Todavia, o escritor também faz uso de outros meios – estratégias ou não, pouco importa – para construir sua relação com quem lê. Em *É isto um homem?*, a voz é quase sempre uma só, a do protagonista-testemunha, mas os registros dessa voz são muitos – pelo menos oito – e de modo a oferecer diferentes solicitações e efeitos.

O primeiro registro é o da descrição linear, objetiva, do *Lager* como de um mecanismo bem estruturado que funciona de maneira irresistível: ele te força, te esmaga, te prende, seu destino é apenas a chaminé. Trata-se de um recorte envolvendo longas passagens sobre a topografia do campo, a composição dos internados, as regras, os ritos e o que você tem que aprender para não sucumbir, o Kabe, a Buna, a economia, a estratificação interna e muito mais. É como se o leitor fosse confrontado com o inevitável e experimentasse a mesma sensação de impotência dos *Häftlinge* (prisioneiros).

Nessa realidade com traços imutáveis, sem tempo, sem saída, o autor desenha – e aqui o tom já é diferente – o percurso de si mesmo como deportado: desde a descoberta angustiante e traumática de um mundo invertido, de sua hierarquia, dos processos de aniquilação, até a adaptação progressiva e a transição rápida de "novato" a "veterano". E, no fundo, uma guerra novamente presente por meio dos bombardeios. Até o extremo paradoxo de um campo finalmente em decomposição e a constatação mais amarga: "A obra de embrutecimento empreendida pelos alemães triunfantes tinha sido levada ao seu término pelos alemães derrotados" (Levi, 2013: 173).

Ao longo desse caminho, o leitor é levado a mover-se no campo, a escutar vozes e silêncios, enquanto acompanha o protagonista que vive a sua história e, ao mesmo tempo, encarna a condição de muitos outros.

Mas, por vezes, brechas repentinas se abrem, desenhadas com um lápis diferente; o leitor se depara com situações e personagens que se apresentam com sua inesquecível individualidade. Emilia:

> Foi assim que morreu Emilia, uma menina de três anos, já que aos alemães configurava-se evidente a necessidade

histórica de mandar à morte crianças judias. Emília, filha do engenheiro Aldo Levi, de Milão, era uma criança curiosa, ambiciosa, alegre e inteligente. Durante a viagem, no vagão lotado, seus pais tinham conseguido dar-lhe um banho numa bacia de zinco, em água morna que o degenerado maquinista alemão consentira em tirar da locomotiva que nos arrastava para a morte. (Levi, 2013: 18)

Indivíduos estranhos:

Entraram (...) na luz dos holofotes, dois grupos de sujeitos estranhos. Caminhavam em linhas de três, com um andar esquisito, atrapalhado, a cabeça baixa, os braços rígidos. Um boné ridículo, uma longa túnica listrada que, apesar da escuridão e da distância, adivinhava-se esfarrapada e imunda. Deram uma larga volta ao redor de nós, sem aproximar-se, e, silenciosamente, começaram a remexer em nossa bagagem, a subir e descer dos vagões vazios. (Levi, 2013: 19)

A escavadeira:

Além da estrada trabalha uma escavadeira. A sua concha, suspensa nos cabos, escancara suas mandíbulas dentadas, paira contra a terra mole e ardilosa, abocanha ávida, enquanto da cabine sai um jato satisfeito de fumaça branca e densa. Logo torna a levantar, dá um quarto de volta, despeja a presa que estava carregando e recomeça. Apoiados em nossas pás, olhamos fascinados. A cada mordida da escavadeira entreabrem-se as bocas, os pomos-de-adão sobem e descem, miseravelmente visíveis por baixo da pele frouxa. Não conseguimos renunciar ao espetáculo do banquete da escavadeira. (Levi, 2013: 74)

E neste caso, não os chamaria de "exemplos". Cada personagem – talvez até mesmo a escavadeira – tem sua individualidade, incorpora uma dimensão específica do homem e da realidade, que cada vez acrescenta uma peça ao mosaico geral.

Vamos tentar identificar outro registro, com seus tons e ressonâncias particulares, que acompanha a narração. A trama do percurso traçado pelo autor, no *Lager*, é constituída, não apenas de fatos, mas também de sensações, de sentimentos, de pensamentos do protagonista, muitas vezes compartilhados com os outros deportados. O fascínio da escavadeira é vivido pelos famintos presentes, sem mediação, por meio de um gesto de imitação. Diante daqueles "destacamentos de indivíduos estranhos" encontrados na chegada ao campo, estão, em contrapartida, os olhares que mostram um pensamento comum: "Entreolhávamos sem dizer uma palavra. Tudo era incompreensível e louco, mas entendêramos algo: aquela era a metamorfose que nos esperava. Amanhã, nós também estaríamos assim" (Levi, 2013: 19).

Muitas vezes é quase impossível separar os fatos de suas implicações subjetivas; elas são propostas quase implicitamente, pelo modo de apresentar os eventos ou na ênfase dada a cada palavra. Mas uma coisa são os fatos, outra coisa as sensações. E, além disso: é dado um peso maior à subjetividade dos deportados pela descrição de seus sonhos recorrentes: uma dimensão outra, inserida no fluxo dos eventos.

Eventos marcados por uma linha leve traçada aqui e ali entre o passado e o presente. Eventualmente, Levi nos sugere, com saltos temporais, por vezes ousados, que podemos considerar o *Lager* do ponto de vista do depois. No meio da infinidade de mortos, este ou aquele sobreviveu. A ênfase não está no fim do *Lager*, o qual continua, aliás, a pesar na experiência do depois, mas na necessidade de que o leitor recupere uma dimensão própria do tempo e da realidade.

Por sua vez, é o próprio autor que parece desorientado diante do que aconteceu: "Hoje – nesse hoje verdadeiro, enquanto estou sentado frente a uma mesa, escrevendo –, hoje eu mesmo não estou certo de que esses fatos tenham mesmo acontecido" (Levi, 2013: 105).

Olhar de fora, olhar de cima. Eventualmente, a narração é interrompida por observações resultantes de uma sensibilidade filosófica precisa, por comentários ou por alguma comparação. Como se o leitor, desconcertado pelos fatos, precisasse ser ajudado, não para compreender o significado – porque o *Lager* é insensato e sem um porquê – mas para apreender as lógicas de seus desdobramentos.

Chegamos a um último registro cuja força provém de fora da narração: no poema colocado em epígrafe: "Vocês que vivem seguros..." (Levi, 2013: 9), um apelo imperativo, um choque. Essa convocação do leitor ressurge depois, especialmente na primeira parte do livro, em algumas solicitações explícitas ao leitor para que considere tudo com intenção e aceite participar.

Como acabamos de ver, a voz que narra é sempre a mesma, os instrumentos para os quais a partitura é composta são diferentes. O leitor ouve o apelo de um ou de outro ao longo de um itinerário cheio de ressonâncias inusitadas, acidentado, inseguro, com muitas bifurcações, um itinerário em que encontra mais perguntas do que respostas. Em cada episódio, diante de cada personagem, o autor é confrontado com a ambiguidade do *Lager*. Os alemães, diz Levi, completaram a obra da bestialização do homem. Surgem as seguintes perguntas: em todos os casos? E de quais homens estamos falando? Por trás e dentro do "se" contido no título italiano do livro (*Se questo è un uomo*) se esconde algum segredo a esse respeito? Talvez no diálogo com o autor seja possível identificar, e talvez desenvolver, pistas úteis. Os leitores são fortemente encorajados a tentar, a fazer perguntas e a procurar respostas.

E o fizeram: os primeiros interlocutores de Levi na Alemanha, na década de 1960, depois vieram os jovens das escolas e muitos outros, mas não se pode dizer que a tarefa tenha sido concluída. Muito pelo contrário. A diferença, hoje, é que como suporte, como guia, podemos nos valer, não só de *É isto um homem?*, como de *Os afogados e os sobreviventes*. No primeiro, Levi teve a oportunidade de salientar que não se limitava a "narrar os fatos", embora fosse essencial fazê-lo: "ao longo dos anos, tenho notado que o livro também tinha outro significado, que poderia ser interpretado como um testemunho universal daquilo que o homem ousa fazer com outro homem" (Kleiner, 1986).

O segundo livro mencionado apresenta-se como um instrumento de medida mais sofisticado, capaz de penetrar em aglomerados de matéria particularmente complexos; propõe resultados menos seguros e, portanto, exige um comprometimento muito maior daqueles que o manuseiam.

V.

A abertura a inúmeros interlocutores. A capacidade de imaginar o seu ponto de vista. A busca por uma troca em ambas as direções. Livros como partituras de concertos que envolvem o leitor num entrelaçamento de vozes e de diferentes referências. Podemos dizer que identificamos um método? E podemos definir esse método em uma teoria? Tirar conclusões desse tipo seria injusto com Primo Levi; não porque o encontro, a troca e o diálogo não sejam essenciais em seu modo de ser, mas, pelo contrário, eles vão muito além de

Auschwitz e agem em profundidade no movimento de todo o seu pensamento, não podendo ser isolados e descritos.

Levi nos disse em uma entrevista de 1986, lembrando de uma ideia já formulada muitas vezes: "Eu me sinto como um Centauro. Duplo, híbrido, bífido. Eu sou italiano e judeu, químico e escritor, racionalista e poeta. Eu sou fabulosamente sedentário e gostaria de viajar" (Martellini, 1981: 454).

Em seguida, enriquece bastante o discurso acrescentando:

> Por muitos anos me senti dividido em dois, aqui o químico e ali o outro que escrevia, com o dever de nunca os contaminar, de nunca cruzar as duas estradas. Eu estava errado, posso dizer, porque agora, na Itália, existem apenas cinco ou seis escritores bacteriologicamente puros. (Martellini, 1981: 451-452)

O diálogo e a troca eram uma parte essencial do seu modo de ser, do modo como as suas ideias nasciam; mas em um equilíbrio sempre instável entre a tentação de manter suas diferentes naturezas e habilidades separadas, de um lado e, de outro, a apreciação dos processos de hibridação, que se realizavam, em grande parte, apesar da sua vontade.

Essas pistas nos levariam muito longe. Eu poderia comentar, por exemplo, sobre o prefácio de *O ofício alheio*, para mostrar as férteis interseções entre os muitos âmbitos do saber "farejados aqui e ali" (Martellini, 1981: 801) pelo escritor, mas seria muito banal ou muito trabalhoso pelas minhas forças e pelo espaço disponível. Aqui, posso apenas assinalar a amplitude de um campo de pesquisa, ainda em grande parte a ser trabalhado e uma ideia concreta para dar alguns passos na direção certa. As hibridações entre diferentes contextos culturais deixam uma marca indelével na linguagem, justamente porque fazem da linguagem um lugar privilegiado. No caso de Levi, o estudo dos termos científicos recorrentes em suas obras poderia talvez devolver o entrecruzamento dos muitos pontos de vista que moldaram o seu pensamento. Um índice desses termos está sendo trabalhado hoje, na esperança de encontrar uma nova maneira de iluminar o diálogo, precisamente, entre o humanista e o homem da ciência.

Concluiremos, voltando ao conceito inicial de diálogo, com duas pequenas citações que nos ajudarão a olhar para o todo.

Eu disse antes que não queria fazer uma teoria porque gostaria de propor uma história que, na minha opinião, é mais eficaz do que qualquer discurso metodológico. Há muitas formas de se pensar sobre o que é o diálogo em geral, sobre sua eficácia, sobre seu potencial cognitivo ou seu valor moral. Levi tentou fazer isso, à sua maneira, com o breve conto *Forza maggiore*, invertendo o ponto de vista, representando o diálogo em negativo. Tente fazer uma pequena experiência: ouça as palavras deste trecho e depois procure tudo o que é negado nelas, e que, em contrapartida, acaba por ser parte do melhor patrimônio da nossa humanidade.

Para ser breve, resumi os primeiros parágrafos do texto.

M. queria andar por um beco longo e estreito, mas, na metade, foi bloqueado por "um rapaz atarracado em uma camiseta sem mangas, talvez um marinheiro" (Levi, [s.d.]), acompanhado por um cachorro. O homem obstruía a passagem sem ter qualquer expressão ameaçadora. "Houve uma pausa, depois o marinheiro fez um gesto com as duas palmas voltadas para o chão como quem acariciasse um longo dorso ou aplacasse as águas" (Levi, [s.d.]). Sem aviso, o marinheiro então socou M. no estômago; ele reagiu e apelou para sua própria astúcia e todas as suas energias para seguir.

Impossível, o adversário era muito forte. M. nesse momento "sentiu uma sensação que nunca sentira antes, a do predomínio, da força maior" (Levi, [s.d.]):

> De repente, o marinheiro agarrou M. pelos ombros e empurrou-o para baixo: realmente possuía uma força extraordinária, e M. foi forçado a ajoelhar-se sobre os seixos, mas o outro continuava a pressionar. Para M. a dor em seus joelhos era intolerável; ele tentou descarregar uma parte do peso em seus calcanhares, para isso teve que se abaixar um pouco mais e inclinar-se para trás. O marinheiro aproveitou: seu impulso vertical tornou-se oblíquo e M. se viu sentado com os braços apontados para trás. A posição era mais estável, mas agora M. estava muito mais baixo, a pressão do outro sobre os seus ombros tornou-se proporcionalmente mais intensa. Lentamente, com arrancadas convulsivas e inúteis de resistência, M. se viu apoiado em seus cotovelos, depois deitado, mas com os joelhos dobrados e altos: pelo menos esses. Eram feitos de ossos duros, rígidos, difíceis de vencer.

O rapaz emitiu um suspiro, como quem deve apelar para toda a sua paciência, agarrou os calcanhares de M., um de cada vez, e esticou suas pernas contra o chão, pressionando sobre os joelhos. Então era este o significado do gesto, pensou M.: o marinheiro queria vê-lo esticado, imediatamente, não tolerava resistência. O outro expulsou o cachorro com um comando seco, tirou as sandálias segurando-as nas mãos, e começou a percorrer o corpo de M., como se caminha sobre o eixo de equilíbrio na academia: lentamente, com os braços estendidos, olhando diretamente para a frente. Colocou um pé sobre a tíbia direita, depois o outro sobre o fêmur esquerdo e, em seguida, sobre o fígado, sobre o tórax esquerdo, sobre o ombro direito e, finalmente, na testa. Calçou as sandálias e saiu, seguido pelo cachorro. (Levi, [s.d.])

Vocês se lembram do pequeno experimento que propus? Pensem, por exemplo, na arrogante indiferença do marinheiro. Não é exatamente o oposto de uma participação respeitosa, implícita no diálogo eficaz e produtivo?

E, para fechar com uma nota diferente, um verdadeiro diálogo - porque Levi, entre outras formas literárias, exercitou a estrutura do diálogo -, um verdadeiro diálogo, porém imaginário, em que se narra o orgulho da criatura mais fraca - a formiga - que consegue deter a violência gratuita da mais forte - uma jornalista - que veio entrevistá-la e, por coincidência, está pronta para pisotear com indiferença o formigueiro.

> JORNALISTA: Vejo que a senhora está muito ocupada. Espero não a incomodar: para alguém como eu, esta é uma ocasião rara.
>
> RAINHA: É o que vocês chamam de "furo", certo? Bem, primeiramente, saia daqui. Quero dizer, tire os pés. Está arruinando a cúpula; pelo menos trezentos dias/formiga só para reparar o dano que a senhora já fez. Nossas cúpulas, ou são perfeitas ou nada. Nós, e eu em particular, somos assim. Isso, muito bem. Agora, prossiga. Sim, pode gravar. Aliás, por que nada de "Majestade"? Como vocês chamam as suas rainhas?
>
> Desculpe, senhora... ehm, desculpe, Majestade. Achei que.... Não tem que achar. Talvez porque sou viúva e estou pondo ovos? E então? Exatamente por isso. A senhora conseguiria me mostrar uma rainha humana capaz de fazer o mesmo? Majestade! Mas nota-se que sou uma Majestade. A senhora sabe quantos ovos eu pus até agora? Um milhão e meio e eu tenho apenas catorze anos, e fiz amor apenas uma vez. (Levi, [s.d.])

A grandeza das formigas; a leveza e a força das palavras. A eficácia do diálogo, em todas as suas formas, para desmascarar a arrogância estúpida dos mais fortes e fazer avançar o pensamento.

Referências

BENZI, Rosanna. Quel treno per Auschwitz. Carta. In: LEVI, Primo. *Opere Complete II*. Turim: Einaudi, [s.d.], p. 1463-1465.

CALCAGNO, Giorgio. Primo Levi: capire non è perdonare. Relato. In: LEVI, Primo. *Opere Complete III*. Turim: Einaudi, [s.d.], p. 611-614.

CONSTANTINI, Luciana; TOGNI, Orietta. Il gusto dei contemporanei. Entrevista. In: LEVI, Primo. *Opere Complete III*. Turim: Einaudi, 1986, p. 748-778.

KLEINER, Barbara. Ritratto della dignità e della sua mancanza negli uomini. Entrevista. *NMZ Neue Musikzeitung*, XXXV, p. 615-619, ago.-set., 1986.

LEVI, Primo. *Se questo è un uomo*. *Opere Complete I*. Torino: Giulio Einaudi editore, 1976.

_________. *Os afogados e os sobreviventes*. Rio de Janeiro: Paz e Terra, 1986.

_________. *A tabela periódica*. Trad. Luiz Sérgio Henriques. Rio de Janeiro: Relume-Dumará, 2001.

_________. *É isto um homem?* São Paulo: Rocco, 2013.

_________. Forza maggiore. In: _________. *Racconti e saggi*. *Opere Complete II*. Turim: Einaudi, [s.d], p. 1065-1067.

MARTELLINI, Giorgio. Io sono un centauro. Entrevista. *Il Gazzettino*, p. 454, jul., 1981.

NOTIZIARIO GIELLE. Miracolo a Torino. *Resistenza. Notiziario Gielle*, XIII, v. 12, n. 12, p. 3, 1959.

PALADINI, Carlo. A colloquio con Primo Levi. Entrevista. In: LEVI, Primo. *Opere Complete III*. Turim: Einaudi, 1986, p. 667-681.

PENNACINI, Marco. Dal fascismo a Auschwitz c'è uma linea direta. Entrevista. In: LEVI, Primo. *Opere Complete*. Turim: Einaudi, [s.d.], p. 961-995.

RUDOLF, Anthony. Ritorno ad Auschwitz: Intervista a Primo Levi. In: LEVI, Primo. *Opere Complete III*. Turim: Einaudi, 1986, p. 625-634.

VALABREGA, Paola. Conversazione con Primo Levi. Entrevista. In: LEVI, Primo. *Opere Complete III*. Turim: Einaudi, 1981, p. 892-903.

Dialoghi

Fabio Levi

Dialoghi: un titolo al plurale. Perché i ragazzi delle scuole, e gli altri, con cui Primo Levi ha ragionato di persona per quarant'anni sono stati innumerevoli; perché i suoi scritti hanno reso possibile uno scambio non meno intenso con un pubblico amplissimo; e poi perché il dialogo interiore fra le diverse anime che abitavano la sua mente non ha mai cessato di produrre nuove idee.

Un giorno, parlando della sua condizione in *Lager* con una giovane studentessa che lo intervistava, Levi ha precisato: "Io sono uno che ha bisogno di comunicare molto, se non riesco a comunicare soffro, ho bisogno di parlare o scrivere, avere se possibile una comunicazione ad andata e ritorno" (Levi, 2018c: 898). Quella frase semplice e sotto tono non conteneva alcun programma, né tanto meno alludeva a un modello di letteratura; esprimeva più che altro un bisogno intimo, destinato però – dopo Auschwitz – a orientare una pratica sempre più raffinata di incontro, di relazione. Una pratica solitaria e inconfondibile che si teneva lontana dagli schemi più ovvi e consolidati: da quello ad esempio del rapporto fra maestro e discepolo; Levi non amava infatti i ruoli rigidi, precostituiti e non reversibili. O da quella dello scrittore che si esprime soltanto in forma mediata, attraverso i suoi personaggi; prima dello scrittore veniva l'uomo, che parlava direttamente e a proprio nome, che adeguava il proprio linguaggio ai singoli interlocutori, che cercava anche il più piccolo margine di reciproca comprensione offerto dalla ragione.

I.

Levi tornò da Auschwitz "profondamente turbato" (Levi, 2018c: 668). Disse nel '73 a un giovane intervistatore: "Durante tutto il viaggio in Russia, questo urto, questo choc, era rimasto un po' in ombra. Appena tornato [a] casa, sono stato molto male per parecchi mesi" (Levi, 2018c: 993).

Gli pareva quasi impossibile scrollarsi di dosso il peso dell'esperienza appena vissuta e rientrare nella normalità di ogni giorno. "Provavo un bisogno fisiologico, un bisogno urgente di raccontare queste cose". "Ero considerato quasi uno squilibrato perché a mensa, alla sera e anche durante il giorno parlavo e parlavo, parlavo addirittura in modo inopportuno, per alcuni" (Levi, 2018c: 668). I fatti di un passato atroce non accettavano di trasformarsi in ricordi: era come se si affollassero sulla soglia della mente, innumerevoli e disordinati, ma nitidi e "a colori" (Levi, 2018c: 299).

Nella condizione estrema di Auschwitz Levi non aveva perduto infatti la proverbiale curiosità dei suoi anni giovanili: "Io e altri immagazzinavamo tutto voracemente, tutte le esperienze; e anzi cercavamo: ci interrogavamo a vicenda per sapere ciascuno la storia degli altri" (Levi, 2018c: 986). E poi a dare forza a quel lavoro di registrazione quasi spasmodico aveva contribuito una sensibilità non comune alla dimensione morale dei fatti umani, sviluppatasi già nel periodo della formazione.

Quella sensibilità si era peraltro affinata, a caro prezzo, nell'imminenza dell'arresto. Leggiamo nel *Sistema periodico*: dal '38 e nei primi anni di guerra "ci avevano dichiarati 'altri' e altri saremmo stati; parteggiavamo, ma ci tenevamo fuori dai giochi stupidi e crudeli degli ariani" (Levi, 2018a: 954). Come ebrei, lui e il suo piccolo gruppo di amici a Milano avevano imparato insomma a guardare il mondo in subbuglio dalla scomoda ma inedita posizione dei paria. C"era poi stata l'esperienza partigiana, il momento della scelta e, finalmente, dell'azione: "mi sembrava la sola cosa decente che un giovane della mia età e nelle mie condizioni potesse fare" (Levi, 2018c: 770). Ma fu un'"esperienza breve, tragica ed anche stupida perché veramente adesso con il senno di poi (...), adesso so che non è così che si fa, ma bisogna pensare che io mi sono dichiarato partigiano molto precocemente, nel novembre del

’43, quando ancora la resistenza non esisteva” (Levi, 2018c: 770). La Resistenza, che, a posteriori, avrebbe poi giudicata nel suo insieme “un fenomeno necessario, utile, anzi provvidenziale” (Levi, 2018c: 770), era dunque stata per lui un‘occasione di apprendimento in negativo, per prova ed errore – avrebbe potuto dire il chimico, abituato a trarre profitto dagli esperimenti falliti -. Anche se in quel caso il coinvolgimento emotivo, la delusione per l’arresto quasi immediato, il senso di destituzione profonda per la tragica leggerezza della sua banda erano stati molto più devastanti di un esperimento scientifico andato male. In ogni caso un viatico non inutile per affrontare la deportazione.

Grazie al bagaglio così acquisito, dopo il ritorno prese forma e fu pubblicato nel ’47 “il libro primogenito” [III, 668], *Se questo è un uomo*. Come sappiamo, la sua stesura fu dettata da una motivazione duplice: “in primo luogo mi importava testimoniare; sapevo di essere uno tra i pochissimi superstiti italiani dei campi di sterminio e mi importava deporre come davanti a un tribunale” [III, 668]. Accanto al “dovere civico” (Levi, 2018c: 669), l’altra ragione era stata personale: alleggerirsi di un peso insopportabile. Guarire scrivendo.

Quei motivi non implicavano un interlocutore preciso. Il libro fu scritto per tutti e per nessuno in particolare. Poi, dopo una pausa che potremmo definire di convalescenza, dedicata per lo più agli affetti, al lavoro, alla chimica e a qualche prova letteraria rivelatasi col tempo tutt’altro che irrilevante, venne il momento di due scoperte importanti: la prima nel ’58. In quell’anno, grazie alla nuova edizione da Einaudi, *Se questo è un uomo* “risuscitò” e da quel momento sarebbe vissuto “di vita propria” (Levi, 2018c: 670). Fu allora che l’autore – è lui a raccontarlo – si accorse “di averlo scritto (…) per i tedeschi (…). Perché erano parte in causa (…). Mi sentivo testimone. I giudici sono i miei lettori, ma chi è l’imputato? La Germania nazista, non i tedeschi naturalmente, certi tedeschi, una buona parte” (Levi, 2018c: 671).

A quel punto iniziò il primo vero dialogo ravvicinato, quello con Hans Riedt, il traduttore in tedesco del racconto di Auschwitz: "uno scambio di lettere frenetico" durato fino alla pubblicazione avvenuta nel 1961, uno scambio fra "perfezionisti"[II, 1256], resi vicini dall'età, dalla comune esperienza antifascista, dalla sensibilità letteraria e dall'obiettivo fortemente condiviso di "perseguire la fedeltà, non solo lessicale ma intima" (Levi, 2018b: 1255) alla versione originale del libro.

La seconda scoperta avvenne nel '59: dopo i tedeschi, i giovani. Proprio nel '59 a Palazzo Carignano giunse a Torino la mostra itinerante sulla deportazione, presentata per la prima volta a Carpi nel '55: un'occasione importante perché, per la prima volta in Italia, della deportazione si parlava pubblicamente in forma autonoma rispetto alla Resistenza. Ricorda Levi: Quella mostra ebbe "un successo addirittura pericoloso, per poco non mi soffocavano. Mi avevano invitato a commentare le fotografie esposte e a parlare" (Levi, 2018c: 670) di *Se questo è un uomo*.

Quell'evento avrebbe poi avuto negli stessi giorni un risvolto importante: la lettera scritta a "La Stampa" da una giovanissima "figlia di un fascista", per chiedere se fossero autentiche le immagini proposte a Palazzo Carignano. "E' la lettera che attendevamo" (Levi, 2018b: 1299) rispose Levi sullo stesso giornale.

Una folla imprevista ad ascoltare il testimone di Auschwitz a Palazzo Carignano e, ora, l'avvio del dialogo con una ragazza nata dopo la guerra: ecco perché, dall'anno successivo, il 1960, presero il via i tanti incontri che avrebbero visto Levi impegnato per molti anni nelle scuole di tutto il paese.

Sin qui ho dato conto di quel che accadde nel primo quindicennio del dopoguerra sulla falsariga di quanto lo stesso Levi racconta, con qualche imprecisione, a Carlo Paladini in un'intervista del 1986. In quel non breve periodo gli interlocutori del giovane testimone-scrittore si precisarono man mano, fra molte difficoltà. In genere il pubblico era distratto o, per varie ragioni, indifferente e restio all'ascolto; mostrava verso l'esperienza dei

Lager incredulità e fastidio, tanto più se l'accento era posto, come pure era giusto che fosse, sull'annientamento degli ebrei.

In quel clima era segno di grande sensibilità non farsi prendere la mano e portare la propria testimonianza in forma equilibrata. Mi riferisco ad esempio alla decisione di Levi di respingere la richiesta avanzata dall'editore di premettere alla traduzione per la Germania un testo che avesse il tono dell'appello al popolo tedesco, della perorazione o del sermone. Al suo posto preferì fosse pubblicato un brano della lettera di ringraziamento che lui come autore aveva scritto al traduttore. La vicenda è nota, ma forse può assumere un significato più generale alla luce del discorso fatto sin qui. Del tono predicatorio l'autore non poteva accettare né il sovraccarico emotivo, né l'implicito atteggiamento di superiorità verso il lettore. Viceversa, avrebbero dovuto prevalere la chiarezza del discorso e lo scambio reciproco fra l'autore e i suoi lettori. Per aver offerto un racconto in gran parte inedito – soprattutto per l'interlocutore tedesco –, Levi chiedeva una contropartita: di essere aiutato a "capire meglio i tedeschi" (Levi, 2018b: 1327). Tenere a freno le emozioni dunque, e impedire al testimone di farsi protagonista unico e prevalente di un rapporto troppo squilibrato a sfavore dei destinatari del suo racconto; con un obiettivo preciso: per quanto possibile, togliere al *Lager* il potere che ancora rischiava di avere oltre la sua stessa esistenza, il potere cioè di far sentire debole, incapace e impotente chiunque provasse ad avvicinarglisi.

In questo c'era piena continuità con il tono volutamente pacato, sobrio e ragionevole attribuito a suo tempo al "libro primogenito". Dare respiro e autonomia di giudizio all'interlocutore, contrastando in tal modo la residua potenza omologatrice e distruttrice del *Lager* richiedeva però anche un'altra condizione. Che ogni soggetto, cui ci si fosse rivolti da allora in poi, venisse rispettato per quello che era, con le sue esperienze, la sua sensibilità e la sua cultura. Non era cosa facile e Levi apprese progressivamente quell'arte dai suoi primi incontri con gli studenti, nelle lettere di risposta ai tedeschi che gli avevano scritto dopo l'uscita di *Se questo è un uomo* in Germania, nelle interviste date, con frequenza sempre maggiore, non a caso a partire dai primi anni '60.

Ogni volta sarebbe stato necessario immaginare il punto di vista dell'altro e farsi condizionare da stimoli e curiosità non sempre graditi. Su questa base si sarebbe poi reso possibile riformulare il proprio discorso in funzione dei singoli interlocutori. E così fu effettivamente per tutti gli anni a venire. Gli esempi al riguardo potrebbero essere innumerevoli. Fra i tanti mi limito a citarne due soltanto.

L'intervista orale rilasciata nel '73 a Marco Pennacini, un intelligente ragazzo di 14 anni, risalta per il tono affettuoso e uno sforzo di chiarezza, se possibile, ancora maggiore che in altri casi: l'intervistatore viene lasciato completamente libero di guidare il colloquio, le risposte sono analitiche e molto ricche di informazioni fino a scavare nell'etimologia delle parole, la medesima attenzione è riservata alle domande più ingenue e a quelle decisamente impegnative, l'intervistato cede a volte alla propria curiosità e diventa intervistatore.

Il secondo esempio si riferisce a un articolo in forma di lettera, scritto per Rosanna Benzi, costretta dalla malattia in un polmone d'acciaio e generosa animatrice di una rivista sulla disabilità, intitolata "Gli altri". Come era solito, per raccontare il *Lager* Levi non esita anche qui a riproporre la trama ricavata dalla propria storia – l'arresto, Fossoli, il viaggio, Auschwitz, ecc. –; la specificità del racconto è data piuttosto dalla scelta degli argomenti, dal ritmo, dagli accenti. In questo caso la persecuzione e Auschwitz sono filtrati attraverso il punto di vista dell'interlocutrice. Nel '38 – troviamo scritto – gli ebrei sono stati trattati da "altri" pur essendo italiani come gli altri. In un atto di amichevole consonanza con la sofferenza di Rosanna, Levi ex-deportato conclude poi che Auschwitz non gli ha tolto il desiderio di vivere, "anzi, me l'ha accresciuto, perché alla mia vita ha conferito uno scopo, quello di portare testimonianza" (Levi, 2018b: 1465).

II.

Ma soffermiamoci ora in particolare sugli incontri con gli studenti. Levi accettava quasi sempre gli inviti dalle scuole, purché non interferissero con il suo lavoro alla SIVA di Settimo Torinese. Lo riteneva un impegno inderogabile, anche se già nella risposta alla lettera del '59 su "La Stampa" alla giovane "figlia di un fascista", colpita dal silenzio dei suoi insegnanti, aveva mostrato di conoscere bene le difficoltà che comportava prendere la parola nelle classi o altrove: "Comprendiamo, ma non potremmo approvare, quei professori che 'sospirano e dicono purtroppo' (...). La vergogna e il silenzio degli innocenti può mascherare il silenzio colpevole dei responsabili" (Levi, 2018b: 1300).

A questo si aggiungeva un problema ulteriore, interno al dialogo con i ragazzi: "Io sento passare gli anni, anche i miei. E con il passare degli anni mi è parso di cogliere una deriva nel modo in cui vengono intese queste memorie (...). C'è in loro una partecipazione emotiva, anche violenta; non storica. Quando entro in un'aula colgo un lampo di stupore nel vedere l'autore del libro che hanno letto e che è ancora vivo, parla italiano; non latino e neppure greco" (Levi, 2018c: 612). Non solo lo sterminio risultava proiettato all'indietro come se si trattasse dei "garibaldini" (Levi, 2018c: 982) o della "guerra di indipendenza americana" (Levi, 2018c: 789); pareva addirittura essere stato spinto fuori dal tempo.

Ma il trascorrere degli anni influiva anche sul modo in cui lo stesso testimone percepiva, lui o lei, il ricordo di quel passato. E forse era di lì che bisognava partire. Nel '76 Levi aggiunge a *Se questo è un uomo* un'*Appendice* che raccoglie le risposte alle domande più frequenti rivoltegli dai ragazzi. E' un primo bilancio degli incontri svoltisi sin lì nelle scuole, pensato per aiutare i lettori – giovani e non – a districarsi fra le nuove difficoltà di quel momento storico. Levi decide in quel testo di giocare a carte scoperte:

> Adesso sono passati molti anni: il libro ha avuto molte vicende, e si è curiosamente interposto, come una memoria artificiale, ma anche come una barriera difensiva, fra il mio normalissimo presente e il feroce passato di Auschwitz. Lo dico con esitazione, perché non vorrei passare per un cinico: nel ricordare il *Lager* oggi non provo più alcuna emozione violenta o dolorosa. Al contrario: alla mia esperienza breve e tragica di deportato si è sovrapposta quella più lunga e complessa di scrittore-testimone e la somma è nettamente positiva; nella sua globalità, questo passato mi ha reso più ricco e sicuro. (Levi, 2018a: 304)

Di qui la scelta – ribadita sulle stesse pagine – di confermare, a maggior ragione in una situazione politica segnata per Levi da una nuova insorgenza del fascismo, una convinzione e un impegno mai abbandonati: "Io credo nella ragione e nella discussione come supremi strumenti di progresso" (Levi, 2018a: 283). Supremi strumenti di progresso: con in più, tuttavia, una maggiore consapevolezza rispetto al passato di dover misurare ogni volta, della ragione, potenzialità e limiti.

Proprio in una delle risposte alle ricorrenti domande dei ragazzi riprese nell'*Appendice*, la ragione è messa alla prova su un tema quanto mai impervio: l'antisemitismo. Alla fine di una disamina lunga e articolata, la conclusione è netta: "La guerra è un terribile fatto di sempre: è deprecabile ma è in noi, ha una sua razionalità, la 'comprendiamo' (Levi, 2018a: 301-2). Viceversa "nell'odio nazista non c'è razionalità: è un odio che non è in noi". "Forse, quanto è avvenuto non si può comprendere, anzi, *non si deve* comprendere, perché comprendere è quasi giustificare. Mi spiego: 'comprendere' un proponimento o un comportamento umano significa (anche etimologicamente) contenerlo, contenerne l'autore, mettersi al suo posto, identificarsi con lui. Ora, nessun uomo normale potrà mai identificarsi con Hitler, Himmler, Goebbels, Eichmann e infiniti altri" [I, 302 e 301]. Tanto più di fronte a realtà di quella dimensione, era dunque meglio "accontentarsi di (…) verità più modeste e meno entusiasmanti, quelle che si conquistano faticosamente, a poco a poco e senza scorciatoie, con lo studio, la discussione e il ragionamento, e che possono essere verificate e dimostrate" [I, 302]. Certo, l'odio nazista lascia sbalorditi, "non possiamo capirlo, ma possiamo e dobbiamo capire di dove nasce e stare in guardia" (Levi, 2018a: 302).

L'*Appendice* – dicevo – era frutto degli incontri con gli studenti, ma per loro era stata scritta, prima che per tutti gli altri. Erano infatti i giovani i primi a dover essere consapevoli delle difficoltà che anche il testimone si trovava ad affrontare nel suo "mestiere" di mediatore. Egli era un uomo o una donna come tutti; doveva guardarsi da qualsiasi atteggiamento di superiorità. Idea questa in piena sintonia con il modo in cui il testimone Levi conduceva concretamente i suoi incontri con i ragazzi; argomento al quale vorrei ora dedicarmi a partire dai ricordi di chi vi partecipò, e, in particolare, dalla registrazione video fatta nel maggiore teatro di Pesaro gremito di giovani. Era il 1985 e fu quello l'ultimo dialogo pubblico dello scrittore con i ragazzi.

Primo Levi non andava nelle classi a fare lezione. Preferiva presentarsi come un chimico che aveva attraversato un evento tragico della storia recente e si metteva a disposizione di chi volesse chiedergli qualcosa. Non si attribuiva alcun ruolo in particolare, tanto meno quello del professore o dello specialista di sterminio, e dunque accettava qualsiasi domanda i ragazzi gli rivolgessero come scrittore, testimone, intellettuale, ebreo, storico, uomo di scienza o persona fra tante. Lui rispondeva sempre, a caldo – prima dell'incontro di Pesaro evitò volutamente di leggere l'elenco dei quesiti che pure gli era stato offerto –, in modo pacato, conciso e per quanto possibile esauriente. Sentiva su di sé le proprie responsabilità di uomo adulto, messo di fronte ad altri uomini e donne più giovani di lui. Mostrava il proprio rispetto verso l'interlocutore, immedesimandosi nel suo punto di vista, suggerendo se necessario un'angolatura diversa da cui guardare alla questione e replicando in modo diretto e puntuale. Assumeva un tono rassicurante quando temeva che le emozioni provocassero fraintendimenti o bloccassero la comunicazione. Ma soprattutto ragionava e aiutava a ragionare chi aveva davanti, puntando sulla chiarezza, sul garbo e sull'ironia.

Per dare maggiore concretezza al discorso propongo qui un piccolo esempio fra i tanti, tratto appunto dall'incontro di Pesaro. La domanda – quel giorno furono più di trenta – era la seguente: "*Nei suoi personaggi c'è sempre il viaggio, la ricerca di qualcosa, una patria, una fede. C'è alla base di questa concezione il senso della 'erranza' ebraica?*" (Levi, 2018c: 753). Ed ecco la risposta:

> Io non credo, non credo che se non avessi avuto nel mio itinerario terreno molti viaggi, avrei ceduto alla tentazione del viaggio nel mio scrivere. Il fatto della "erranza" ebraica lo conosco culturalmente, personalmente non l'ho sperimentato, perché io sono nato nella città in cui abito, anzi addirittura sono nato nella casa in cui abito, è un caso estremo di sedentarietà. I viaggi che ho fatto li ho fatti soprattutto perché mi sono stati imposti, non per scelta. D'altra parte io non credo che nel destino del popolo ebraico sia iscritto permanentemente questo destino, anche perché non credo ai destini, alla predestinazione. Personalmente, abbiamo detto prima, sono stato definito nella prima domanda come un razionalista, come tale non credo ad una predestinazione. (Levi, 2018c: 754)

Lo si è appena visto: Levi rispondeva in modo diretto; non esitava, se necessario, a manifestare il proprio disaccordo, proponendo però una precisa spiegazione; faceva riferimento, anche se con discrezione, ad aspetti della propria vita personale; non esitava a proporre le sue convinzioni: nel caso citato, sulla funzione cruciale della ragione, sull'importanza di distinguere fra conoscenza ed esperienza. Attraverso ogni sua risposta sollecitava i ragazzi a scoprire in concreto le mille strade utili a conquistare singoli frammenti di verità; non li trattava come contenitori di cui fosse eventualmente necessario sostituire il contenuto; e neppure come soggetti che dovessero essere resi consapevoli di verità già intimamente possedute. Chi aveva fatto la domanda doveva essere messo nella condizione – dopo la risposta – di confrontare il se stesso di ora con quello che era stato prima, di dubitare in quel modo delle proprie convinzioni di partenza. L'obiettivo era chiaro: con il dialogo, aiutare gli interlocutori a dialogare con se stessi.

Tutte le scuole superiori di Pesaro erano state coinvolte nella lettura dei libri di Levi e parteciparono dunque in gran numero all'incontro pubblico di cui sto dicendo. Questo nell'ambito di un ciclo che, anno dopo anno, coinvolse in quel periodo molti fra i più noti scrittori italiani contemporanei. Confrontando le trascrizioni dei vari incontri con i ragazzi – mi limito qui a pochi cenni –, il più affine a Levi si dimostrò senz'altro Rigoni Stern, anch'egli scrittore--testimone capace di fare dei suoi racconti uno specchio della propria esperienza. Con Calvino emersero forti assonanze, fra l'altro nell'idea dell'autore-artigiano soddisfatto del proprio libro quando esso si dimostra un "meccanismo che funziona", e nella concezione della scrittura come un modo per insegnare a pensare. Di Sciascia risaltò lo spirito del ricercatore e la capacità di rompere gli stereotipi correnti, a rischio di essere accusato di ambiguità. Di Volponi prevalse la sua critica del potere che finì per produrre, nel corso del colloquio con gli studenti, momenti di aperto conflitto con e fra i ragazzi. Tutti si rappresentarono in ogni caso nel loro ruolo di scrittori. A differenza di Levi, che discusse sì dei suoi libri, intesi però come parte di un'esperienza più ampia, di cui il dialogo diretto con i giovani era parte allo stesso titolo della scrittura. Che non ritenne di dover ragionare in quella sede del proprio pubblico, perché lì era al suo pubblico che si stava rivolgendo; e che non disse nulla su come riteneva si dovesse aiutare i propri interlolcutori a pensare, perché con le sue risposte lo stava facendo.

E questo valeva per i singoli che rivolgevano la loro domanda, come per tutti gli altri che ascoltavano. La naturalezza con cui Levi porgeva le sue risposte contribuiva a creare un clima di curiosità, di attenzione e di coinvolgimento. Anche chi non aveva formulato direttamente un proprio quesito era incoraggiato a condividere quelli degli altri e a partecipare, dal proprio punto di vista, agli sviluppi della discussione.

III.

Quando dialogava in prima persona con gli studenti o con altri, Levi sapeva dunque parlare a ognuno e a tutti. Lo stesso è riuscito a fare con i suoi libri, interpellando singolarmente i propri lettori, aiutandoli a formulare domande e a darsi delle risposte. Perdeva in questo caso il vantaggio "di vedere le loro facce" (Levi, 2018c: 628), ma poteva rivolgersi a una platea molto più vasta e proporsi di parlare a più di una generazione. Per descrivere come abbia lavorato in questo senso e per ragionare di quali risultati abbia ottenuto, comincerò dall'ultimo libro su Auschwitz, *I sommersi e i salvati* del 1986, uscito quindi subito dopo l'incontro di Pesaro e concepito esplicitamente per avvicinare Auschwitz ai lettori di oggi e di domani. Sentiamo da una sua intervista:

> Mi interessava far vedere che queste cose appartengono a un passato vicino, non solo geograficamente. Il seme di Auschwitz non dovrebbe rigermogliare, ma è vicina la violenza, è attorno a noi, e c'è una violenza che è figlia della violenza (...). La nostra società, insieme con i mezzi di informazione (pur così necessari), ci dà la disseminazione della violenza. Dispone di meccanismi che la ingigantiscono. (Levi, 2018c: 612)

Leggendo il libro si rimane subito colpiti dalla folla di soggetti e di personaggi che popolano le sue pagine: i Geheimnisträger – i testimoni portatori dei segreti del *Lager* –, i "nuovi" arrivati di Auschwitz e gli "anziani", i prigionieri "privilegiati", i funzionari di basso rango, i Kapos e i funzionari di livello più alto. Il Sonderkommando e le SS. E poi Chaim Rhumkowski, la ragazza sopravvissuta al gas, i cavalieri russi, i prigionieri politici che organizzano la resistenza clandestina, i militari russi che non ce la fanno a resistere, l'Ultimo che si ribella, Alberto, Daniele, i tedeschi che voltano le spalle alla colpa propria e altrui, i deportati alsaziani, i greci, gli ungheresi e gli italiani, i prigionieri inglesi, il nazismo, le donne di Birkenau, i morenti di cui i persecutori violano la porta di casa, i venditori di capelli umani, i deportati stipati nei treni, l'intellettuale Améry e il chimico Levi, chi tace, chi parla, chi invita a raccontare, la massa degli Häftlinge passivi e impotenti, Mala Zimetbaum, gli ebrei che disconoscono i segnali del disastro imminente, il traduttore in tedesco Hans Riedt, Hety Schmidt Maas e gli altri che hanno scritto a Levi dalla Germania.

E potrei continuare. Ma tutti hanno, fra le altre, una cosa in comune: sono fortemente limitati nelle loro possibilità di esprimersi dalla struttura oppressiva del *Lager*. La violenta imposizione del tedesco costringe la massa dei prigionieri di altri paesi nella condizione di "barbari" isolati e impotenti. La Babele delle lingue impedisce ai deportati di comunicare fra loro, fino a far seccare "con la lingua il pensiero" (Levi, 2018b: 1202). A regolare la vita e i rapporti sono le urla e i colpi. E anche dopo la fine di Auschwitz è il silenzio a prevalere. I sopravvissuti sono una infima minoranza e i loro racconti sono bloccati o condizionati da gravi ostacoli, dentro e fuori di loro. Per chiunque è difficile parlare di *Lager*.

Proprio per rompere almeno virtualmente quell'afasia e quel silenzio, valendosi della "imponente letteratura" (Levi, 2018b: 1163) pubblicata in trent'anni di dopoguerra e della propria memoria sottoposta a una critica serrata, Levi compie un'impresa unica: evoca quei soggetti e quei personaggi e ne immagina le motivazioni, le giustificazioni e le rappresentazioni di sé; e ci descrive tutto questo. Ci spiega fra l'altro: "L'angoscia è nota a tutti, fin dall'infanzia, ed a tutti è noto che spesso è bianca, indifferenziata" (Levi, 2018b: 1187). Quella provocata dal *Lager*, su cui si concentra lo scrittore, va dunque scandagliata, va interpretata, va riferita a soggetti e situazioni particolari; e ne nasce, nel terzo capitolo del libro, la distinzione fra le diverse forme di vergogna provate dai sopravvissuti, ma ancor prima dai deportati. Così come, nella citazione che segue, l'autore cerca anche solo di adombrare – impresa di inaudita difficoltà per chiunque – lo stato d'animo di uno dei pochissimi sopravvissuti del Sonderkommando, testimone in un processo contro i nazisti: "Da uomini che hanno conosciuto questa destituzione estrema non ci si può aspettare una deposizione nel senso giuridico del termine, bensì qualcosa che sta fra il lamento, la bestemmia, l'espiazione e il conato di giustificarsi, di recuperare se stessi. Ci si deve aspettare piuttosto uno sfogo liberatorio che una verità dal volto di Medusa" (Levi, 2018b: 1175-76).

La letteratura è posta qui al servizio di una rappresentazione quasi ineffabile. Che può però affondare le proprie radici in un'indagine rigorosa del *Lager*, guidata da categorie interpretative del tutto originali. La pressione estrema a collaborare con l'oppressore, all'origine delle infinite sfumature che compongono la "zona grigia". Ma non c'è solo la zona grigia. C'è la "vergogna", come già ho accennato, che accomuna la soggettività del sopravvissuto a quella del deportato, e offre una chiave ulteriore utile a interpretare pensieri e comportamenti di entrambi, e su quella base a pesare e distinguere. Come è anche per la violenza, vista sotto la luce sinistra della sua gratuita "inutilità", e per l'impulso a ribellarsi o a cedere, misura fra le altre del grado di devastante spossatezza dei deportati. La pressione a collaborare, la vergogna, la violenza inutile, l'impulso o meno a ribellarsi: si tratta di quattro strumenti diversi di analisi sociale.

Levi sottopone alla sua lente di ingrandimento anche le proprie reazioni e i propri comportamenti, messi a confronto con quelli del filosofo Jean Améry: un confronto virtuale fra i suoi pensieri di allora e gli scritti dell'intellettuale austro-belga, sopravvissuto alla deportazione ma mai incontrato personalmente durante o dopo la prigionia. Analizzati con la medesima attenzione sono poi gli atteggiamenti e i punti di vista dei suoi primi interlocutori dopo il ritorno a casa: come già sappiamo, i ragazzi delle scuole e, soprattutto, i lettori tedeschi di *Se questo è un uomo*. Un modo questo per dare conto dei primi risultati e, soprattutto, delle difficoltà di un dialogo che aveva stentato a trovare proficui terreni d'incontro.

Lo sforzo di immaginazione dell'autore si spinge fino a far dialogare con se stessi alcuni dei tanti soggetti presi in considerazione. Ad esempio: gli ebrei internati del *Lager*, quante volte devono averci pensato! Fossero anche riusciti "a superare lo sbarramento di filo spinato e la griglia elettrificata (...) dove avrebbero potuto dirigersi?" [II, 1244]. Quali alternative avrebbero avuto? O addirittura, potendo contare su fonti ritenute affidabili, Levi arriva fino a far dialogare individui in carne ed ossa. Anche qui per economia di spazio mi limito a un unico caso: una scena dell'altro mondo e un dialogo atroce. Una giovane donna riesce fortunosamente a sopravvivere alla camera a gas, "viene chiamato un medico che rianima la ragazza con un'iniezione. Sì, il gas non ha compiuto il suo effetto, potrà sopravvivere, ma dove e come? In quel momento sopraggiunge Muhsfeld, uno dei militi SS addetti agli impianti di morte; il medico lo chiama da parte e gli espone il caso. Muhsfeld esita, poi decide: no, la ragazza deve morire (...) ha soli sedici anni: di lei non ci si può fidare" (Levi, 2018b: 1178). Altre volte il dialogo è meno ravvicinato e risulta dall'accostamento fra punti di vista di soggetti diversi, ma colti nella stessa situazione o confrontati a uno stesso problema.

Mentre scandaglia pensieri e stati d'animo Levi offre al lettore la possibilità di osservare da vicino casi innumerevoli e di chiedersi quali margini di autonomia avessero volta per volta i vari soggetti; fino a che punto ogni singolo atto era o meno frutto di una scelta? Puntualizza l'autore: "Solo entro il *Lager* il controllo dal basso era nullo, ed il potere dei piccoli satrapi era assoluto" (Levi, 2018b: 1171). Ma il singolo deportato si trovava a volte a poter scegliere, come accade a Primo quando decide di condividere solo con l'amico Alberto un goccio d'acqua dolce trovato per caso. E dunque il lettore è portato a interrogarsi sulle implicazioni morali di questa o quella scelta.

E proprio a un tale impegno etico egli viene più volte sollecitato dall'autore. A proposito di Ruhmkowski, il capo del ghetto di Lodz, "il re dei giudei"[II, 1185] totalmente asservito ai nazisti, trova scritto ad esempio che per resistere al nazionalsocialismo "ci vuole una ben solida ossatura morale" e, subito dopo: "quanto è forte la nostra, di noi europei di oggi?" (Levi, 2018b: 1186). Ma, anche quando non è chiamato esplicitamente in causa, chi legge si sente comunque parte della fitta trama di pensieri dei protagonisti, filtrati e resi almeno in parte accessibili dall'autore, pensieri duri, sconvolgenti, come solo la realtà del *Lager* sa essere.

Ed ecco che allora, con la sua sensibilità e gli impulsi del momento, il lettore si trova di fronte a interrogativi che "possono essere molti, confusi fra loro, o inconoscibili, se non addirittura inesistenti" (Levi, 2018b: 1242). Ma almeno può contare sull'aiuto dello scrittore a individuare le domande più pertinenti e a formularle nel modo più adatto. Qualche esempio: come valutare il "concorso di colpa" (Levi, 2018b: 1169) di chi è spinto dalla forza irresistibile esercitata dai padroni del *Lager* a collaborare con il potere? Di fronte alla Germania nazista è più giusto parlare di "logica intesa al male o di assenza di logica?" (Levi, 2018b: 1211). Che significato ha la distinzione fra violenza "utile" e violenza "inutile" e dove si situa eventualmente il confine? E' possibile ribellarsi in uno Stato totalitario?

Si instaura a questo punto un dialogo fra chi legge, l'autore e i suoi personaggi. Un dialogo a tre in continuo movimento, perché i lettori sono innumerevoli, cambiano nel tempo e ognuno di loro attraversa condizioni sempre diverse. Così il testo potrà rivelarsi alla fine una fonte inesauribile, non solo di verità certe e indiscutibili ma anche di molte verità possibili. Scrive Levi nella prefazione: "Questo libro intende contribuire a chiarire alcuni aspetti del fenomeno *Lager* che ancora appaiono oscuri. Si propone anche un fine più ambizioso; vorrebbe rispondere alla domanda più urgente, alla domanda che angoscia tutti coloro che hanno avuto occasione di leggere i nostri racconti: quanto del mondo concentrazionario è morto e non tornerà più, come la schiavitù o il codice dei duelli? quanto è tornato o sta tornando? Che cosa può fare ognuno di noi, perché in questo mondo gravido di minacce, almeno questa minaccia venga vanificata?" [II, 1153]. Si tratta indubbiamente di obiettivi molto ambiziosi. E se l'originalità dei contributi di conoscenza offerti per raggiungere il primo costituisce una solida base di partenza, per perseguire il secondo molto resta ovviamente da fare, ed è lasciato in gran parte al lettore.

IV.

Lo abbiamo appena visto. *I sommersi e i salvati*, il libro della piena maturità di Levi, è concepito per coinvolgere il lettore nella sua fittissima trama di pensieri. E *Se questo è un uomo*, opera giovanile, scritta senza ambizioni letterarie, eppure dimostratasi capace di durare come i migliori classici?

Un giornalista del London Magazine chiese un giorno a Levi riguardo al "libro primogenito": "Il suo tono calmo e ragionevole ha fatto molto discutere. E' una strategia letteraria o è una caratteristica personale?" (Levi, 2018c: 629). Ecco la risposta: "Non è affatto una strategia; sono io, è il mio stile di vita, in generale non sono incline alla rabbia o alla vendetta. Il mio tono di voce non è né un difetto né una virtù. E' qualcosa che sta nel mezzo. Non sono particolarmente orgoglioso di essere così calmo; sono stato criticato per questo. Ma disapprovo fortemente i libri 'isterici' sull'olocausto" (Levi, 2018c: 629). Quella calma, quella pacatezza servono in ogni caso a tenere avvinto il lettore, a non urtarlo e nello stesso tempo a lasciarlo libero di osservare e di giudicare.

Lo scrittore si vale però anche di altri mezzi – strategie o meno poco importa – per costruire il suo rapporto con chi legge. In *Se questo è un uomo* la voce è quasi sempre una sola, quella del testimone-protagonista, ma i registri di quella voce sono molti – almeno otto – e tali da offrire sollecitazioni in modi e con effetti diversi.

Il primo registro è quello della descrizione lineare, obiettiva, del *Lager* come di un meccanismo ben strutturato che funziona in modo irresistibile: ti prende, ti costringe, ti schiaccia, non hai scampo, il tuo destino è solo il camino. Questo è il taglio di lunghi passaggi sulla topografia del campo, la composizione degli internati, le regole, i riti e ciò che si deve imparare per non soccombere, il Kabe, la Buna, l'economia, la stratificazione interna e altro ancora. In quei momenti è come se il lettore fosse messo di fronte all'inevitabile e dovesse provare lo stesso senso di impotenza degli Häftlinge.

In questa realtà dai tratti immutabili, senza tempo, senza scampo, l'autore disegna – qui il tono è già diverso – il percorso di se stesso deportato: dalla scoperta angosciosa e traumatica di un mondo capovolto, della sua gerarchia, dei processi di annientamento, al progressivo adattamento e al rapido passaggio da "nuovo" ad "anziano". E, sullo sfondo, una guerra che con i bombardamenti riprende a farsi sentire. Fino al paradosso estremo di un *Lager* finalmente in disfacimento e alla constatazione più amara: "L'opera di bestializzazione intrapresa dai tedeschi trionfanti, era stata portata a compimento dai tedeschi disfatti" (Levi, 2018a: 276). Lungo quel percorso il lettore è portato a muoversi nel campo, ad ascoltare voci e silenzi, mentre accompagna il protagonista che vive la sua storia e, insieme, incarna la condizione di tanti altri.

Ma a momenti si aprono squarci improvvisi, disegnati con una matita ancora diversa; il lettore trova sulla sua strada situazioni e personaggi che gli si pongono davanti agli occhi nella loro indimenticabile individualità. Emilia: "Così morì Emilia, che aveva tre anni; poiché ai tedeschi appariva palese la necessità storica di mettere a morte i bambini degli ebrei. Emilia, figlia dell'ingegner Aldo Levi di Milano, che era una bambina ambiziosa, curiosa, allegra e intelligente; alla quale, durante il viaggio nel vagone gremito, il padre e la madre erano riusciti a fare il bagno in un mastello di zinco, in acqua tiepida che il degenere macchinista tedesco aveva consentito a spillare dalla locomotiva che ci trascinava tutti alla morte" (Levi, 2018a: 147). Strani individui:

> Entrarono (...) nella luce dei fanali due drappelli di strani individui. Camminavano inquadrati, per tre, con un curioso passo impacciato, il capo spenzolato in avanti e le braccia rigide. In capo avevano un buffo berrettino, ed erano vestiti di una lunga palandrana a righe, che anche di notte e di lontano si individuava sudicia e stracciata. Descrissero un rapido cerchio intorno a noi,

> in modo da non avvicinarci, e, in silenzio, si misero ad armeggiare coi nostri bagagli e a salire e scendere dai vagoni vuoti. (Levi, 2018a: 147)

La draga:

> Al di là della strada lavora una draga. La benna, sospesa ai cavi, spalanca le mascelle dentate, si libra un attimo come esitante nella scelta, poi si avventa alla terra argillosa e morbida, e azzanna vorace, mentre dalla cabina di comando sale uno sbuffo soddisfatto di fumo bianco e denso. Poi si rialza, fa un mezzo giro, vomita a tergo il boccone di cui è grave, e ricomincia. Appoggiati alle nostre pale, noi stiamo a guardare affascinati. A ogni morso della benna, le bocche si socchiudono, i pomi d'Adamo danzano in su e poi in giù, miseramente visibili sotto la pelle floscia. Non riusciamo a svincolarci dallo spettacolo del pasto della draga. (Levi, 2018a: 194-95)

E in questo caso non parlerei di esempi. Ogni personaggio – forse anche la draga – ha la sua individualità, incarna una dimensione specifica dell'uomo e della realtà, che aggiunge ogni volta un tassello al quadro d'insieme.

Ma proviamo a individuare un altro registro, con i suoi toni e le sue risonanze particolari, che accompagna in ogni momento il racconto. La trama del percorso disegnato dall'autore nel *Lager*, oltre che di fatti, è intessuta di sensazioni, di sentimenti, di pensieri attribuiti al protagonista, e che spesso sono condivisi con gli altri deportati. Il fascino della draga è vissuto dagli astanti affamati senza mediazioni, attraverso un gesto di imitazione. Di fronte a quei "drappelli di strani individui" incontrati all'arrivo nel campo, sono invece gli sguardi a mostrare un pensiero comune. "Noi ci guardavamo senza parole. Tutto era incomprensibile e folle, ma una cosa avevamo capito. Questa era la metamorfosi che ci attendeva. Domani anche noi saremmo diventati così" (Levi, 2018a: 147). Spesso è quasi impossibile separare i fatti dalle loro implicazioni soggettive; esse sono proposte al lettore in modo quasi implicito, nella scelta del modo in cui i fatti sono presentati o nell'accento posto sulle singole parole. Ma un conto sono i fatti, un altro le sensazioni.

E ancora: un peso tanto maggiore alla soggettività dei deportati è dato dalla descrizione dei loro sogni ricorrenti: una dimensione altra incastonata nel flusso degli eventi.

Attraversati, quegli eventi, da un segno ulteriore: una linea leggera tracciata qui e là fra passato e presente. Levi ci suggerisce a momenti, con salti temporali a volte spericolati, che possiamo considerare il *Lager* con il punto di vista del poi. I morti sono stati un'infinità, ma questo o quello sono sopravvissuti. L'accento non è posto sulla fine del *Lager*, che anzi continua a pesare nell'esperienza del dopo, ma sulla necessità che il lettore ricuperi una giusta dimensione del tempo e della realtà. D'altra parte è lo stesso autore a mostrarsi disorientato di fronte a quello che è successo: "Oggi, questo vero oggi in cui io sono seduto a un tavolo e scrivo, io stesso non sono convinto che queste cose sono realmente accadute" (Levi, 2018a: 220).

Guardare da fuori, guardare dall'alto. Il racconto è interrotto a momenti da osservazioni, alcune frutto di una puntuale sensibilità filosofica, da commenti o qualche confronto. Come se il lettore, sconcertato dai fatti, dovesse essere aiutato, non già a comprenderne il significato, perché il *Lager* è insensato e senza perché, ma a cogliere le logiche che sembrano guidarne volta per volta gli sviluppi.

Per arrivare a un ultimo registro che questa volta trae la sua forza fuori dal racconto, nella poesia posta subito prima del suo inizio: "Voi che vivete sicuri..." (Levi, 2018a: 139): un richiamo imperativo, una scossa. Quel richiamo riemerge poi, soprattutto nella prima parte del libro, in alcune esplicite sollecitazioni al lettore perché consideri ogni cosa con intenzione e accetti di mettersi in gioco.

Lo abbiamo appena visto. La voce narrante è sempre la stessa, gli strumenti per cui è composta la partitura no. Il lettore sente il richiamo dell'uno o dell'altro lungo un itinerario pieno di risonanze inusitate, accidentato, insicuro, con molte biforcazioni, sul quale è preso più dalle domande che dalle risposte. A ogni episodio, di fronte a ogni personaggio è portato a misurarsi con l'ambiguità del *Lager*. I tedeschi – lo abbiamo sentito da Levi – portano a compimento l'opera di bestializzazione dell'uomo. Ma, viene da chiedersi, sempre e comunque? E di quali uomini stiamo parlando? Dietro e dentro al "se" contenuto nel titolo del libro non si nasconde qualche segreto al riguardo? Forse nel dialogo con l'autore è possibile rintracciare, e magari sviluppare, indizi utili. Il lettore è vivamente incoraggiato a tentare l'impresa, a formulare domande e a cercare risposte.

Ci hanno provato i primi interlocutori di Levi in Germania negli anni '60, e poi i ragazzi delle scuole e molti altri, senza che tuttavia il compito possa dirsi esaurito. Tutt'altro. La differenza, oggi, è che come sostegno, come guida, possiamo valerci, oltre che di *Se questo è un uomo*, de *I sommersi e i salvati*. Del primo, Levi ha avuto modo di precisare che esso non si limitava a "raccontare dati di fatto" (Levi, 2018c: 615), come pure era essenziale che facesse; "nel corso degli anni, ho notato che il libro aveva anche un altro significato, che poteva essere interpretato come una testimonianza universale di ciò che l'uomo osa fare di un altro uomo" (Levi, 2018c: 615). Il secondo si presenta invece come uno strumento di misura più sofisticato, capace quindi di penetrare agglomerati di materia particolarmente complessi; tale però da promettere, da solo, risultati meno sicuri e da richiedere quindi un impegno tanto maggiore a chi lo maneggia.

V.

L'apertura a interlocutori innumerevoli. La capacità di immaginare il loro punto di vista. La ricerca di uno scambio nelle due direzioni. Libri come partiture di concerti che coinvolgono il lettore in un intreccio di voci e di richiami diversi. Possiamo dire di avere individuato un metodo, di poter fissare quel metodo in una teoria? Trarre conclusioni del genere farebbe torto a Primo Levi; non perché l'incontro, lo scambio, il dialogo non siano essenziali nel suo modo di essere, ma per la ragione opposta. Essi vanno ben oltre Auschwitz e agiscono in profondità sul movimento di tutto il suo pensiero, tanto da non poter essere isolati e descritti in quanto tali.

Ci ha detto Levi in un'intervista dell'"86, richiamando un'idea già formulata tante volte: "Mi sento un Centauro. Perché doppio, ibrido, bifido. Sono italiano ed ebreo, chimico e scrittore, razionalista e poeta. Sono favolosamente stazionario e mi piacerebbe viaggiare" [III, 454]. Ma insieme osserva, arricchendo non poco il discorso: "Per tanti anni mi sono sentito diviso in due, di qua il chimico e di là quell'altro che scriveva, con il dovere di non contaminarli mai, di non far mai incrociare le due strade. Avevo torto, dico ora, perché di scrittori batteriologicamente puri, in Italia ne esistono cinque o sei" (Levi, 2018c: 451-52). Il dialogo, lo scambio erano dunque parte essenziale del suo modo di essere, del modo in cui nascevano le sue idee; ma in un equilibrio sempre instabile fra la tentazione di tenere separate fra loro le sue diverse nature, e competenze, e l'apprezzamento per i processi di ibridazione, che si compivano in gran parte al di fuori della sua volontà.

Su questa strada si potrebbe andare molto lontano. Potrei commentare ad esempio la premessa a *L'altrui mestiere*, per mostrare i fecondi incroci fra i tanti ambiti del sapere "annusati qua e là" [II, 801] dallo scrittore. Ma sarebbe troppo banale o troppo impegnativo per le mie forze e per il poco spazio a disposizione. Qui posso solo segnalare l'ampiezza di un campo di ricerca ancora in gran parte da praticare e un'idea concreta per fare qualche passo nella giusta direzione. Le ibridazioni fra ambiti culturali diversi lasciano una traccia indelebile sul linguaggio, proprio perché fanno del linguaggio un proprio luogo di elezione. Nel caso di Levi lo studio dei termini scientifici ricorrenti nelle sue opere potrebbe forse restituire l'intreccio dei tanti punti di vista che hanno dato forma al suo pensiero. A un indice di quei termini si sta oggi lavorando, nella speranza di trovare una nuova via per illuminare il dialogo, appunto, fra l'umanista e l'uomo di scienza.

Ma torniamo per concludere all'accezione di dialogo da cui siamo partiti, con due piccole citazioni che ci aiuteranno a gettare uno sguardo d'insieme.

Ho detto prima di non voler fare della teoria anche perché vorrei proporvi un racconto che a mio avviso è più efficace di qualsiasi discorso metodologico. Si può ragionare in molti modi su che cosa sia il dialogo in generale, sulle condizioni perché possa risultare efficace, sulle sue potenzialità conoscitive o sul suo valore morale. Levi ci ha provato a modo suo con la breve vicenda descritta in *Forza maggiore*, ribaltando il punto di vista, rappresentando il dialogo in negativo. Provate a fare un piccolo esperimento: ascoltate le sue parole e poi andate a cercare tutto ciò che in esse è negato, e che viceversa è parte del patrimonio migliore della nostra umanità.

Riassumo per brevità i primi paragrafi del testo.

M. voleva percorrere un vicolo lungo e stretto, ma a metà fu bloccato da "un ragazzo tarchiato in canottiera, forse un marinaio" (Levi, 2018b: 1065), accompagnato da un cane. L'uomo ostruiva il passaggio pur senza avere alcuna espressione minacciosa. "Vi fu una pausa, poi il marinaio fece un gesto con le due palme rivolte al suolo come chi carezzasse una lunga schiena o placasse le acque" (Levi, 2018b: 1065). Senza preavviso il marinaio sferrò poi a M. un pugno nello stomaco; egli reagì e per farsi strada si appellò alla propria astuzia e a tutte le sue energie. Impossibile, l'avversario era troppo forte. M. a quel punto "percepì una sensazione che non aveva mai provata prima, quella della sopraffazione, della forza maggiore" (Levi, 2018b: 1066).

> A un tratto il marinaio acchiappò M. per le spalle e lo spinse verso il basso: possedeva veramente una forza straordinaria, e M. fu costretto a inginocchiarsi sui ciottoli, ma l'altro continuava a premere. A M. dolevano le ginocchia in modo intollerabile; tentò

> di scaricare una parte del peso sui calcagni, per il che dovette abbassarsi ancora un poco e inclinarsi all'indietro. Il marinaio ne approfittò: la sua spinta da verticale si fece obliqua, e M. si trovò seduto con le braccia puntate dietro di sé. La posizione era più stabile, ma poiché ora M. era assai più basso, la pressione dell'altro sulle sue spalle si era fatta proporzionalmente più intensa. Lentamente, con spunti convulsi e inutili di resistenza, M. si trovò appoggiato sui gomiti, poi coricato, ma con le ginocchia piegate e alte: almeno quelle. Erano fatte di ossa dure, rigide, difficili da vincere.
>
> Il ragazzo emise un sospiro come fa chi deve fare appello a tutta la sua pazienza, afferrò i calcagni di M., uno per volta, e gli distese le gambe contro il suolo premendo sulle rotule. Era questo dunque il significato del gesto, pensò M.: il marinaio lo voleva disteso, subito, non tollerava resistenze. L'altro cacciò via il cane con un comando secco, si tolse i sandali reggendoli in mano, e si accinse a percorrere il corpo di M., come si percorre in palestra l'asse di equilibrio: lentamente, a braccia tese, guardando diritto davanti a sé. Pose un piede sulla tibia destra, poi l'altro sul femore sinistro, e via via sul fegato, sul torace sinistro, sulla spalla destra, infine sulla fronte. Si infilò i sandali e se ne andò seguito dal cane. (Levi, 2018b: 1066-67)

Ricordate il piccolo esperimento che vi ho proposto? Pensate ad esempio alla proterva indifferenza del marinaio. Non è esattamente l'opposto della rispettosa partecipazione implicita in un dialogo efficace e produttivo?

E, per chiudere con una nota diversa, un dialogo vero – perché Levi, fra le altre, praticò volentieri come scrittore quella forma letteraria –, un dialogo vero ma immaginario. Dove si narra del giusto orgoglio della più debole – la formica – che riesce a fermare la violenza gratuita della più forte – una giornalista –, venuta a intervistarla e pronta, guarda caso, a calpestare con noncuranza il formicaio.

GIORNALISTA: Signora, La vedo molto occupata. Spero di non disturbarLa: per una come me questa è un'occasione rara.

REGINA: E' quello che voi chiamate uno scoop, vero? Bene, per prima cosa si tolga dai piedi. Voglio dire: tolga i piedi. Sta rovinando la cupola; almeno trecento giorni-formica solo per riparare il danno che ha già fatto. Le nostre cupole, o perfette o niente. Noi, e io in specie, siamo fatte così. Ecco, brava. Adesso avanti. Sì, registri pure. A proposito, perché niente maestà? Come le chiamate, voi, le vostre regine?

Scusi, signora... ehm, scusi, Maestà. Credevo che...

Ha poco da credere. Forse perché sono vedova e sto facendo le uova? Ebbene? Proprio per questo. Me la trova Lei, una regina umana capace di fare altrettanto? Maestà! Ma si capisce che io sono una maestà. Sa quante uova ho fatto finora? Un milione e mezzo e ho solo quattordici anni, e ho fatto l'amore una volta sola. (Levi, 2018b: 1062)

La grandezza delle formiche; la leggerezza e la forza delle parole. L'efficacia del dialogo, in tutte le sue forme, per smascherare la stupida arroganza del più forte e far avanzare il pensiero.

Referências

LEVI, Primo. *Opere Complete I. A cura de Marco Belpoliti.* Torino: Giulio Einaudi editore, 2018a.

__________. *Opere Complete II. A cura de Marco Belpoliti.* Torino: Giulio Einaudi editore, 2018b.

__________. *Opere Complete III. A cura de Marco Belpoliti.* Torino: Giulio Einaudi editore, 2018c.

Da Itália ao Brasil: as traduções e a recepção das obras de Primo Levi

Aislan Camargo Maciera

É dispensável, neste momento do século XXI, apresentar Primo Levi como um dos maiores nomes da literatura sobre a *Shoá* e como um dos escritores fundamentais do século XX. Trata-se de um autor central na discussão do pensamento crítico italiano: seus escritos constituem um monumento narrativo e reflexivo sobre a condição humana, tendo como base a experiência como deportado e prisioneiro dos nazistas durante a Segunda Guerra para, por meio da memória e da formação científica, construir uma literatura capaz de suscitar interesses dos mais diversos campos e áreas do conhecimento.

Toda a poliédrica obra do autor – testemunhos, contos de ficção, autobiografia, ensaios, poesias – tem como ponto de partida o seu autodeterminado papel de testemunha dos horrores da Segunda Guerra que, segundo ele, não tinham ficado no passado: as representações do fascismo teimavam – e, pelo que notamos, ainda teimam – em sobreviver. Dessa forma, a literatura de Primo Levi é um convite à reflexão acerca de contextos contemporâneos, nos quais a memória e a história parecem estar ameaçadas em nome de discursos ideológicos que querem obscurecer ou ressignificar o passado a seu modo.

A literatura de Levi, nascida no final da década de 1940, teve um primeiro momento de difícil recepção. Em uma Europa que ainda tentava cicatrizar as feridas da guerra e deixar de lado o traumático passado recente, pensando em um recomeço, a primeira tentativa de publicação sofreu a recusa de (Levi, 2018: 668-669) "alguns importantes editores" e, dentre eles, a mais marcante foi aquela da Editora Einaudi, no final de 1946. Segundo o próprio autor, em entrevistas posteriores, a responsável pela não publicação pela importante editora teria sido a também escritora, e também judia, Natalia Ginzburg. O próprio Levi reflete sobre os motivos da recusa (Levi, 2018: 669), dizendo que naquele momento "Natalia saía de um período terrível, era viúva de Leone Ginzburg" e, por isso, "entendia bem a sua recusa, que expressava uma recusa mais ampla, coletiva". Partindo da figura da escritora, Levi diz entender o período como um momento no qual as pessoas (Levi, 2018: 669, tradução nossa) "não tinham vontade disso, tinham vontade de outra coisa", e complementa: "Um livro como este meu, e como muitos outros que nasceram depois, era quase uma grosseria, uma festa arruinada".

Em 1947, Franco Antonicelli, conhecido intelectual antifascista, aceita publicar *Se questo è un uomo*. A publicação de poucos exemplares – dois mil e quinhentos – pela sua pequena editora, a Francesco De Silva, dá um parâmetro de como a "necessidade de contar", que tantas vezes o autor evocou, foi impedida naquele primeiro momento. Hoje, porém, a obra de Levi atinge um patamar extremamente significativo, pelo fato de ainda ter muito a dizer ao leitor do século XXI: se estende além dos eventos históricos por ela retratados e lança os olhos sobre temas contemporâneos, tais como o avanço da extrema-direita, a perseguição e o massacre de minorias étnicas, a censura, o obscurantismo, a falsificação da história e a desvalorização do pensamento científico.

No final de *Os afogados e os sobreviventes*, última obra de Levi, considerada seu testamento, ele escreve:

> A experiência de que somos portadores nós, sobreviventes dos *Lager* nazistas, é estranha às novas gerações do Ocidente, e cada vez mais se faz estranha à medida que passam os anos. (...) Desponta para a idade adulta uma geração cética, privada não de ideais mas de certezas, ou melhor, desconfiada das grandes verdades reveladas; disposta, ao contrário, *a aceitar pequenas verdades variáveis a cada estação segundo a onda convulsa das modas culturais, manipuladas ou selvagens.*
>
> (...) Devemos ser escutados: acima de nossas experiências individuais, fomos coletivamente testemunhas de um evento fundamental e inesperado, fundamental justamente porque inesperado, não previsto por ninguém. Aconteceu contra toda previsão; aconteceu na Europa; incrivelmente, aconteceu que todo um povo civilizado, (...) seguisse o histrião cuja figura, hoje, leva ao riso; no entanto, Adolf Hitler foi obedecido e incensado até a catástrofe. Aconteceu, logo pode acontecer de novo: este é o ponto principal de tudo quanto temos a dizer. (Levi, 2016b: 163-164, grifo nosso)

Assim, a memória – individual ou coletiva – é ponto de partida para construir e constituir não somente a experiência de Levi, mas propriamente a história. Por meio da memória, que traz para o centro de análise uma dimensão subjetiva da história ao traduzir o passado na primeira pessoa, o autor recupera o "presente do passado", fazendo com que ele também vire presente. Em suma, a memória é uma eficiente ferramenta de reconstrução do passado e, consequentemente, de interpretação e construção da história.

Os escritos de Levi parecem exercer esse papel: a experiência, a memória e a necessidade de narrar constituem um importante instrumento quando consideramos o evento fundamental e gerador de sua literatura: a *Shoá*. Histórias como aquelas ligadas à *Shoá* – de claro impacto e importância em seu contexto – ganham outra dimensão quando escapam do momento que as viu nascer (e este momento é representado por Levi) e passam a fazer parte da lógica do senso comum ou se transformam em retórica, por vezes, política. A (re)construção de uma história oficial tem papel estratégico nas políticas de Estado, engrandecendo eventos, suavizando problemas, ressignificando fatos. Daí nascem as mais diversas narrativas, muitas vezes capazes de subverter os fatos e "recriar" o passado. Por isso, a memória de Levi, evocada e expressa por seus escritos, é ferramenta fundamental para a constituição de uma narrativa que não deve, em hipótese alguma, ser esquecida, amenizada ou subvertida.

A tradução literária

Atualmente, a literatura de Primo Levi atinge um número cada vez maior de leitores ao redor do mundo, graças ao número de traduções que, a partir da década de 1980, cresceu significativamente. O estudo da tradução e da recepção da obra literária é importante para a reconstituição do itinerário que obras e autores percorreram na transposição de uma realidade cultural a outra, isto é, da cultura de partida à cultura de chegada. A tradução (Lefevere, 2007: 24-25) é a forma mais reconhecível de "reescritura" e, potencialmente, "mais influente, por sua capacidade de projetar a imagem de um autor e/ou de uma (série de) obra(s) em outra cultura, elevando o autor e/ou as obras para além dos limites de sua cultura de origem". Assim sendo, a tradução é a principal ferramenta de contato entre duas culturas, e se estabelece como possibilidade de diálogo entre elas: a transposição de uma obra de um "sistema literário" (Candido, 2014) a outro é, consequentemente, a transposição de elementos culturais de uma realidade a outra.

A partir disso, o estudo da tradução é entendido como algo que transborda a simples análise estrutural das obras envolvidas. É necessário analisar os movimentos que dão origem a ela, tais como contextos históricos, sociais, culturais e editoriais – tanto do "sistema" de partida, quanto do "sistema" de chegada –, que são fundamentais para que se indiquem a intensidade e a frequência dos movimentos e trocas.

Segundo o levantamento do *Centro Internazionale di Studi Primo Levi* – instituição, com sede em Turim, que se ocupa da difusão da obra *primoleviana* pelo mundo, considerando os mercados editoriais, as traduções e a fortuna crítica – a obra de Levi está traduzida, atualmente, para mais de quarenta idiomas. Seguindo tempos e itinerários diversos, de país a país, de idioma a idioma, de contexto a contexto, de cultura a cultura, os escritos atingem um número cada vez maior de leitores ao redor do mundo, por meio das traduções que circulam em ambientes, muitas vezes, muito diferentes daquele europeu e italiano.

Na Itália, a obra de Levi passa a ser amplamente acolhida a partir da década de 1970, sobretudo depois da aposentadoria do autor junto à indústria de tintas na qual trabalhava, primeiro como químico, depois como diretor. Era o ano de 1975 que, além da aposentadoria, marcaria o lançamento de *Il sistema periodico* – coletânea de relatos autobiográficos e contos de ficção –, livro que seria fundamental, na década seguinte, para a difusão da literatura de Levi pelo mundo, a partir dos Estados Unidos.

Apesar de ter alguns de seus livros já traduzidos para o público de língua inglesa[1] (*If this is a man* [1959] e *The truce*

[1] A primeira tradução de *Se questo è un uomo* foi aquela em língua inglesa: em 1959, a Orion Press, uma editora estadunidense com sede em Florença, levou ao mundo anglo-saxão *If this is a man*, com a tradução de Stuart Woolf. Em 1965, a editora inglesa Bodley Head publicou *The*

[1965]), foi somente com a publicação, no final de 1984, de *The periodic table*, pela editora Shocken Books, que Primo Levi conquistou definitivamente os leitores anglófonos. A tradução de Raymond Rosenthal suscitou numerosas e significativas resenhas críticas, dentre as quais, a mais importante é a do escritor Saul Bellow. As entusiasmadas resenhas de Bellow chamaram a atenção dos leitores e foram responsáveis por uma recepção positiva que ultrapassou os limites da literatura e alcançou o universo da ciência. A obra foi considerada pelo *NY Times Books Review* como um dos melhores livros de 1985. Além disso, várias revistas especializadas em química ou ciências em geral citaram *The Periodic Table* como uma das mais belas obras literárias sobre ciência. A potência narrativa da obra e a sua íntima relação com o universo da química fizeram com que houvesse uma intensificação da recepção de Levi nos Estados Unidos, e a principal consequência foi uma difusão ainda mais intensa ao redor do mundo.

O aumento significativo de traduções das obras de Primo Levi a partir da segunda metade da década de 1980 é constatável e está intimamente ligado a três fatores: o primeiro é cultural, e corresponde à crescente importância concedida, naquela década, aos direitos humanos e ao surgimento da cultura da memória que ocupou o centro das atenções, destacando-se aí a consciência do genocídio dos judeus durante a Segunda Guerra; o segundo é a morte do autor, que

---

truce, tradução de *La tregua*. Ambas as obras foram publicadas nos Estados Unidos, respectivamente, pelas editoras Collier Books e Atlantic Monthly, e ambas tiveram os títulos modificados: *If this is a Man* transformou-se em *Survival in Auschwitz*; e *The truce* modificou-se para *The Reawakening*.

cometeu suicídio em abril de 1987; e o terceiro é a publicação estadunidense.

Por isso, a passagem de 1984 para 1985, período correspondente à recepção de *The periodic table* nos Estados Unidos, é divisor de águas no que diz respeito às traduções e à recepção dos escritos de Levi. Antes, seus livros tinham sido traduzidos para nove idiomas (inglês, francês, alemão, finlandês, tcheco, japonês, romeno, polonês e holandês) e, considerando as obras traduzidas, essencialmente temos os dois primeiros livros do autor – *Se questo è un uomo* (1947-1958) e *La tregua* (1963) – mas também alguns casos isolados e, por que não dizer, curiosos: a única tradução em tcheco, antes de 1984, é de *Il sistema periodico*, publicada em 1981; e em polonês, as primeiras traduções são de *La tregua*, publicada em 1963 (mesmo ano da edição original) e dos livros de contos *Storie naturali* e *Vizio di forma* (traduções de 1983).

A morte do autor, posteriormente, chama a atenção dos círculos culturais e literários, além da imprensa especializada, e as edições traduzidas aumentam ainda mais, tendo papel fundamental para a inserção do nome de Levi em alguns sistemas literários. É, por exemplo, o caso de Espanha, Portugal e Brasil.

A primeira edição em espanhol de *Se questo è un uomo* é lançada em 1987 pela editora Mario Muchnik, com o título *Si esto és un hombre*. Entre essa publicação e o ano de 1990, mais oito traduções em espanhol são apresentadas ao público: da mesma editora, saíram *La tregua* (1988) e *Los hundidos y los salvados* (1989), todos com tradução de Pilar Gómez Bedate[2]; pela editora Alianza, com tradução de Carmen

[2] As três obras traduzidas em espanhol foram reunidas, nos anos 2000,

Martín Gaite, *El sistema periodico* (1988), e com tradução de Andrés Sánchez Gijón, *Si ahora no, ¿quando?* (1989), além dos volumes de contos *Historias naturales* (tradução de Carmen Martín Gaite, 1988) e *Defecto de forma* (tradução de Andrés Sánchez Gijón, 1989). A Península editorial, de Barcelona, publica *Lilít y otros relatos*, em 1989; e, finalmente, a Muchnik, em 1990, lança *La llave estrela*, ambos com tradução de Bernardo Moreno Carrillo. No geral, essas foram as edições que serviram como base para aquelas que circulam até hoje nos países de língua espanhola da América Latina. Nos catálogos disponíveis na Argentina, Uruguai, Chile, Colômbia e México observa-se que praticamente toda a obra de Levi está disponível em edições publicadas recentemente (2015) pela editora Ariel, de Buenos Aires – caso dos livros da chamada "trilogia de Auschwitz" – ou em edições espanholas, das editoras Península e El Aleph. Todas elas pertencem ao Grupo Editorial Planeta.

No caso das traduções para o português, observa-se uma diferença ao se considerar as obras que circulam no Brasil e em Portugal. No processo de transposição do italiano para o português, as consideráveis diferenças linguísticas entre o país europeu e o país latino-americano fazem com que duas realidades distintas se construam, o que não ocorre com relação às traduções de língua espanhola: as obras traduzidas para o sistema literário português têm um caminho e uma circulação diferentes das obras traduzidas para o sistema literário brasileiro.

Em Portugal, em 1988, a editora Teorema lançou *Se isto é um homem*, tradução de Simonetta Cabrita Neto, ao mesmo tempo em que a editora Gradiva, especializada em livros

em um só volume, intitulado *Trilogía de Auschwitz*.

de ciência, publicou *O sistema periódico* (tradução de Maria Rosário Pedreira) e a editora Dom Quixote trouxe ao público o único romance do autor, *Se não agora, quando?*, traduzido por José Colaço Barreiros. Além de Espanha e Portugal, outras realidades culturais europeias que conhecem a obra de Levi em seus idiomas, logo após a morte do autor, são o País Basco (1990), a Suécia (1986), a Dinamarca (1987), a Hungria (1990) e a Grécia (1990).

Dessa forma, o número de traduções que passam a circular entre o final dos anos 1980 e o início dos anos 1990 é consideravelmente maior, e a diversidade de idiomas para os quais a obra é traduzida aumenta gradativamente. A partir dos anos 1990, passando pelos anos 2000, aparecem as primeiras traduções em idiomas do leste europeu (croata, sérvio, búlgaro, eslovaco, lituano etc.) e em outras línguas orientais, que não o japonês[3] (turco, hebraico, vietnamita, coreano, árabe, malaio etc.).

O contexto da recepção antes da primeira tradução: Primo Levi fala por meio da imprensa brasileira

No contexto latino-americano, podemos considerar dois momentos históricos para analisar a recepção da literatura de Primo Levi entre nós. O primeiro é a geração de uma atmosfera antissemita entre os anos 1930 e 1950, que ressoava da Europa e atingia, por exemplo, o Brasil de Getúlio Vargas durante o Estado Novo (1937-1945), o Uruguai de Gabriel Terra (1931-1938) e a Argentina. No caso do Brasil, havia determinações para um cuidado maior com os imigrantes de "origem semita", e impedimentos de vistos para cidadãos de origem judaica (Campagnano, 2011: 107-145). O

[3] A primeira tradução para o japonês é de 1969 (*A trégua*).

segundo momento histórico a ser considerado é o das ditaduras militares instauradas na América do Sul entre as décadas de 1960, 1970 e 1980, assunto que foi, inclusive, tratado por Levi em algumas de suas entrevistas. O próprio autor traçou paralelos entre os regimes ditatoriais do nosso continente e o totalitarismo nazifascista (Levi, 2018: 53, tradução nossa): "Não existem câmaras de gás e fornos crematórios, mas campos de concentração funcionam no Chile, no Brasil (...)". Essencialmente, diz ele, "o *Lager* foi reconhecido como instrumento ideal para reprimir as resistências políticas".

A aproximação ideológica com o nazifascismo, dada sob circunstâncias e momentos diferentes, contribuiu para se criar um contexto de difícil circulação de ideias antifascistas e liberais, até mesmo em um país secular, como é o caso do Uruguai. A disseminação de um viés antissemita, que sobreviveu após o fim da Segunda Guerra, provavelmente faz com que os escritos sobre a *Shoá* e sobre o genocídio perpetrado pelos nazistas durante o conflito chegassem tardiamente à América Latina. Tal dificuldade se intensifica no contexto das ditaduras militares.

Por sua vez, a abertura política dos anos 1980 aliada ao interesse cada vez maior pelo testemunho dos sobreviventes da *Shoá* geram uma difusão crescente da literatura de testemunho, seja ela ligada aos eventos da Segunda Guerra, seja ela ligada aos regimes ditatoriais sul-americanos. Izidoro Blikstein (2006: 162) supõe as causas para a tardia recepção do autor entre nós: segundo ele, o período da ditadura militar, marcado pela censura e pela não publicação de obras consideradas subversivas, juntamente com um silêncio, ou uma determinada ignorância sobre os campos de concentração, foram as principais causas desse atraso. Em primeiro lugar, é somente a partir dos anos 1960 que as imagens dos horrores nazistas nos campos de concentração e extermínio passaram a circular no Brasil, período no qual o país mergulha em um contexto político de exceção e censura; em segundo lugar, os testemunhos de sobreviventes da *Shoá* residentes no Brasil começam a se tornar públicos somente a partir da década de 1990.

Mas o nome de Primo Levi começa a figurar na imprensa a partir do final da década de 1970: artigos, notícias e notas jornalísticas, antes da sua morte e das primeiras publicações de suas obras por aqui, trazem a imagem de um intelectual participativo nos assuntos contemporâneos, referência fundamental no testemunho da *Shoá* e grande nome da literatura italiana do século XX. Nas páginas de cultura ou de notícias internacionais, as entrevistas de Levi na Itália são cada vez mais frequentes e, por isso, sua voz e sua opinião a respeito de vários temas são ouvidas: o assassinato do primeiro-ministro Aldo Moro, as ações das "Brigadas Vermelhas", os regimes ditatoriais militares da América Latina, a invasão do Líbano pelo Estado de Israel, os lançamentos do cinema e da TV... Muitos eram os assuntos que despertavam o interesse do autor e, consequentemente, do público. Levi assumia, definitivamente, o papel de intelectual engajado. Escrevendo com frequência para o *La Stampa*, principal jornal de Turim, o autor constituía-se como uma importante voz a ser ouvida, seja nas colunas que publicava na seção de Cultura do cotidiano ("Terza pagina"), seja nas entrevistas que dava aos mais diversos veículos de imprensa, seja nas palestras para as quais era convidado.

A primeira das primeiras aparições do nome do autor em nossos veículos de imprensa não retrata Levi como um escritor, nem trata essencialmente da sua literatura, mas traz uma declaração do autor a respeito da morte do então primeiro-ministro italiano Aldo Moro, assassinado pelas

"Brigadas Vermelhas", e que teve seu corpo encontrado em Roma, em maio de 1978. A matéria do jornal *O Estado de S. Paulo*, com a manchete "O fim de uma agonia de 55 dias", traz as palavras de Levi: "Sinto um pezar tremendo por este fim atroz, e também um sentimento de raiva ante a incapacidade de nossas autoridades".

O nome do autor, a partir de então, com mais ou menos frequência, apareceria em matérias sobre assuntos diversos, e suas declarações, dadas à imprensa italiana e aqui replicadas pelos jornais brasileiros, diziam respeito a diversos assuntos, e não tratavam exatamente e somente de sua literatura. Um exemplo significativo são algumas matérias sobre a invasão do Líbano pelo Estado de Israel, no ano de 1982, e sobre o crescimento do antissemitismo na Europa. Naquele momento, Levi se posicionava de forma extremamente crítica em relação às ações do primeiro-ministro israelense Menachem Begin, através de artigos e entrevistas publicados pela imprensa italiana. Em uma delas, publicada pelo jornal *La Repubblica*, e utilizada por reportagem do jornal *O Estado de S. Paulo*, de 25 de setembro de 1982, Levi sugere a demissão de Begin[4].

Ainda tratando do período anterior à publicação da primeira tradução de Primo Levi para o leitor brasileiro, outras matérias veiculadas por nossos jornais já traziam a figura do "escritor Primo Levi". Nomeado como um dos grandes autores da literatura italiana do pós-guerra, posição que passou a ocupar definitivamente em seu país em meados dos anos 1970, Levi é assim retratado por reportagem do *Jornal do*

[4] Em 1982 são numerosas as declarações de Levi sobre o conflito no Oriente Médio, especialmente sobre aqueles que envolviam o Estado de Israel. A citada entrevista a Giampaolo Pansa se intitula "Io, Primo Levi, chiedo la dimissioni di Begin" (Levi, 2018: 303-309).

Brasil, de 16 de junho de 1979, na seção "Livro", que trazia a notícia dos prêmios literários da Itália ("Começa na Itália a estação dos prêmios literários"), acompanhada de uma foto do autor com a legenda que dizia que ele era um dos cotados para ganhar o *Strega*[5].

Em uma das mais significativas matérias sobre Primo Levi, em 15 de junho de 1980, na apresentação da "nova seção" do jornal *O Estado de S. Paulo*, o caderno "Cultura", o editor cita o intercâmbio com publicações internacionais de renome, como a *NY Times Book Review*, da qual traz como contribuição um artigo assinado por Frank McShane: "A nova literatura na Itália". O artigo aborda os autores italianos que, a partir da década de 1950, se inseriram no cânone daquele país, citando nomes como Alberto Moravia, Natalia Ginzburg e Primo Levi, e traçando um bom panorama da literatura, da sociedade e do mercado editorial italiano.

Em 6 de março de 1985, Levi voltaria a figurar no assunto literatura, dessa vez na página de Cultura do *Jornal do Brasil*, sendo um dos destaques da eleição promovida pelo suplemento literário "Tutto libri", do jornal *La Stampa*, de Turim. Na consulta popular, sobre qual era o autor mais importante do século, Levi ficou em quinto lugar, com 1.498 votos, atrás de Italo Svevo, Lampedusa, Pirandello e Carlo Levi. A mesma eleição seria assunto de matéria no jornal *O Estado de S. Paulo*, em 15 de setembro do mesmo ano. O autor da reportagem, Silvio Castro, escrevia: "expressiva é a posição de Primo Levi, o primeiro entre os viventes mais votados com seu admirável *Se questo è un uomo*".

Evidentemente que as poucas aparições do nome do autor na imprensa dão a dimensão que ele tinha, até aquele

---

[5] Em 1979, Primo Levi ganha o Prêmio Strega com *La chiave a stella*.

momento, no ambiente cultural e intelectual brasileiro. Levi era visto sobretudo como um químico, sobrevivente da *Shoá*, que escreveu seu testemunho. Por ser um intelectual atuante no âmbito da imprensa italiana, a sua opinião política era também trazida aos leitores brasileiros.

O período imediatamente anterior ao lançamento do primeiro livro de Levi no sistema literário brasileiro conta com um significativo texto traduzido para o português. A célebre conversa/ entrevista com o também escritor Philip Roth, publicada em *O Estado de S. Paulo*, no dia 3 de janeiro de 1987, com a manchete "Primo Levi, um homem de múltiplas habilidades", iria ser, mais tarde, um dos textos do cânone do autor. A conversa entre os dois é fruto de dois encontros: o primeiro aconteceu em abril de 1986, em Londres – a segunda viagem de Levi a um país de língua inglesa depois de se tornar um escritor conhecido (ele estivera nos Estados Unidos um ano antes) –, e o segundo em um fim de semana de setembro daquele mesmo ano, em Turim, quando o escritor estadunidense foi oficialmente entrevistá-lo para a revista nova-iorquina.

O texto, que além das perguntas e respostas traz uma significativa introdução de Roth, surgiu da conversa que ambos tiveram na visita à SIVA – indústria na qual Levi trabalhou até meados da década de 1970 – e no escritório da casa de Levi. A conversa não foi registrada e nem anotada por Roth. Tudo foi escrito depois, a distância, inclusive a partir de algumas perguntas que ele envia ao colega italiano por escrito. A versão que saiu no jornal brasileiro é a primeira, originalmente publicada em inglês pela *NY Times Book Review* em 12 de outubro de 1986 e, provavelmente, fruto da citada parceria entre o jornal brasileiro e a publicação estadunidense. A entrevista teria ainda mais duas versões: uma, em italiano, publicada pelo *La Stampa* em duas partes, nos dias 26 e 27 de outubro de 1986[6], em que consta uma pergunta a mais; e outra, publicada originalmente por Roth em livro de 2001, chamado *Shop Talk*[7], em que constam algumas adequações e correções. Nas três versões do mesmo texto estão mudanças importantes, mas não decisivas, que fazem parte da análise e de habituais reconsiderações e releituras de Roth.

As primeiras traduções: Primo Levi chega ao leitor brasileiro

Da Itália ao Brasil, o caminho editorial da primeira tradução de uma obra completa de Primo Levi para o nosso mercado editorial conta com algumas curiosas particularidades: a primeira delas é a comprovada relação, mesmo que não tão profunda, entre autor e tradutor. Levi fazia questão, quando possível, de trocar informações e ideias com os tradutores de seus livros, e o caso mais emblemático é o do permanente contato estabelecido com Heinz Riedt, tradutor de *Se questo è un uomo* para o alemão (*Ist das ein Mensch?*, publicado em 1961).

O cuidado de Levi com as traduções de sua obra se justifica. Trata-se de um autor que sempre buscou na clareza e na objetividade a essência de seus escritos. Domenico Scarpa destaca que Levi tem uma fidelidade "radical" à palavra e à linguagem, o que acaba lhe conferindo uma exatidão e uma lealdade ao significado dos termos que utiliza. Isso se mantém em toda sua obra, de forma que, "se Levi usa

---

[6] Essa versão é a que está traduzida para o português e constitui o apêndice à tradução brasileira de *Il sistema periodico* (Levi, 1994).

[7] Essa obra, em inglês, foi traduzida para o português em 2008, com o título *Entre nós*, e publicada pela Companhia das Letras.

constantemente uma palavra em uma mesma acepção, essa palavra aparece com o mesmo sentido a cada nova ocorrência, em toda a sua obra" (Goldstein e Scarpa, 2015: 45). Mais: tal palavra deve ser traduzida da mesma forma, mantendo-se fiel à original, a cada nova ocorrência, de livro em livro, de escrito em escrito. Ou seja, as traduções devem salvaguardar a coerência de Levi. Em outro ponto, o crítico, fazendo referência ao conhecido artigo de Levi, "Traduzir e ser traduzido", presente em *O ofício alheio*, e ao prefácio de *Se questo è un uomo*, destaca que, para Levi, "a atividade do tradutor é o outro lado, o oposto do *Lager*, é um trabalho humanístico e humanitário, que se faz para diminuir a estranheza do estrangeiro" (Scarpa, 2015: 49).

Tratado pela imprensa como "uma obra-prima, um dos livros essenciais do nosso tempo" (*Folha de S. Paulo*, "Livros", 24 de dezembro de 1988), *É isto um homem?*[8] apresenta também a relação autor-tradutor, não tão intensa como aquela entre Levi e Riedt, mas também significativa. O tradutor Luigi Del Re, italiano que estava radicado no Brasil já há algumas décadas, troca correspondências com o autor expondo a admiração pelo livro e a vontade de traduzi-lo para o leitor brasileiro. Em uma dessas cartas, de 15 de setembro de 1985, Del Re demonstra um certo espanto pelo fato do autor, que àquela altura já tinha vendido centenas de milhares de cópias na Itália, não ser conhecido por aqui.

[8] O título da tradução brasileira expõe o questionamento presente no título original por meio do ponto de interrogação, e sem o "se" condicional, que figura, por exemplo, na edição portuguesa. Em carta enviada à Lucia Levi, esposa do autor, em 1988, o tradutor diz: "gostaria de saber o que ele pensava do título, que aqui poderia ser 'É isto um homem' – ou seja, é, isto (isto como neutro, quase como 'esta coisa') um homem? Vi que na edição alemã foi escolhido esse caminho ('*Ist das ein Mensch?*')". Como sabemos, esse foi, de fato, o título escolhido e publicado pela Rocco.

Demonstra também um conhecimento da obra de Levi que vai além de *Se questo è un uomo*, citando, por exemplo, uma poesia ("Dai-nos") e o diálogo *A chave estrela*.

A mensagem indica que Del Re havia, em um contato anterior, pedido a autorização de Levi para que pudesse traduzir *Se questo è un uomo*. Levi teria dito que antes procurasse um editor interessado em publicar a obra, para depois, efetivamente, proceder à tradução. Tudo se confirma por uma carta de 25 de abril de 1988, enviada pelo tradutor à família do autor, um ano após a sua morte. Nela, Del Re afirma que "em 1985 havia escrito ao Dr. Levi, pois não conseguia encontrar no Brasil *Se questo è un uomo* (que gostaria de apresentar a muitos amigos) e perguntava se seria possível a publicação em português". Ele indica que Levi lhe respondeu por meio de "uma carta muito cordial, na qual dizia que o livro não tinha sido traduzido ainda", mas o desaconselhava a traduzir a obra antes de encontrar um editor. Na sequência, ele escreve que uma editora do Rio de Janeiro – infelizmente, não podemos afirmar com certeza qual seja – tinha lhe assegurado que publicaria a tradução, mas isso não chegou a acontecer. E afirma que, somente naquele ano, 1988, a editora Rocco decidira publicar o livro e confiou-lhe a tradução. Ele ressalta ainda que, "quando escreveu ao Dr. Levi, pensava não somente no significado do livro no Brasil, mas também na possibilidade de a tradução colocá-lo em contato direto com o autor".

A porta de entrada de Primo Levi no Brasil relaciona-se, portanto, menos – ou quase nada – com as traduções portuguesas; tem certa – porém pequena – influência do ambiente cultural estadunidense em nosso meio cultural: por mais que o diálogo entre Levi e Philip Roth tenha sido, efetivamente, o primeiro "escrito" do autor a ser publicado por aqui, e tenha chegado por uma tradução do inglês, como já citado, é inegável que a vontade de Luigi Del Re, nesse caso, foi o fator mais preponderante e decisivo. O contato que estabeleceu com Levi é extremamente significativo para que se possa determinar o mais provável itinerário que a obra percorreu até chegar ao sistema literário brasileiro.

Após a morte de Primo Levi, todas as correspondências entre autor e editor encontradas no arquivo pesquisado[9] eram endereçadas e respondidas pela sua esposa, Lucia Levi. Em uma delas, de 22 de maio de 1985, Lucia indica algumas negociações para traduções e publicações de obras do marido e, no final, faz referência à última carta de Del Re: "envio também a cópia de uma carta que recebi hoje do Brasil (...). Agradecerei a esse senhor, mas acredito que já existam contratos com o Brasil". De fato, o contrato com o Brasil já existia, e era exatamente aquele ao qual o tradutor faz referência.

O papel de Lucia Levi após a morte do autor é muito interessante, inclusive para que possamos lançar luz sobre as duas primeiras traduções brasileiras. Ativamente, ela participa das discussões sobre traduções, publicações e adaptações, mantendo-se fiel às premissas do marido no que diz respeito ao cuidado com as traduções de sua obra. Em várias oportunidades, pede garantia de seriedade por parte das editoras estrangeiras. Em carta de 13 de novembro de 1988, Lucia coloca nas mãos da Einaudi os parâmetros para a negociação com a editora brasileira Paz e Terra. Apesar de não termos tido acesso à carta da editora para Lucia, de 8 de novembro, como ela indica, provavelmente trata-se da negociação pelos direitos de *I sommersi e i salvati* para o Brasil. Mais uma vez, ela

[9] Pesquisa realizada nos arquivos do "Fondo Einaudi", junto ao Arquivo de Estado de Turim.

demonstra preocupação com a transposição do texto do italiano para o português, criticando uma edição lusitana de *Se non ora, quando?*: "Desejaria, porém, que a senhora pedisse, como de costume, para poder rever a tradução: um primo de Levi, que viveu muito tempo no Brasil, gentilmente se disponibilizaria. Isso porque na edição portuguesa de *Se non ora, quando?* os erros de tradução são numerosíssimos". E completa: "seria bom se houvesse a possibilidade de rever a tradução: alguns primos de Levi viveram muito tempo no Brasil e, talvez, poderiam dar um parecer sobre a fidelidade da tradução"[10].

Em outra correspondência, dessa vez de 23 de maio de 1989, a Einaudi envia outra mensagem à esposa de Levi, com a oferta da editora Rocco também para a publicação de *I sommersi e i salvati*, indicando que a editora era confiável, e estava interessada em publicar mais obras de Primo Levi no Brasil. Partindo do fato de que a casa editorial brasileira tinha sido responsável pela publicação de *É isto um homem?*, e que a obra atingira determinado sucesso de público, podemos considerar que o interesse em continuar publicando as obras do autor existia, de fato. Porém, como sabemos, o último livro escrito por Levi foi publicado no Brasil pela Paz e Terra, no ano seguinte, o que nos leva a crer que havia a negociação, em 1989, com dois editores brasileiros

[10] Alguns tios e primos de Primo Levi, em 1938, refugiaram-se no Brasil após a implantação das leis raciais na Itália. Em 20 de fevereiro de 2019 foi publicada pelo jornal *La Stampa* uma carta inédita do autor, enviada a esses parentes logo após ter retornado do *Lager*, em novembro de 1945. Trata-se efetivamente de um dos primeiros escritos do autor sobre o campo de concentração, e apresenta as características de estilo detectadas em sua obra de estreia. No Brasil, a carta foi traduzida por Aislan Camargo Maciera e Maurício Santana Dias, e publicada na edição 247 da revista *Cult*, em julho de 2019, com o título "Não éramos mais homens".

interessados na publicação, e que a Paz e Terra ganhou a preferência, ou por parte da editora, ou por parte da família de Levi.

É isto um homem? foi lançado pela Rocco em novembro de 1988, três anos após a troca de correspondências entre Del Re e Levi. O livro conta com algumas reimpressões e reedições, o que evidencia a inserção do autor e o seu importante papel dentro do sistema literário nacional e, consequentemente, indica sua importância no ambiente cultural e intelectual de chegada. Além da edição de 1988, foram mais duas reimpressões (2000 e 2013) nas quais, salvo as mudanças na capa e configurações das páginas, não há nenhuma alteração no conteúdo: encontramos o prefácio do autor, bem como a poesia "Shemá", anteriores ao primeiro capítulo. Apesar de as informações sobre *copyrights* presentes na ficha catalográfica citarem tanto a edição de 1958 quanto a de 1976, ambas da Einaudi, não há na edição brasileira o apêndice[11] com as perguntas e respostas, que Levi inclui na obra em 1976, e que configuram um importante documento. As perguntas às quais Levi responde nesse Apêndice, segundo o próprio autor, eram aquelas que eram feitas com mais frequência em seus encontros, principalmente com estudantes do ensino médio.

No momento de seu lançamento, *É isto um homem?* suscitou algumas resenhas nas páginas de nossos jornais,

[11] Na carta citada acima, enviada por Del Re a Levi no dia 15 de setembro de 1985, o tradutor dá uma informação relevante: a edição de *Se questo è un uomo* que pertencia a ele trazia junto *La tregua*. A Einaudi publicou as duas primeiras obras de Levi em um mesmo volume, em 1972, na coleção "Supercoralli". A edição a partir da qual foi feita a tradução que até hoje circula entre nós é, portanto, anterior à edição escolástica de 1976, a primeira que trouxe o "Apêndice".

textos os quais consideramos como a primeira e verdadeira recepção do autor no Brasil. A maioria deles expõe a chegada tardia de Levi ao leitor brasileiro, mais de quarenta anos após a primeira publicação na Itália. O articulista Paulo César Souza, na *Folha de S.Paulo* de 20 de agosto de 1988, escreve: "Um escritor extraordinário, que somente agora aparece entre nós, embora tenha publicado sua obra principal em 1947, é o italiano Primo Levi, falecido em 1987". O obstáculo à publicação, segundo ele, era o desconhecimento: "apenas de alguns anos para cá Primo Levi despertou o interesse do público americano e, em consequência, dos editores brasileiros". Ele ainda destaca o "talento memorialista" do autor, classificando a obra – que seria lançada pela Rocco em novembro daquele ano – como "o mais belo livro sobre a existência num campo de concentração nazista".

No *Jornal do Brasil* de 6 de fevereiro de 1988, no caderno "Ideias", a matéria "De volta ao holocausto" traz a notícia da publicação pela editora Rocco: "A Rocco anuncia a publicação de *Se este é um homem*, do italiano Primo Levi, o definitivo testemunho da tragédia dos campos de concentração nazistas". O artigo dá conta da publicação da tradução, que sairia somente entre os meses de novembro e dezembro daquele ano. O jornalista Araújo Netto, correspondente do jornal em Roma, afirma que pouco importam as décadas de atraso para a publicação da tradução: "Obras como essa jamais chegam tarde, são realmente imperecíveis. Resistem a todas as modas, nunca perdem sua atualidade". A matéria cita "os nove livros de testemunho, ensaio, ficção e poesia" de Primo Levi, bem como a sua "consciência ética".

Na Revista *Manchete*, edição 1913, de dezembro de 1988, o jornalista Zevi Ghivelder, em artigo intitulado "Uma reflexão sobre o nosso tempo", expõe com propriedade uma das principais características da literatura *primoleviana*: "Em suas quase duzentas páginas, o autor não tem só uma palavra de ódio contra os nazistas, inexiste o desejo de vingança mesmo quando ele relata os seus mais terríveis pesadelos. (...) Trata-se de uma inacreditável preservação da lucidez, de um esforço de reflexões feitas num tempo em que estas eram inúteis ou inadmissíveis, embora não fossem evidentemente proibidas (...)".

Tais exemplos constituem, junto a outras breves resenhas e análises, aquilo que se pode considerar a primeira fortuna crítica sobre o autor, que cresceria nas décadas seguintes. Evidentemente que, pela recepção tardia, a visão sobre a obra de Levi era subsidiada pela recepção que o autor tivera em outros ambientes culturais e, portanto, aqueles que primeiro se preocuparam em falar sobre ele ao público brasileiro já haviam tido contato com uma fortuna crítica que, no Brasil, estava propriamente nascendo.

Em 6 de maio de 1989, um hoje conhecido artigo de Primo Levi, originalmente intitulado "Dello scrivere oscuro", presente no volume *O ofício alheio*, é publicado n'*O Estado de S. Paulo*. O artigo indica como origem a publicação do *N.Y. Times Book Review*. Intitulado, no Brasil, "Acima de tudo: ser claro", traz um pequeno texto explicativo: "Considerado pela crítica um dos melhores escritores italianos contemporâneos, Primo Levi, que morreu em 1987, tornou-se conhecido por seu livro *Se isto é um homem?*, um relato dos horrores que viveu em Auschwitz. Neste ensaio, que faz parte do livro recentemente lançado nos Estados Unidos, com o título *Other People's Trade*, o escritor analisa o ato de escrever e recomenda a clareza como condição necessária para a comunicação". O artigo foi, ao que tudo indica, traduzido do inglês para o português[12].

A segunda obra de Primo Levi entre nós, *Os afogados e os sobreviventes: os delitos, os castigos, as penas, as impunidades* foi lançada pela editora Paz e Terra entre agosto e setembro de 1990, e conta hoje com mais duas reimpressões, uma de 2004 e outra de 2016. O título pelo qual o tradutor Luiz Sérgio Henriques optou é a reprodução de título e subtítulo que aparecem na edição original da obra, publicada pela Einaudi na coleção "*Gli struzzi*", em 1986. A chegada da obra ao mercado editorial brasileiro apresenta diferenças em relação a *É isto um homem?*: em primeiro lugar, já não se tratava de um autor desconhecido, já que o seu livro de estreia, ao que tudo indica, havia atingido um número considerável de leitores e tido ressonância em diversos meios culturais; em segundo lugar, tratava-se de uma obra bem mais recente, que teve seu sucesso impulsionado pela morte do autor, e que contava com uma recepção mais atual e numerosa.

Observando as nossas fontes, muitas vezes os artigos publicados no Brasil sobre Primo Levi, antes das primeiras publicações ou em torno delas, são traduções de artigos publicados primeiramente nos Estados Unidos. Notamos que a *NY Times Book Review* era uma grande referência, sobretudo para os escritos que figuravam no jornal *O Estado de S. Paulo*. Isso nos faz levantar a hipótese, extremamente consistente, de que o caminho de Primo Levi até ao Brasil, passou antes pelo país da América do Norte. Não podemos deixar de considerar a influência de publicações do autor

---

[12] O texto italiano foi publicado pela primeira vez em *La Stampa*, em 11 de dezembro de 1976. A versão em português, traduzida diretamente do italiano, só apareceria no volume *O ofício alheio*, publicado pela Editora Unesp, em 2016, com tradução de Silvia Massimini Felix.

nos Estados Unidos que, como se nota em alguns casos, serviu como intermediário entre os sistemas literários de partida, a Itália, e de chegada, o Brasil. Tal intermediação não se deu de maneira direta, isto é, não se trata de traduções feitas a partir das versões em inglês, já que os dois primeiros livros de Levi que figuraram no mercado editorial brasileiro foram vertidos diretamente do italiano. Mas trata-se de uma intermediação indireta, através da qual podemos notar a influência do ambiente intelectual e cultural estadunidense em nosso contexto cultural.

A publicação da segunda obra de Levi no Brasil parece inseri-lo definitivamente em nosso panorama literário. É crescente o número de referências ao autor, tanto no jornalismo cultural, quanto nos ambientes acadêmicos. A década de 1990 é responsável por consolidar o nome de Primo Levi no cânone da cultura de chegada, e dará origem a mais três edições de obras traduzidas: *A tabela periódica*, da editora Relume-Dumará, com tradução de Luiz Sérgio Henriques, de 1994; *A trégua*, da editora Companhia das Letras, com tradução de Marco Lucchesi, em 1997[13]; *Se não agora, quando?*, da mesma Companhia das Letras, agora com tradução

---

[13] É curioso e merece destaque o caso de *A trégua*, tradução publicada em 1997 e que foi impulsionada pelo filme, baseado na obra, dirigido por Francesco Rosi. O conhecido diretor italiano já havia demonstrado ao próprio Levi o desejo de filmar a trama – uma verdadeira odisseia pelos destroços da Europa no imediato pós-guerra – e tinha deixado o autor contente com essa possibilidade. Com a morte de Levi, em 1987, as tratativas passaram a ser feitas entre Rosi, a editora Einaudi e a esposa de Levi, que viu com bons olhos a adaptação para o cinema. Finalmente lançado em 1997, o filme obteve relativo sucesso, apesar de receber algumas críticas negativas, e esteve na seleção do Festival de Cannes. Foi exatamente graças a ele que a obra do autor pôde se difundir ainda mais em países nos quais ela ainda era relativamente desconhecida.

de Nilson Moulin, de 1999. Todas as obras contariam com novas reimpressões ou edições na primeira década do século XXI, sempre pelas mesmas editoras e com a mesma tradução.

Na primeira década do século XXI, além das traduções cada vez mais numerosas, a ressonância da obra de Primo Levi nos vários ambientes culturais e intelectuais chama a atenção. Um grande número de artigos acadêmicos é publicado, as aparições nos cadernos de cultura dos principais jornais intensificam-se consideravelmente, e o surgimento ou crescimento de revistas especializadas em cultura faz com que Levi assuma definitivamente seu papel no contexto literário brasileiro: químico, *partigiano*, deportado, testemunha, sobrevivente, escritor, intelectual.

Após a publicação das cinco primeiras traduções, entre o final dos anos 1980 e os anos 1990, e do surgimento do primeiro artigo acadêmico a respeito do autor – "A semiótica do aniquilamento em Auschwitz", do professor Izidoro Blikstein, publicado na *Revista de Italianística*, em dezembro de 1996 –, o nome de Primo Levi se consolida como um dos importantes autores da literatura do século XX, assumindo, sobretudo, o papel de testemunha da *Shoá*. Nos círculos onde é estudado, em um primeiro momento, essa é a premissa máxima, isto é, enxerga-se o autor como um dos grandes – talvez o maior – representante da chamada literatura de testemunho.

Primo Levi, autor poliédrico

Após a primeira recepção e a intensificação da fortuna crítica nos anos 1990, faltava ainda, por aqui, lançar luz sobre outra face do autor de *Se questo è un uomo*. O ex-químico, sobrevivente e testemunha dos campos de concentração e extermínio nazistas, era também um escritor inventivo, que criou uma significativa, inquietante e importante obra de ficção-científica e fantasia. A primeira editora a iluminar essa vertente da literatura de Levi foi a Berlendis & Vertecchia, que tinha entre seus títulos uma importante coleção intitulada "Letras italianas". Em 2002, a editora publica, com tradução de Maria do Rosario Toschi Aguiar e prefácio do crítico italiano Marco Belpoliti, *O último Natal de guerra*, uma coletânea de contos organizada por Belpoliti e publicada na Itália dois anos antes.

Em 2005, uma outra tradução lançada pela Companhia das Letras contribuiu para expor o escritor de ficção-científica Primo Levi. Chegava ao público brasileiro a versão em português dos contos reunidos em três volumes publicados na Itália entre os anos 1960 e 1980 – *Storie naturali* (1966); *Vizio di forma* (1971); *Lílit* (1981) –, aqui traduzidos por Maurício Santana Dias, com o título *71 contos de Primo Levi*. A editora opta por compilar todos os contos em um único volume e traz, pela primeira vez ao leitor brasileiro, um prefácio: trata-se de um texto crítico de apresentação da obra, escrito pelo próprio tradutor. O texto – "Primo Levi e o zoológico humano" – pode ser considerado o primeiro, em nosso ambiente cultural, a analisar essa vertente da literatura *primoleviana*, dando um panorama geral sobre o viés fantástico dos contos ali reunidos.

O mesmo Maurício Santana Dias foi responsável por expandir um pouco mais o "universo Primo Levi" entre nós, ao traduzir *La chiave a stella*, obra na qual o autor não apresenta como tema central o *Lager*, mas sim o mundo do trabalho: trata-se de um diálogo entre um químico – "montador de moléculas" – e um operário – montador de estruturas metálicas –, que representam uma exaltação ao trabalho digno e ao "*homo-faber*". Publicado pela Companhia das Letras, em 2009, com o título *A chave estrela*, o livro é mais um a contribuir para a expansão da imagem de um autor muitas vezes visto somente como sobrevivente e testemunha dos campos de concentração, mas que, por meio da sua literatura, foi muito além das cercas de arame farpado dos campos de Auschwitz.

Com as traduções que contemplavam grande parte da obra do autor, e quase todas as vertentes que ela apresenta, ainda faltavam duas faces dessa poliédrica e complexa literatura: os ensaios e a poesia. Essa lacuna começa a ser preenchida em 2015, quando a Companhia das Letras lança, quase ao mesmo tempo do lançamento pela Einaudi, na Itália, *Assim foi Auschwitz*, tradução de *Così fu Auschwitz*, feita por Federico Carotti. O livro traz uma série de textos de Levi e do amigo, companheiro de deportação, o médico Leonardo De Benedetti. O texto mais importante do volume é o "Relatório sobre a organização higiênico-sanitária do campo de concentração para judeus de Monowitz", publicado pelos autores pela primeira vez em 1946, na revista *Minerva medica*, e escrito, provavelmente, na primavera de 1945, a pedido do Exército Vermelho, logo após a liberação dos campos de Auschwitz. Além dele, os textos que formam o volume tratam de questões ligadas à experiência dos dois autores, ex-prisioneiros, bem como de processos contra criminosos de guerra nazistas contra os quais Levi e De Benedetti testemunharam.

Completando as traduções dos ensaios, a editora da Unesp publicou em 2016 dois importantes volumes de textos e ensaios críticos do autor, grande parte deles publicados originalmente na imprensa italiana, entre os anos de

1955 e 1987. Trata-se de *O ofício alheio*[14], com tradução de Silvia Massimini Felix, e *A assimetria e a vida*[15], com tradução de Ivone C. Benedetti. Ambos os volumes trazem inúmeras considerações e apontamentos do autor sobre os mais variados assuntos, e podem ser considerados importantes fontes sobre as opiniões de Primo Levi sobre as representações do fascismo e do universo concentracionário na sociedade contemporânea.

Por último, Maurício Santana Dias seria responsável pela tradução e apresentação de uma das únicas faces de Primo Levi ainda desconhecidas do leitor brasileiro: a de poeta. *Mil sóis* é a primeira coletânea de poemas do autor publicada no Brasil, pela editora Todavia, em 2019. Os poemas, originalmente presentes na coletânea *Ad ora incerta* (1984) e nas obras completas do autor (1997), foram selecionados pelo tradutor, que também é responsável pela apresentação na introdução do livro. Seguindo um critério que considerou as temáticas tratadas por Levi em seus poemas, Dias selecionou tanto poemas que trazem a perspectiva da experiência como prisioneiro em Auschwitz, como escritor, como cientista; e também aqueles que tratam de "zonas distintas", como a história do universo e da matéria.

O que falta traduzir? E por que traduzir?

Apesar de podermos considerar que as traduções das obras de Primo Levi dão um significativo panorama sobre esse importantíssimo escritor da literatura do século XX, não podemos deixar de mencionar que, dentre as obras fundamentais publicadas por ele, algumas ainda não chegaram ao

---

[14] *L'altrui mestiere*, publicado originalmente em 1985.

[15] *L'asimmetria e la vita*, publicado originalmente em 2002.

mercado editorial e ao leitor brasileiro. É o caso, por exemplo, do *Diálogo* com o físico Tullio Regge (1984), texto fundamental na discussão da relação que a literatura de Levi estabelece com a ciência, como também para que se possa discutir a própria formação científica do autor, já que, na conversa com Regge, Levi recupera muitas histórias do período de formação intelectual na escola básica, no liceu e na universidade. Outro volume ainda não traduzido para o leitor brasileiro, e extremamente relevante para que se possa estudar a formação do leitor e escritor Primo Levi, é *La ricerca delle radici* (1981), uma espécie de antologia pessoal na qual ele demonstra os autores que, desde sempre, participaram ativamente de sua formação, e o fizeram um "centauro", homem ligado, ao mesmo tempo, às disciplinas científicas e humanísticas, químico e escritor, deportado e sobrevivente. Além desses volumes, muitas são as "páginas esparsas" de Levi, sobretudo com declarações e entrevistas, ainda sem tradução no Brasil. Destaque-se, também, o já citado "Apêndice" de *Se questo è un uomo*, publicado na edição de 1976 e que, ainda hoje, não está presente em nenhuma edição brasileira da obra.

Mesmo com essas "ausências", é inegável que a obra de Primo Levi passa, sobretudo a partir dos anos 2000, a fazer parte, definitivamente, do sistema literário brasileiro, constituindo-se, entre nós, como representante de um cânone da literatura sobre a Segunda Guerra e sobre a *Shoá*. Os escritos de Levi demonstram cada vez mais a capacidade de dialogar com outros testemunhos, localizados em outros tempos e espaços: as testemunhas de umas e outras catástrofes, pelo que se nota, se relacionam, estão em contínua interação, e mantêm o interesse de acessar as diversas possibilidades de representação da experiência traumática. Assim, ainda no século XXI, as narrativas testemunhais (ou não) sobre os campos de concentração continuam despertando o interesse do público-leitor, e isso se comprova pelo grande número de títulos a respeito do assunto lançados recentemente.

As várias faces desse autor poliédrico nos dão a dimensão da importância que seus escritos têm, fazendo-nos concordar que Auschwitz e seus horrores ainda nos cercam; que o autoritarismo e a censura podem calar as ideias e os pensamentos, e estabelecer a desumanização do indivíduo por meio da tortura e do obscurantismo; e que a história e a memória estão aí, como armas, para que possamos lutar sempre pela liberdade de ideias e igualdade de direitos.

Referências

BLIKSTEIN, Izidoro. L'œuvre de Primo Levi au Brésil. In: MESNARD, Phillippe. (Org.). *Primo Levi à l'oeuvre: Réception de l'oeuvre de Primo Levi dans le monde*. Paris: Kime, 2008. p. 161-173.

CAMON, Ferdinando. *Conversazione con Primo Levi. Se c'è Auschwitz, può esserci Dio?*. Parma: Ugo Guanda Editore, 2014.

CAMPAGNANO, Anna Rosa. *In diffesa della razza. Os judeus italianos refugiados do Fascismo e do antissemitismo do Governo Vargas 1938-1945*. São Paulo: Edusp; Fapesp, 2011.

GOLDSTEIN, Ann; SCARPA, Domenico. *In un'altra lingua*. Torino: Einaudi, 2015.

HEMEROTECA DIGITAL BRASILEIRA. Rio de Janeiro: Biblioteca Nacional. Disponível em: https://bndigital.bn.gov.br/hemeroteca-digital/. Acesso em: 13 jan. 2020.

LEFEVERE, André. *A tabela periódica*. Trad. Luiz Sergio Henriques. Rio de Janeiro: Relume-Dumará, 1994.

LEVI, Primo. *A trégua*. Trad. Marco Lucchesi. São Paulo: Companhia das Letras, 1997.

__________. *Tradução, reescrita e manipulação da fama literária*. Trad. Claudia Matos Seligmann. Bauru: Edusc, 2007.

__________. *A chave estrela*. Trad. Maurício Santana Dias. São Paulo: Companhia das Letras, 2009.

__________. *É isto um homem?* Trad. Luigi Del Re. Rio de Janeiro: Rocco, 2013.

__________. *Opere complete. A cura di Marco Belpoliti.* Torino: Einaudi, 2016a. v. 1 e v. 2.

__________. *Os afogados e os sobreviventes.* Trad. Luiz Sergio Henriques. São Paulo: Paz e Terra, 2016b.

__________. *O ofício alheio.* Trad. Silvia Massimini Felix. São Paulo: Unesp, 2016c.

__________. *Opere complete. A cura di Marco Belpoliti.* Torino: Einaudi, 2018. v. 3.

__________. *Mil sóis.* Trad. Maurício Santana Dias. São Paulo: Todavia, 2019a.

__________. Não éramos mais homens. Trad. Aislan Camargo Maciera e Maurício Santana Dias. *Cult*, São Paulo, v. XXII, n. 247, p. 38-39, jul., 2019b.

A zona cinzenta da negação ontem e hoje*

Déborah Danowski

Neste capítulo abordo, inspirada pelos escritos de Primo Levi sobre sua experiência no campo de extermínio de Auschwitz durante a Segunda Guerra Mundial, o problema do negacionismo, a fim de defender a importância da retomada do termo *holocausto* na época do Antropoceno.

O negacionismo climático é um fenômeno grave que pode ser abundantemente constatado nos dias de hoje e, sob suas muitas formas, tem um papel central na paralisia cognitiva, psíquica e política diante da perda de mundo que testemunhamos. O aquecimento global antropogênico é a maior ameaça que pesa sobre a vida no planeta no presente e no futuro próximo. A quase totalidade (mais de 99%) dos cientistas que trabalham no campo das chamadas Ciências do Clima no mundo todo concorda com o fato e as causas do aquecimento global atual, bem como com a enorme gravidade de suas consequências de curto, médio e longo

---

* O presente capítulo retoma parcialmente e prolonga meu texto *Negacionismos* (Danowski, 2018). Como muito do que tenho escrito nos últimos 10 anos, sinto que também esta revisitação daquele libreto se tornou rapidamente desatualizada. Hoje, em meio à atual pandemia da Covid-19, e particularmente no Brasil, pode causar uma certa estranheza que um texto sobre o negacionismo tenha como preocupação principal o negacionismo climático, e não, por exemplo, a negação da gravidade da doença, ou da importância de seguirmos as orientações de cientistas e epidemiologistas, de mantermos o distanciamento social, usarmos máscaras e não corrermos às farmácias atrás de medicamentos cuja eficácia para este caso específico já foi mais do que refutada. Mas espero que o próprio texto deixe claro que o negacionismo do colapso climático é a negação por excelência de nossa época, o Antropoceno, e que ele em vários sentidos subsume todos os outros negacionismos, presentes e passados.

prazos. Entretanto, e embora os alarmes da ciência tenham soado já há várias décadas e venham ano a ano ficando cada vez mais fortes, nossa situação global encontra-se hoje pior do que jamais esteve, a ponto de várias cidades e mesmo países terem declarado em seus territórios um estado de emergência climática[1].

Uma das principais razões do contraste entre a velocidade das mudanças climáticas e a lerdeza de nossa reação é o relativo sucesso do trabalho daqueles que fazem carreira e/ou fortuna sobre a negação dessa ameaça, alegando estarem com isso apenas exercitando seu direito ao *ceticismo*, à dúvida, à opinião, à dissidência, ou mesmo à indiferença. Mas, sobretudo, pela dimensão humana e outra-que-humana da catástrofe que está chegando, penso que a denúncia dessa atitude não deve abrir mão de aplicar a esses que gosto de chamar de os *profissionais da negação*, em vez de termos insípidos como *céticos*, *polêmicos*, *ignorantes*, ou talvez *excêntricos*, o adjetivo que a eles vem sendo aplicado pela maior parte dos ativistas, críticos e até mesmo cientistas: "negacionistas" (*deniers*), exatamente como eram e são negacionistas os que advogavam e ainda advogam a *revisão* da história dos campos de extermínio da Alemanha nazista, dizendo por exemplo que as "supostas" câmaras de gás de Auschwitz não eram câmaras de gás mas *bunkers*, ou que eram câmaras de gás mas não serviam para matar pessoas, e sim piolhos, ou que o número de judeus mortos durante a guerra tem sido propositalmente exagerado, ou que tudo é um complô, ou que foram os próprios judeus que trouxeram

[1] Recentemente, mais de 11.000 cientistas (e neste momento já são mais de 15 mil signatários de 184 países) publicaram um manifesto declarando estado de emergência climática global. Cf. Ripple et al. (2020).

para si mesmos essa catástrofe e que ela é apenas a realização de um destino.

Mas penso também – e sei perfeitamente o quão polêmica é a afirmação a seguir – que, embora o holocausto judeu seja um *hapax* (isto é, um nome que se diz uma única vez, referente a um acontecimento absolutamente singular, sem precedente, intraduzível), o próprio termo "holocausto", de origem grega, pode e deve ser usado para designarmos outros acontecimentos, dentre os quais, por sua contemporaneidade e caráter igualmente grave e singular, destacarei dois: primeiramente, esse terrível e maligno conjunto formado pelas práticas de criação, confinamento e extermínio em massa de animais nas fazendas-fábricas da agroindústria mundial, pela tortura de animais em testes industriais e científicos e pela extinção em massa das espécies que os humanos estamos causando (a sexta Grande Extinção da história da vida na Terra); e em segundo lugar, de maneira ainda mais abrangente, o Ecocídio atual como um todo.

Comecemos por essa que é provavelmente a principal razão de nossa paralisia diante do atual Ecocídio, a saber, o enorme esforço (político e financeiro) que vem sendo despendido pelas grandes companhias de combustíveis fósseis, de agronegócio e de mineração para semear a "dúvida", ou melhor, para semear a percepção pública de que ainda há dúvida e controvérsia entre os cientistas a respeito da realidade, causa ou gravidade das mudanças climáticas. Graças a essa multimilionária campanha de desinformação, há algumas décadas a negação do aquecimento global se tornou a posição padrão dos políticos da direita republicana norte-americana. Em menor intensidade e número, ela se encontra em quase todos os matizes do espectro político no mundo inteiro. Mesmo assim, até o final de 2018, os EUA de Trump eram o único país que havia ficado de fora do Acordo do Clima assinado em 2015 em Paris. Acontece que, assim que assumiu o governo em janeiro de 2019, o Trump brasileiro, Bolsonaro, prometeu acompanhar seu ídolo. Ele teve que voltar atrás nessa promessa, mas está cumprindo várias outras, como a de que em seu governo não haveria um centímetro sequer demarcado para as terras indígenas ou quilombolas, e a de que liberaria essas terras para a mineração e o agronegócio.

Assim, o presidente e seus ministros deram o sinal verde para a grilagem de terras na Amazônia e para o desmatamento que resultou naquele vergonhoso e, é o caso de se dizer, holocáustico, Dia do Fogo, 10 de agosto de 2019. E, ao completar seus 400 dias de governo, anunciou em tom de comemoração um projeto de lei, que seu Ministro da Casa Civil chamou cinicamente de a Lei Áurea dos índios, para permitir a exploração econômica (mineração, extração de petróleo e gás, agronegócio) em terras indígenas.

O negacionismo se instalou na cúpula do Estado brasileiro. E o país parece ter submergido, não só na *negação* e no negacionismo de boa parte da classe política, da intelectualidade e da população de modo geral (conjugados aos fatos falsos, ou *fake news*, à distorção e à inversão da verdade), mas no próprio *desejo de morte e de extermínio*, a um só tempo, do sentido e de qualquer forma de alteridade, o que é a mola propulsora de todo fascismo[2]. Acusações, mentiras,

[2] No momento em que acrescento esta nota ao presente texto, a afirmação acima ganhou uma inesperada e trágica dimensão. A todas as formas de negacionismo anteriormente mencionadas somou-se a negação da gravidade da terrível pandemia da Covid-19, como mencionei em nota anterior. Ampliando os efeitos da difusão do próprio vírus, o contágio dessa negação em particular, até o presente momento, já deixou para trás mais de 500 mil mortos (apenas nas contas oficiais) e terá consequências provavelmente devastadoras no Brasil, cuja dimensão final ainda não pode ser precisada.

censura, obscurantismo, ódio, preconceito, ressentimento, discriminação, indiferença ao sofrimento alheio – onde será que já vimos isso antes?

A substituição do termo "cético" pelo termo "negacionista", e a aplicação do termo "holocausto" para designar outros crimes que não o genocídio dos judeus na Segunda Guerra são decisões particularmente sensíveis. Os autodenominados "céticos do clima" não querem ver seus nomes associados publicamente aos negacionistas do holocausto, já tantas vezes desmascarados em diversas cortes e tribunais internacionais.

Por sua vez, os termos holocausto (do grego antigo *ὁλόκαυστος*, designando um sacrifício pelo fogo oferecido aos deuses, no qual o animal sacrificado era queimado por inteiro) e *Shoah* (do hebraico designando "catástrofe" ou "destruição", que passou a ser mais amplamente adotado, sobretudo na França, após a exibição do filme, de Claude Lanzmann, de mesmo nome) se tornaram quase nomes próprios, com inicial maiúscula e introduzidos por um artigo definido, e, portanto, a rigor intraduzíveis e inaplicáveis a outros genocídios. E igualmente importante, os dois nomes, sendo reservados a esse acontecimento em particular, trazem consigo a ideia não apenas do extermínio de um povo, mas do dispositivo de *desumanização* (ou seja, de *negação* da qualidade de humano) que preparou e permitiu esse extermínio (um tema que sabemos ser tão presente em Primo Levi), e por esse motivo aplicá-los abertamente a não humanos, ou seja, aos "animais", como fiz aqui, soa a muitos como desrespeitoso, praticamente uma traição e um sacrilégio. E, no entanto, como disse antes, eu não sou a primeira a fazê-lo, longe disso. Vejamos o que disse Elisabeth Costello, uma personagem do livro *A Vida dos Animais*, do escritor sul-africano J. M. Coetzee:

> (...) estamos [hoje, aqui e agora] cercados por uma empresa de degradação, crueldade e morte que rivaliza com qualquer coisa que o Terceiro Reich tenha sido capaz de fazer, que na verdade supera o que ele fez, porque em nosso caso trata-se de uma empresa interminável, que se autorreproduz, trazendo incessantemente ao mundo coelhos, ratos, aves e gado com o propósito de matá-los. (Coetzee, 1999: 26-27)

Por meio das palavras de Costello, Coetzee está ecoando a personagem de mesmo nome de um dos livros de Isaac Bashevis Singer, judeu polonês morto em 1991, Prêmio Nobel de Literatura, que escreveu memoravelmente em *The Letter Writer* (1982): "Para eles todas as pessoas são nazistas; para os animais, é uma eterna Treblinka". A escritora franco-belga naturalizada americana Marguerite Yourcenar escreveu que se não tivéssemos aceito o transporte desumano de animais para os abatedouros não teríamos aceitado o transporte de humanos para os campos de concentração[3].

O filósofo judeu franco-magrebino Jacques Derrida, em *O animal que logo sou*, fala do paradoxo contido na negação desse "assujeitamento do animal" pelo "homem ocidental":

> De qualquer maneira que se interprete, qualquer consequência prática, técnica, científica, jurídica, ética ou política que se tire, ninguém hoje em dia pode negar esse evento,

[3] "Je me dis souvent que si nous n'avions pas accepté, depuis des générations, de voir étouffer les animaux dans des wagons à bestiaux (...) personne, pas même les soldats chargés de les convoyer, n'aurait supporté les wagons plombés des années 1940-1945" (Yourcenar, 1982: 293-94). Todas as traduções dos textos em francês e inglês aqui citados são minhas, exceto quando extraídos diretamente de edições em português.

> ou seja, as proporções sem precedentes desse assujeitamento do animal. (...) Ninguém mais pode negar seriamente a negação. Ninguém mais pode negar, seriamente e por muito tempo, que os homens fazem tudo o que podem para dissimular ou para dissimular para si mesmos essa crueldade, para organizar em escala mundial o esquecimento ou o desconhecimento dessa violência que alguns poderiam comparar aos piores genocídios (...). (Derrida, 2002: 52)

Ninguém pode mais negar, diz Derrida. Mas o fato é que continuamos negando. Por um lado, estamos causando uma verdadeira "aniquilação biológica", uma "extirpação" ou "dizimação populacional" da vida selvagem, a qual se desdobra no que vem sendo chamado de a sexta grande extinção em massa da história da vida na Terra: hoje estima-se que a taxa de extinção é de algo em torno de 500 a 1.000 vezes a "taxa de fundo" (ou seja, a taxa estimada do número de espécies que vão sendo extintas ao longo da história natural da evolução mesmo na ausência de grandes eventos catastróficos), e que 1 milhão de espécies de animais e plantas, das 8 milhões *conhecidas*, estão em risco de extinção. Ao mesmo tempo, trazemos ao mundo, torturamos e matamos dezenas (provavelmente centenas)[4] de *bilhões* de animais por ano, numa interminável indústria de vida forçada e de assassinato.

Esclareçamos que, obviamente, nem toda negação é um revisionismo, nem todos os negadores são criminosos ou

---

[4] O abate de animais para o fornecimento de carne ultrapassa os 65 bilhões a cada ano, segundo a FAO. Mas as estimativas chegam a 150 bilhões, se contarmos todas as espécies (peixes, aves etc.). Ver, por exemplo, o site *Planetoscope*: https://www.planetoscope.com/elevage-viande/1172-nombre-d-animaux-tues-pour-fournir-de-la-viande-dans-le-monde.html. Isso não inclui os animais mortos em experimentos científicos, para o fornecimento de pele ou outras práticas.

"negacionistas" (no sentido dos profissionais da negação, isto é, aqueles que se dedicam a negar os fatos, que, portanto, mentem, por interesse econômico, político ou até religioso). Há várias formas de negar, começando talvez com a distinção mais básica entre *negar* ativamente e *estar em negação* ou em denegação (*to deny, to be in denial*).

A psicanálise descreve, além da famosa *Verneinung* (negação) freudiana, a *Verdrängung* (recalque), a *Verleugnung* (desmentido, recusa), a *Verwerfung* (foraclusão) - e estou convencida de que cada uma dessas formas estruturais do funcionamento psíquico encontra seu lugar no fenômeno geral da negação. Shoshana Felman (1971: 39-81), analisando o filme *Shoah*, de Lanzmann, chamou a atenção para a distinção de três categorias de testemunhas que compunham a narrativa do filme (distinção baseada naquela feita pelo historiador Raul Hilberg em *The Destruction of the European Jews*): as vítimas (sobreviventes judeus), os perpetradores (ex-nazistas), e os espectadores [*bystanders*] (poloneses). Essas três categorias correspondem, segundo Felman, a três perspectivas incomensuráveis, que não podem ser assimiladas ou subsumidas umas nas outras, e menos ainda totalizadas em um relato único e completo da *Shoah*; e se diferenciam, não apenas pelo que as pessoas em cada uma dessas "posições topográficas, emocionais e epistemológicas" viram, mas sobretudo pelo que *elas não viram*.

> Os judeus veem, mas não compreendem o propósito e a razão daquilo que veem; tomados pelo sentimento de perda e de engano, estão cegos ao significado do que testemunham. (...) Os poloneses, diferentemente dos judeus, veem mas, enquanto espectadores, não olham, evitam olhar diretamente, e assim negligenciam ao mesmo tempo sua responsabilidade e sua cumplicidade enquanto testemunhas

(...). Os nazistas, por outro lado, tomam todas as precauções para que tanto os judeus como o extermínio permaneçam não vistos, invisíveis (...)[5].

Muitos judeus, ao chegarem aos campos, não entendiam o que estava acontecendo; as luzes, os gritos, os cães, as pauladas, a nudez, as filas, as ordens absurdas em língua estrangeira, as regras, a hierarquia, os assassinatos inúteis; viam, mas não conseguiam extrair um sentido do que viam, e às vezes sucumbiam justamente por tentar entender. Outros, alertados por familiares, presos há mais tempo, de que estavam prestes a ser levados às câmaras de gás, simplesmente não acreditavam neles.

Os poloneses viam sem olhar. Lanzmann entrevista moradores dos arredores de alguns campos, que ao mesmo tempo em que diziam ter visto só "de fora", não ter sabido verdadeiramente o que se passava (já que os guardas nazistas os proibiam de olhar diretamente), contam detalhes sobre as viagens nos trens carregados de judeus, e relatam até ter ouvido com frequência os gritos de dor e de pavor vindos do interior dos trens ou dos campos vizinhos às suas casas.

Os oficiais e burocratas nazistas operavam um complicado dispositivo de negação da humanidade dos prisioneiros judeus, e cuidavam para que aquela enorme e monstruosa

[5] Optei por não tentar traduzir para o português os jogos de palavras de Felman em torno dos verbos *to see* e *to look*. Eis o texto original: "The Jews see, but they do not understand the purpose and the destination of what they see; overwhelmed by loss and by deception, they are blind to the significance of what they witness. (...) The Poles, unlike the Jews, *do* see but, as bystanders, they do not quite *look*, they avoid looking directly, and thus they *overlook* at once their responsibility and their complicity as witnesses (...) The Nazis, on the other hand, see to it that both the Jews and the extermination will remain unseen, invisible (...)."

máquina de morte permanecesse invisível e indizível. O que explica não só a pressa no transporte, no extermínio e no "sumiço" dos corpos, como todo um sistema de controle da linguagem dentro e fora dos campos, inclusive nos documentos oficiais

Ora, olhando para essa descrição a partir do mundo atual, pareceu-me que podemos enxergar perspectivas semelhantes às dos três personagens do holocausto descritos por Hilberg também nos outros dois grandes acontecimentos que mencionei. Por exemplo, podemos talvez dizer que os animais abatidos ou explorados são as vítimas (os judeus, que não por acaso eram transportados para sua morte em vagões de gado); os empresários da grande agroindústria são os perpetradores (o alto comando do regime nazista); e os consumidores somos os espectadores (os *bystanders* poloneses). Os milhões de humanos e não humanos que estão perdendo seus mundos e seus modos de vida, as centenas de milhões e (nos piores cenários, que se tornam cada vez mais prováveis) bilhões que perderão seus mundos e suas vidas seriam as vítimas (os judeus) das mudanças climáticas; os grandes empresários das indústrias de combustíveis fósseis e as classes políticas e econômicas a eles aliadas seriam os perpetradores; e todos nós seríamos, em alguma medida, *bystanders*, testemunhas que tudo veem e, na maioria das vezes, pouco fazem a respeito.

Mas imediatamente percebemos que essa divisão é insuficiente para dar conta de todas as nuances da negação, de todos os pequenos recobrimentos e incongruências, das interfaces e mesmo da mobilidade interna e externa dessas posições. Os trabalhadores dos frigoríficos executam e preparam milhões de cabeças de frango e gado, mas o fazem por não terem alternativa, esmagados eles próprios sob péssimas e traumatizantes condições de trabalho; parte dos contemporâneos dessas indústrias, por outro lado, se recusam a comer carne para não compactuarem com esse extermínio e com o sofrimento dos animais; porém, mesmo eles, ainda assim, são espectadores [*bystanders*], e continuam de diversas formas *implicados*, contribuindo para outras indústrias que causam destruição de ecossistemas e morte de uma enorme quantidade de viventes[6].

Finalmente, muitos que negam o aquecimento global o fazem simplesmente por não suportarem pensar na radicalidade das mudanças que são necessárias para tentar mitigá-lo, e, sobretudo, por não suportarem pensar no mundo por vir. "Somos todos negacionistas", como alguns já disseram. E, afinal, quem seria capaz de receber de frente e de peito aberto todas as desgraças do mundo? Mesmo os prisioneiros dos campos de extermínio nazistas, para sobreviver e resistir (nos poucos casos em que isso era possível), precisavam de algum modo se tornar insensíveis aos sofrimentos que testemunhavam em seus próprios corpos e ao seu redor, mas não insensíveis ao ponto de se deixarem cair na condição dos "muçulmanos" dos *Lager*, aqueles que haviam perdido sua alma e vagavam como mortos-vivos. Numa passagem magnífica de *É isto um homem?*, Primo Levi (1988: 56-63) narra sua batalha noturna para encontrar entre o sono e a vigília, e entre o sonho e o pesadelo, um tênue lugar que fosse ao menos só seu, nem próximo demais nem desconectado demais da realidade da vigília.

---

[6] Que fique claro que não estou aqui fazendo um julgamento moral sobre se se deve ou não comer carne, mesmo porque há inúmeras formas diferentes de fazê-lo. Apenas gostaria de deixar claro que recusar comer carne não livra ninguém de estar implicado no mundo em que essas e outras indústrias mortíferas existem.

E assim poderíamos seguir, ao modo dos fractais, encontrando diversas maneiras de ver e de não ver dentro de cada perspectiva, de cada posição e função de cada um de nós, e novamente diversas maneiras de ver e de não ver dentro de cada uma dessas maneiras de ver e de não ver, sempre diversas formas de estarmos implicados e de não nos sentirmos implicados, de nos sensibilizar e nos dessensibilizar.

Isso não significa de forma alguma que devamos, no fim das contas, simplesmente equalizar as posições e perdoar os maiores crimes porque todos seríamos igualmente culpados ou igualmente inocentes. Assim, também, embora possamos dizer que somos todos de certo modo negacionistas por nos recusarmos a ver alguma coisa, ou mesmo muitas coisas, em alguns momentos ou quase o tempo todo, nem por isso somos todos culpados ou igualmente responsáveis pelo colapso em direção ao qual caminhamos. Essa talvez seja uma das principais lições que aprendi com Primo Levi, que, ao mesmo tempo em que era profundamente avesso às imagens esquemáticas, às abstrações, às simplificações e aos estereótipos, não parava de observar, criar e distinguir categorias de personagens, tipos, subtipos, contratipos, em nuances intermináveis. Pois nenhuma categorização é completa, nenhuma qualidade adquirida é uma garantia, nenhuma distinção deve ser levada adiante sem hesitação; mas também a ausência de distinção seria uma abstração e uma injustiça. E se ele se recusa a perdoar – "Não tenho tendência a perdoar, jamais perdoei nenhum de nossos inimigos de então nem tenho vontade de perdoar seus imitadores na Argélia, Vietnã, União Soviética, Chile, Argentina, Cambodja, Africa do Sul..." (Levi, 1990: 111) – é apenas porque nunca encontrou "atos humanos que pudessem cancelar um crime"[7]. Em troca, hesita em julgar "para mim julgar é doloroso" (Levi, 1990: 161), porque parece que sempre pode haver algo, uma pequena diferença que ele não viu, um pequeno olhar, um pequeno gesto[8], um pequeno diferencial entre o grau do concurso para um crime e a intensidade da coação sofrida.

***

No restante deste capítulo, buscarei justificar brevemente o artifício que utilizei aqui, a saber, o de retomar o sentido mais largo do termo *holocausto* (com minúscula, guardando o hebraico *Shoah* como o nome próprio) para fundamentar a analogia, que considero necessária, entre o holocausto judeu, o tratamento dos animais em nossa sociedade, e o aquecimento global antropogênico.

Recentemente, lutando contra os megaincêndios que tomaram conta de seu país (incêndios preparados por uma longa estiagem e seguidos por chuvas torrenciais e inundações), bombeiros e policiais na Austrália disseram que a cena lhes parecia a de um holocausto (CNN, 2009). Alguns intelectuais também recorreram à analogia: o filósofo

[7] Um pouco como o jovem Leibniz dizia que Deus nunca perdoou Judas por sua traição, mas não porque o tivesse condenado eternamente e de modo inescapável, o que seria uma injustiça, mas porque Judas nunca mudou aquela única inclinação de sua alma, eternamente restrita e dedicada a repetir seu ódio por Deus. Cf. Leibniz (1993) e Deleuze (1988).

[8] "Que os outros, os profissionais, cuidassem dos justificadíssimos enforcamentos. A mim competia compreender, compreendê-los. Não o punhado dos grandes culpados, mas eles, o povo, aqueles que eu vira de perto, entre os quais foram recrutados os soldados SS, e também os outros, os que haviam acreditado, os que, não acreditando, haviam calado, não haviam tido a coragem sutil de nos olhar nos olhos, de nos dar um pedaço de pão, de murmurar uma palavra humana" Levi (1990: 138).

australiano Clive Hamilton (2020) desabafou: "Um importante ecólogo estimou que um bilhão de animais e aves foram mortos pelos incêndios. Um bilhão. É uma carnificina o que está acontecendo lá fora. Um holocausto da vida selvagem". E pergunta: "O que nós fizemos?". O antropólogo Ghassan Hage defendeu a transformação do negacionismo da mudança climática em tabu no mesmo sentido em que nossa sociedade conseguiu transformar em tabu o negacionismo do holocausto. Afinal, disse ele, "o aquecimento global antropogênico é o fenômeno mais destrutivo que o mundo testemunha atualmente. Nesse momento, nós, na Austrália, estamos experimentando na pele o quão destrutivo ele é para os seres humanos, para os animais e para o planeta em geral" (Hage, 2020).

Alguns meses antes disso, em junho de 2019, a congressista norte-americana Alexandria Ocasio-Cortez afirmou que os centros de detenção de imigrantes "ilegais" nos EUA, localizados na fronteira do Texas com o México[9], eram campos de concentração. Essa afirmação desencadeou imediatamente a revolta, não só de republicanos, mas de grupos de judeus, e, em particular, da direção do Museu da Memória do Holocausto dos EUA, que disse, em nota, "rejeitar de maneira inequívoca os *esforços para criar analogias* entre o holocausto e outros acontecimentos, sejam eles históricos ou contemporâneos" (USHMM, 2019). Muitos acadêmicos norte-americanos, porém, vários deles pesquisadores do holocausto e do genocídio, logo escreveram uma carta ao Museu condenando essa declaração (Bartov et al., 2019). Timothy Snyder (professor de história e consultor do Fortunoff Video Archive dos Testemunhos do Holocausto

[9] Que reuniam um total de 144.000 pessoas em maio de 2019.

da Universidade de Yale), que também assina a carta, lembrou, em um artigo intitulado "It can happen here" (Snyder, 2019), que as analogias nos ajudam a nos colocar na perspectiva das vítimas. "Criar um tabu em torno de analogias (...) nos impede de aprender". E aprender significa não apenas conhecer a história, e saber identificar quem foram os culpados e quem foram as vítimas (embora isso seja fundamental), mas ser capaz de perguntar "em que condições eu ou meus compatriotas faríamos coisas que, na vida normal, seriam consideradas inaceitáveis?". E continua: "O ponto das comparações históricas não é buscar a correspondência perfeita – o que não existe – mas nos ensinar como procurar por sinais de aviso".

Vários conceitos que empregamos atualmente vieram de analogias históricas: limpeza étnica, genocídio, e mesmo *Shoah*, palavra que, como eu disse antes, passou a ser mais utilizada na França depois do filme de Lanzmann, operam por analogia: *Shoah*, prossegue Snyder, significa "o desastre que vem de longe", com o qual Deus ameaça os judeus em Isaías 10:3 (aliás, não podemos deixar de mencionar a palavra árabe *Nakba*, que significa o Dia da Catástrofe, e que lembra a data da Declaração de Independência de Israel em 1948, quando 700.000 palestinos foram expulsos de suas terras e centenas de aldeias e cidades palestinas foram esvaziadas ou destruídas).

O mesmo vale para *holocausto*, que, como também já dissemos, significava em grego um sacrifício pelo fogo, mas que em seu caminho até o presente passou por várias outras conexões: "na Europa moderna, um holocausto era a morte de humanos pelo fogo; no século XIX, passou a significar um cataclismo em geral; e [apenas] no final do século XX, o assassinato em massa dos judeus europeus". Mas, nos lembra ainda Snyder, uma das razões por que essa palavra ganhou tamanha força no inglês americano é que, "durante a Guerra Fria, antes, portanto, que o holocausto judeu se tornasse um elemento central da memória norte-americana, a palavra foi usada no sentido de 'holocausto nuclear'". A passagem de um sentido ao outro se deu de maneira quase contínua, "preservando o sentido de 'a pior coisa imaginável'".

***

Difícil decidir qual a pior coisa imaginável hoje. Para alguns, os negros pobres das favelas e periferias do Rio, talvez seja a chegada em suas casas da polícia assassina de Witzel. Para os índios, talvez o sinal verde de Bolsonaro para o armamento dos grandes fazendeiros, ou a abertura de suas terras à mineração. Para um rio da Amazônia, a construção de uma nova megabarragem que vai fornecer energia para as fábricas de alumínio ou as cidades do Sudeste, ou quem sabe o pior seja o rompimento de mais uma barragem de rejeitos da mesma mineração. Para a Floresta Amazônica e para o Cerrado, um novo Dia do Fogo. Para os animais criados em cativeiro, mais um dia. Para os Yanomami, a queda do céu. Para todos nós, terranos[10], a lama e o fogo do Antropoceno.

A eleição pelas urnas de um presidente de extrema-direita no Brasil foi um verdadeiro choque de mundos, para pelo menos metade da população deste país. As ondas desse choque parecem não parar de crescer e de se propagar, entrecruzando-se com as ondas de choque do Antropoceno. Um tempo como este exige de nós coragem e determinação para lutar, mas também exige generosidade na distribuição dos

[10] Com exceção de bactérias e outros muitíssimos seres pequeninos das profundezas insondáveis da terra e do mar.

nomes, sobretudo daqueles que podem servir como armas na luta. Não esqueçamos que "no gueto estamos todos... e que não muito distante espera o trem" (Levi, 1990: 54).

Referências

BARTOV, Omer; BERGEN, Doris; ORZOFF, Andrea; SNYDER, Timothy; WALKE, Anika et al. An open letter to the director of the US Holocaust Memorial Museum. *New York Review of Books Daily*, 1 jul., 2019. Disponível em https://www.nybooks.com/daily/2019/07/01/an-open-letter-to-the-director-of-the-holocaust-memorial-museum/. Acesso em 21 jul 2020.

CNN. Police: Australian fires create "a holocausto". CNN, 9 fev., 2009. Disponível em http://edition.cnn.com/2009/WORLD/asiapcf/02/08/australia.wildfires/index.html. Acesso em 26 jun. 2021.

COETZEE, John Maxwell. *A vida dos animais*. São Paulo: Companhia das Letras, 1999.

DANOWSKI, Déborah. *Negacionismos*. Coleção Pandemia. São Paulo: Editora n-1, 2018.

DELEUZE, Gilles. *Le pli: Leibniz et le baroque*. Paris: Minuit, 1988.

DERRIDA, Jacques. *O animal que logo sou*. São Paulo: Edunesp, 2002.

FELMAN, Shoshana. In an era of testimony: Claude Lanzmann's *Shoah*. *Yale French Studies*, 78, 1971.

HAGE, Ghassan. Holocaust Denialism and Climate Denialism: on the necessity of taboos. *Hage Ba'a*, 8 jan., 2020. Disponível em https://hageba2a.blogspot.com/2020/01/holocaust-denialism-and-climate.html?m=1. Acesso em 21 jul., 2020.

HAMILTON, Clive. A letter from Canberra: The apocalyptic fires in Australia signal another future. *Sierra*, 11 jan., 2020. Disponível em https://www.sierraclub.org/sierra/letter-canberra. Acesso em 21 jul., 2020.

HILBERG, Raul. *The destruction of the European jews*. New York: Holmse and Meier, 1985.

LEIBNIZ, Gottfried Wilhem. *Confessio philosophi: La profession de foi du philosophe*. Paris: Vrin, 1993.

LEVI, Primo. *É isto um homem?* Rio de Janeiro: Rocco, 1988.

__________. *Os afogados e os sobreviventes: os delitos, os castigos, as penas, as impunidades*. Rio de Janeiro: Paz e Terra, 1990.

RIPPLE, William J.; WOLF, Christopher; NEWSOME, Thomas M.; BARNARD, Phoebe; MOOMAW, William R. World scientists' warning of a climate emergency. *BioScience*, v. 70, n. 1, jan., 2020, p. 8-12. Disponível em https://doi.org/10.1093/biosci/biz088 (publicado 5 nov 2019). Acesso em 21 jul., 2020.

SNYDER, Timothy. It can happen here: the U.S. Holocaust Memorial Museum's decision to speak out against Holocaust analogies is a moral threat. *Slate*, 12 jul., 2019. Disponível em https://slate.com/news-and-politics/2019/07/holocaust-museum-aoc-detention-centers-immigration.html?__twitter_impression=true. Acesso em 21 jul., 2020.

USHMM – United States Holocaust Memorial Museum. Statement Regarding the Museum's Position on Holocaust Analogies. *USHMM*, 24 jun., 2019. Disponível em https://www.ushmm.org/information/press/press-releases/statement-regarding-the-museums-position-on-holocaust-analogies. Acesso em 26 jun., 2021.

__________. Statement Regarding the Museum's Position on Holocaust Analogies (press release). *USHMM*, 12 dez., 2018. Disponível em https://www.ushmm.org/information/press/press-releases/why-holocaust-analogies-are-dangerous. Acesso em 21 jul., 2020.

YOURCENAR, Marguerite. *Les yeux ouverts: entretiens avec Matthieu Galey*. Paris: Livre de Poche, 1982.

Holocausto, trauma e testemunho: Semprún e a escrita do testemunho

Joel Birman

A finalidade deste ensaio é a de delinear a problemática do *testemunho*, tendo em vista que essa foi constituída no campo histórico e social na posterioridade do *holocausto* judaico, promovido pelo nazismo no contexto da Segunda Guerra Mundial. Evidentemente, o holocausto em questão dizimou seis milhões de judeus nos campos de concentração e nas câmaras de gás, sem considerar as populações dos ciganos, dos homossexuais e dos deficientes físicos e mentais que foram também mortos pela crueldade nazista, pois seriam obstáculos para o projeto nazista da eugenia, de promover a construção da raça pura e ariana.

No entanto, não se pode esquecer ainda que a realização efetiva do holocausto contou com a utilização sistemática do discurso da ciência, que ofereceu não apenas os seus conceitos, mas também os desdobramentos tecnológicos dessa, para construir os instrumentos de dizimação coletiva que modularam o holocausto nazista.

Em decorrência disso, Adorno e Horkheimer, logo no tempo imediato do pós-guerra, realizaram uma leitura crítica da *tradição cientificista* do Ocidente, na medida em que essa conduziu de maneira inequívoca ao projeto do holocausto. Essa leitura foi não apenas decisiva, mas também contundente e inesperada. Com efeito, para esses autores, a utilização do discurso da ciência para instrumentalizar o projeto nazista não foi um desvio circunstancial dessa, tampouco um erro no seu percurso histórico, mas a consequência inequívoca de uma ordem civilizatória fundada no registro do *entendimento*, no qual se colocou de lado na experiência do sujeito o imperativo do registro *sensorial* (Adorno e Horkheimer, 1974).

Contudo, é preciso destacar que o projeto cientificista em pauta não se iniciou no século XVIII, com o advento histórico do Iluminismo na abertura da modernidade, mas se constituiu anteriormente na tradição grega, com a passagem do tempo mítico para o tempo clássico, com o gesto inaugural de Ulisses em *Odisseia*, ao se defender do canto e da sedução das sereias (fechando os ouvidos e se amarrando nos mastros), que representavam assim o registro sensorial. Em consequência, Ulisses se deslocou de forma decisiva do eixo horizontal da experiência do sujeito para o eixo vertical dessa, se movendo assim de forma eloquente do campo da imanência para o campo da transcendência. Portanto, o que o Iluminismo no século XVIII realizou foi a radicalização efetiva dessa postura originária de Ulisses, que fundou assim a racionalidade grega, que ofereceu primazia ao imperativo do entendimento face ao da sensibilidade e que conduziu de forma necessária à constituição da *razão instrumental* na modernidade (Adorno e Horkheimer, 1974). Enfim, foi essa então a leitura *trágica* da tradição do Ocidente, realizada por Adorno e Horkheimer, logo em seguida ao fim da Segunda Guerra Mundial, na obra intitulada *A dialética do esclarecimento* (Adorno e Horkheimer, 1974).

Além disso, ainda na citada obra, Adorno e Horkheimer delinearam também de forma convincente as proximidades existentes entre o discurso filosófico de Kant na *Crítica da razão pura* (Kant, 1971) e o discurso romanesco de Sade, na medida em que o imperativo da *Lei* (moral) do primeiro seria similar e equivalente ao imperativo de *gozar* do segundo, de forma que Kant e Sade seriam as duas faces da mesma moeda, evidenciando assim a constituição genealógica do discurso moderno da razão instrumental, permeado pelos requisitos morais da crueldade (Adorno e Horkheimer, 1974).

Em 1963, cerca de vinte anos depois, Lacan retomou com o discurso psicanalítico os rastros da leitura de Adorno e Horkheimer, no ensaio intitulado *Kant com Sade*, para enunciar as proximidades existentes entre os discursos de Kant e de Sade, quais sejam, a similaridade e a equivalência entre o imperativo da Lei moral do discurso filosófico de Kant e o imperativo de gozar no discurso literário de Sade (Lacan, ([1963] 1966).

De qualquer maneira, o projeto cientificista do Ocidente se desdobrou assim inequivocamente no projeto do discurso da razão instrumental na modernidade, fundado no registro do entendimento, tendo como contrapartida a suspensão do registro sensorial e que se materializou de forma eloquente nas práticas do nazismo e na realização trágica do holocausto (Adorno e Horkheimer, 1974).

Foi ainda em decorrência disso, que Adorno pôde formular, de maneira ao mesmo tempo eloquente e amarga, num outro contexto, que não existiria mais a possibilidade de existir poesia no Ocidente após o holocausto, na medida em que com esse e a disseminação do discurso da razão instrumental, conjugada com a crueldade nazista, o discurso da poesia não poderia mais florescer na tradição Ocidental, pela pá de cal da indignidade promovida pela moral norteada pela razão instrumental.

Evidentemente, a consequência maior do holocausto foi não apenas a quase destruição completa da cultura *idisch* na Europa Oriental e Central, cuja população judaica foi quase completamente destruída pela experiência concentracionária e as câmaras de gás do nazismo, mas também a construção do Estado de Israel no final dos anos 1940 do século XX. Com efeito, muitos judeus europeus emigraram para o então recente Estado de Israel, fugindo das perseguições antissemitas que se disseminaram na Europa desde o final do século XVIII.

Porém, é preciso enunciar ainda que a experiência do holocausto foi certamente caracterizada pelo trauma para a população judaica, não apenas para os sobreviventes da experiência do holocausto, mas para as famílias e os descendentes dos mortos. Portanto, o trauma em questão não ficou restrito apenas a cada sujeito na sua *subjetividade* em consequência da experiência do holocausto e das práticas concentracionárias, mas se delineou também como um trauma de ordem *coletiva*, que atingiu frontalmente a comunidade judaica como uma totalidade.

A dita experiência traumática se evidenciou na construção efetiva e disseminada da *neurose traumática* entre os sobreviventes, nas quais *sonhos* e *pesadelos* terrorríficos que modularam essa experiência limite dos sujeitos em questão se fizeram presentes de forma avassaladora, tal como Freud descreveu no registro clínico no ensaio intitulado *Além do princípio do prazer*, publicado em 1920. Esse ensaio teve como referência clínica as neuroses traumáticas provocadas pelos horrores da Primeira Guerra Mundial (Freud, [1920] 1999).

Nessa perspectiva, é possível afirmar assim que a constituição da problemática do testemunho foi uma das consequências cruciais da experiência traumática sofrida pela comunidade judaica no contexto histórico e social do holocausto, nos registros *individual* e *coletivo*, ao mesmo tempo. Portanto, foi pela presença dissseminada do traumatismo, nos sobreviventes do holocausto nazista, que a problemática de testemunho foi efetivamente constituída no Ocidente, e que se desdobrou então de forma decisiva como um discurso ético e político.

Assim, o objetivo deste ensaio é o de delinear a constituição da problemática do testemunho, nas suas coordenadas fundamentais, colocando em discussão as suas *linhas de força* e as suas *linhas de fuga* de forma pertinente. Para isso, serão descritas inicialmente as diferentes práticas de testemunho que foram socialmente constituídas, para se voltar em seguida para a leitura específica do livro de Jorge Semprún, intitulado *A escrita ou a vida*, publicado em 1994, para que se possa sublinhar devidamente as *questões* e os *impasses* colocados para a realização efetiva do testemunho como prática de escrita (Semprún, 1994).

Trauma, simbolização e testemunho

Assim, não existe qualquer dúvida de que a experiência concentracionária promovida pelo nazismo, em conjunção com o holocausto como seu desdobramento crucial, conduziu inequivocamente ao imperativo do testemunho daquilo que ocorreu, em decorrência da marca *trágica* que caracterizou aquela experiência e seu efeito maior. É preciso enfatizar ainda que a *crueldade* modulou a totalidade do processo em pauta, nos seus menores detalhes, norteando as práticas concentracionárias de fio a pavio, de forma que a crueldade como marca moral presente nas práticas da morte revelava a dimensão indiscutível da *perversão*, que regulou inequivocamente o holocausto.

Em consequência, o trauma marcou a ferro e fogo os sobreviventes dessa experiência de terror, assim como uma parcela significativa dos descendentes dos mortos. Com efeito, nunca antes na história moderna das sociedades ocidentais um crime dessa magnitude tinha sido praticado, por um lado, tampouco havia atingido a quantidade de mortos de maneira bárbara, por outro. Diante de tal cenário, não havia antecipação possível dos sujeitos para este acontecimento, de forma que não havia a construção da *angústia sinal* para se protegerem do *inominado*, de forma que aqueles foram lançados implacavelmente no caldeirão do trauma, pela *angústia real* do que lhes acontecia, como nos disse Freud sobre a experiência clínica do trauma (Freud, [1920] 1999; Freud, [1926] 1973). Enfim, o corpo e o psiquismo dos sujeitos foram assim afetados pela crueldade da experiência em pauta, e se evidenciaram por memórias inesquecíveis do que lhes aconteceu e do que viram acontecer de forma gratuita nos campos de concentração.

Nesse contexto, os sonhos traumáticos e os pesadelos são as formas psíquicas pelas quais o sujeito tenta evocar e rememorar o que lhe aconteceu, com o intuito de *elaborar* o que o impactou. Dessa maneira, busca o sujeito promover a *simbolização* do que lhe aconteceu, pela experiência da *compulsão à repetição*, para tentar dominar finalmente o impacto traumático da experiência. (Freud, [1920] 1999). Com efeito, a finalidade da dita repetição é de promover a *reversão* da angústia real em angústia sinal pela simbolização possível (Freud, [1926] 1973), de maneira que a *repetição do mesmo* possa se transformar efetivamente em *repetição diferencial*, como enunciou Deleuze em *Diferença e repetição* (Deleuze, 1968).

Nessa perspectiva, a prática do testemunho como procedimento de simbolização seria realizada pelo sujeito para lidar com o *inominável*, para construir assim uma *narrativa* possível para o acontecimento limite que o impactou de forma trágica e cruel. Com efeito, é preciso assim testemunhar, custe o que custar, na medida em que o sujeito pretende *compartilhar* dessa maneira o *que* lhe ocorreu de terrível, ao qual se conjuga a *catarse* afetiva do que estava até então em estado de contenção e silêncio, assim como finalmente tecer *laços sociais* com os outros, para se deslocar de seu isolamento trágico. Em relação a isso é preciso evocar o que nos disse Primo Levi de forma eloquente, que, quando estava ainda em Auschwitz, pensou que tinha que sobreviver custe o que custar para que pudesse testemunhar, para que pudesse não apenas denunciar o que o que ali ocorrera, mas também restaurar a sua dignidade humana. Por isso mesmo, enunciou esta formulação fundamental numa obra intitulada *É isto um homem?*, na qual se indagou sobre os limites e bordas da condição humana a partir do inominável presente na experiência concentracionária (Levi [1952] 1988). Além disso, na mesma obra, Primo Levi evocou ainda que, como ele, muitos companheiros de infortúnio sonhavam frequentemente em realizar esse testemunho, mas que temiam frequentemente que as pessoas não acreditariam no que eles pudessem dizer sobre o que lhes ocorrera de terrível na experiência concentracionária. Como se sabe, outras obras foram escritas por Primo Levi após este livro inicial com o intuito insistente de testemunhar o holocausto, nas quais as indagações sobre a condição e a dignidade humana foram colocadas no primeiro plano de sua escrita.

Porém, é preciso destacar ainda que a prática do testemunho assumiu *diferentes formas* e *estilos*, desde os tempos iniciais da experiência concentracionária, como veremos em seguida.

Informal e formal

A experiência concentracionária foi evocada por testemunhos diversos, de forma mais ou menos formalizada, tendo então impactos diferentes sobre os destinatários desses testemunhos. Contudo, em todos estava presente a intenção do sujeito em compartilhar com os outros os infortúnios trágicos que lhes ocorreu e para se deslocarem então da posição de isolamento e de solidão radicais que os marcava, para tecer laços sociais com os outros.

Assim, quando os campos de concentração foram desmantelados com a derrota militar do nazismo frente aos exércitos aliados, muitos escritos foram enterrados pelos prisioneiros, na esperança incerta de que no futuro pudessem chegar aos seus *destinatários*, para que pudessem assim *reconhecer* o que de trágico tinha lhes acontecido. Com efeito, mesmo que a *mensagem* fosse incerta em chegar efetivamente aos destinatários, o que importa é destacar a *intenção* dos prisioneiros de que existissem destinatários possíveis no futuro, para que as mensagens pudessem ser reconhecidas como testemunho.

Tais testemunhos eram constituídos por diários dos prisioneiros, que eram em geral fragmentários e que enunciavam assim de forma parcial o que então lhes ocorria. Além disso, muitos destes testemunhos eram ilegíveis, apagados que foram na sua escrita pela umidade do solo e do gelo derretido. Dentre esses, vários eram cartões de festas de prisioneiros, como a comemoração de aniversários. Além disso, podiam ser ainda fragmentos de poemas e de desenhos realizados pelos prisioneiros, que testemunharam assim as suas desventuras (Wievieorka, 1998).

De qualquer forma, esse conjunto de testemunhos evidenciava um esforço desesperado dos sujeitos em testemunhar a experiência limite que efetivamente lhes acontecia, com o intuito de que no futuro pudesse encontrar destinatários para estas narrativas parciais e escutá-las, numa modalidade de grito e apelo ao Outro, para que um laço social pudesse ser então estabelecido no futuro.

Ao lado desses testemunhos *informais*, existiram os testemunhos propriamente *formais*. Estes podem ser de ordem *judiciária*, *arquival* e *literária*. O que distingue esses testemunhos em relação àqueles é o caráter *definido* e *assegurado* do destinatário, que não se encontra mais no campo da incerteza.

Registro jurídico

Os testemunhos de ordem judiciária se iniciaram decididamente com o julgamento de Eichmann em Jerusalém, após o sequestro espetacular desse, realizado pelos órgãos de segurança de Israel na Argentina, onde se refugiara depois da guerra. Esse testemunho foi então realizado pelas *vítimas* do holocausto, que eram os sobreviventes da experiência concentracionária. Puderam, assim, narrar as crueldades de que foram objeto pelos nazistas, de forma ao mesmo tempo detalhada e catártica.

Como se sabe, o primeiro-ministro de Israel de então, Ben-Gurion, preparou minuciosamente este julgamento para que o Estado de Israel pudesse dar uma aula de história para o mundo, transformando assim o julgamento num grande espetáculo político e midiático (Wievieorka, 1998). Isso porque, segundo o Estado de Israel, o mundo não tinha reconhecido a extensão do holocausto até então, tratando a experiência concentracionária de forma asséptica e restrita. A comunidade judaica internacional, em contrapartida, reconhecia o que acontecera de forma cruel, num ritual ocorrido anualmente em sinagogas, em que os mortos eram evocados nominalmente. Enfim, o que Ben-Gurion pretendia era que o holocausto fosse reconhecido de forma ampla, geral e irrestrita pelo mundo, exibindo em público, num julgamento exemplar, a crueldade das práticas concentracionárias com toda a sua extensão e tragicidade.

Foi no contexto desse julgamento que a figura da vítima foi literalmente construída no Ocidente em toda a sua latitude, pois até então a personagem de vítima não existia enquanto tal nos discursos social e político. Depois das vítimas do holocausto, outras mortes trágicas passaram igualmente a povoar o imaginário do Ocidente como vítimas de injustiças e arbitrariedades, de forma repetitiva e insistente, se deslocando também assim a figura da vítima para outros registros do imaginário do Oriente.

Esse julgamento foi marcado pelo debate acalorado estabelecido entre Hannah Arendt e os dirigentes políticos do Estado de Israel, no qual a primeira sustentara o que denominou de *banalidade do mal* nos crimes cometidos pelo nazismo, nos quais os realizadores desses crimes eram homens que, como funcionários diligentes, apenas obedeciam às ordens dos superiores, de forma fria e burocrática, como declarou Eichmann em seu julgamento em Jerusalém (Arendt, 1966). Com efeito, Arendt buscava assim enunciar e caracterizar a constituição filosófica de outra forma do mal no Ocidente com a emergência histórica da modernidade avançada, distante assim da figura do *mal radical* enunciado de maneira peremptória por Kant no final do século XVIII, no tempo inaugural da modernidade (Arendt, 1966). Enfim, mesmo que para Arendt e para o Estado de Israel não houvesse qualquer dúvida sobre a legalidade e a legitimidade da condenação à morte de Eichmann, o que estava em pauta era a caracterização do crime nefasto como inominável (mal radical) ou como banalidade do mal, que seria então uma nova forma de realização do mal que se instituiu desde então no Ocidente.

De qualquer forma, é preciso diferenciar devidamente o que ocorreu com o julgamento de Nuremberg dos líderes nazistas e o julgamento de Eichmann em Jerusalém, pois se o primeiro foi inteiramente baseado em documentos, o segundo, em contrapartida, foi fundamentalmente baseado na narrativa das vítimas, o que transformou radicalmente a economia simbólica das provas no julgamento em questão em comparação com o julgamento de Nuremberg, independentemente da condenação à morte dos implicados em ambos os julgamentos.

Verdade e arquivo

No entanto, as narrativas das vítimas do holocausto promoveram efeitos cruciais no discurso da história sobre o holocausto, em termos da *veracidade* efetiva dessas narrativas, do ponto de vista estrito do rigor documental dos eventos. É claro que os historiadores críticos não colocaram em questão a veracidade do que era narrado pelas vítimas, mas apenas a precisão presente em tais relatos. Esse foi o caso dos historiadores Léon Poliakov, Raul Hilbert, Lucy Dawidowicz e Saul Friedlander, especialistas do holocausto e da história judaica na Europa, que criticaram a imprecisão das narrativas para que pudessem compor efetivamente uma narrativa historicamente consistente (Wievieorka, 1998). Enfim, para tais autores as narrativas das vítimas não seriam assim documentos consistentes, que pudessem servir para a construção de uma história efetiva do holocausto.

Em contrapartida, para o historiador Daniel Goldhagen, a narrativa direta das vítimas seria fundamental para a composição da história do holocausto, mesmo considerando a imprecisão das narrativas do ponto de vista documental, pois inscreveria outra dimensão de veracidade na narrativa, baseada assim na *memória* e no *afeto* das vítimas (Goldhagen, 1997). Nessa perspectiva, a leitura histórica de Goldhagen se identifica inteiramente com as de Ben-Gurion e do procurador do processo de Eichmann em Jerusalém, na medida em que Hausner e Ben-Gurion supunham a veracidade do discurso das vítimas, baseado na memória e no afeto dessas.

Sem ter a pretensão de resolver definitivamente esse impasse presente no discurso teórico da história, é preciso evocar a oposição estabelecida por Freud, desde *A interpretação dos sonhos*, entre *realidade material* e *realidade psíquica*, que teriam diferentes *critérios de verdade* para o sujeito (Freud, [1900] 1976). Com efeito, a assunção do discurso das vítimas por Goldhagem, sustentada por Hausner e Ben-Gurion, enuncia que a verdade da história estaria no registro da realidade psíquica, enquanto que, para os demais historiadores acima citados, em contrapartida, a verdade histórica seria objetiva e não subjetiva, inserida que estaria no registro documental da realidade material.

Derrida retomou esse debate de forma oblíqua, em 1995, num ensaio crítico sobre a concepção positivista da história, segundo a qual a narrativa da história nessa perspectiva se basearia apenas em documentos escritos. Para Derrida, contudo, no ensaio intitulado "Mal de arquivo", existem *arquivos no inconsciente* que não se transformam em documentos no sentido tradicional do termo e que seriam verídicos, se baseando para isso na existência da realidade psíquica (inconsciente), que se enunciaria pelo retorno do recalcado e pela repetição, enunciada por Freud em oposição à realidade material (documentos) (Derrida, 1995).

Arquivos

Em seguida ao julgamento espetacular de Eichmann em Jerusalém, o tema do holocausto se tornou notório e público, tendo assim Ben-Gurion atingido decisivamente o seu objetivo político e ético em colocar no primeiro plano o holocausto como acontecimento decisivo na história moderna do Ocidente. A identidade judaica foi reconfigurada em decorrência disso, assim como foi ainda mais legitimada a criação do Estado de Israel, tendo certamente no holocausto como acontecimento crucial no Ocidente o seu Outro, de forma que o holocausto seria o desdobramento efetivo e trágico do antissemitismo que marcou a história ocidental.

Assim, foi no rastro dessa notoriedade do holocausto para a televisão norte-americana que realizou um grande filme sobre o holocausto, que teve um grande sucesso de público, nos anos 1970. Em consequência, o holocausto como acontecimento, se inseriu de forma ampla e disseminada no *imaginário popular*, não se restringindo mais assim aos registros político, ético e jurídico.

Nos anos 1980, Geffrey Hartmann organizou um grande arquivo com o testemunho das vítimas, na Universidade de Yale, nos Estados Unidos. Esse arquivo é composto por 3.000 depoimentos de testemunhas e de seus descendentes, que foram filmados e gravados pelos entrevistadores, colocando assim decididamente a voz das vítimas no primeiro plano do arquivo em pauta (Hartman, 1994).

Em seguida, o cineasta norte-americano Spielberg realizou o filme intitulado *A lista de Schindler*, que teve um grande sucesso de público e de crítica. Também, realizou, ao lado do filme, a construção do maior arquivo de testemunhos sobre o holocausto, nos quais estes contam suas vidas e suas histórias, marcadas pelos efeitos devastadores da experiência do holocausto.

Posteriormente, o cineasta francês Claude Lanzmann realizou o filme intitulado *Shoah*, que é um longo documentário com a duração de oito horas com os depoimentos não apenas das vítimas, mas daqueles que viviam próximos aos campos de extermínio nazista, como funcionários destes e como simples moradores, colocando em destaque assim a cumplicidade das populações que viviam em torno dos campos nazistas da morte. O que Lanzman enunciou de novo para pensar na experiência de *Shoah*, além da nomeação bíblica e em hebraico do acontecimento crucial no lugar da palavra holocausto, foi o que denominou de *erótica do ódio*, para caracterizar a modalidade do *gozo* presente na dita experiência de crueldade realizada pelos nazistas e seus colaboradores. Portanto, a erótica do ódio foi uma invenção conceitual original para problematizar a crueldade presente na experiência dos campos nazistas de extermínio (Lanzmann, 1985).

Registro literário

Finalmente, diversas obras foram escritas sobre a experiência concentracionária nazista. Todas elas tinham como finalidade testemunhar o que ocorria nos campos de concentração, que seria desconhecido do grande público. Todas essas pretendiam evidenciar como se realizava a existência cotidiana nos campos da morte, marcada, seja pela *indignidade* de como eram tratados os prisioneiros, seja pela crueldade exercida pelos carcereiros nazistas.

Como explicitei acima, Primo Levi dizia, quando ainda estava em Auschwitz, que precisava sobreviver para testemunhar sobre o que aconteceu de indigno com a condição humana na experiência concentracionária. Foi com essa intenção que publicou inicialmente em 1947o livro intitulado *É isto um homem?* (Levi, 1988), no qual delineou de forma crucial a problemática da indignidade com a condição humana, que marcou de forma indelével a experiência concentracionária. Depois dessa obra inaugural, Primo Levi escreveu diversos outros livros sobre o mesmo tema, de forma a transformar em escrita, de forma insistente, o imperativo de testemunhar o holocausto nazista. Enfim, além de livros, Primo Levi escreveu também artigos e ensaios para revistas e jornais italianos, falando sempre do holocausto.

Na França, Robert Antelme escreveu uma obra importante intitulada *Espécie humana*, na qual procurou conceber o que se tornou no limite a condição humana com a experiência concentracionária, que se alimentava de maneira conjugada do cultivo mortífero da indignidade (Antelme, 1983).

Nos Estados Unidos, o psicanalista Bruno Bettelheim, de origem austríaca, escreveu a obra intitulada *Sobreviver*, baseada na sua experiência de ex-prisioneiro do campo de concentração, em que relata de forma pungente algumas das estratégias de sobrevivência usadas pelos prisioneiros nas suas condições indignas (Bettelheim· 1974). Como se sabe, Bettelheim se suicidou não se sabendo ao certo se foi a dor de suas memórias traumáticas, inscritas de forma indelével na sua memória, que o levaram a isso, na verdade. Não há "suspeitas" a respeito do suicídio de Levi, mas um quase consenso pela impossibilidade de apagar as dores deixadas na sua memória pelas indignidades nazistas.

No entanto, o que caracteriza tais obras é a colocação em questão do que é o testemunho propriamente dito, assim como a construção do debate ético e político de se é possível ou não para os sobreviventes denunciar para o mundo o que teria ocorrido na experiência concentracionária. Com efeito, para todos esses autores existe a dúvida radical de que o que se passou na experiência concentracionária seria passível de ser comunicado para os que não viveram tal experiência limite. Como destaquei acima, Primo Levi evocou o diálogo que teve com os seus companheiros de infortúnio sobre isso, no qual se duvidava se os que não viveram tal experiência radical poderiam acreditar no que efetivamente ocorreu.

A mesma questão se impôs igualmente para Jorge Semprún de maneira imperativa, de forma que é esta problemática fundamental que está inscrita nas páginas do seu livro tardio sobre isso, intitulado de forma significativa de *A escrita ou a vida* (Semprún, 1994), no qual problematiza, de forma eloquente, a disjunção entre os registros da vida e da escrita.

Ficção e verdade

Numa passagem importante de *A escrita ou a vida,* Semprún evocou o diálogo que travou inúmeras vezes com os prisioneiros de Buchevald sobre o relato das condições concentracionárias, nas quais os seus amigos de infortúnio diziam enfaticamente que isso não seria problemático, pois deveriam ser todos relatados de maneira nua e crua, de forma que não existiria qualquer impossibilidade na comunicação (Semprún, 1994). Com efeito, o debate se centrava na questão da *forma* da narrativae, assim, os colegas de prisão não viam qualquer dificuldade sobre isso, pois a narrativa poderia ser realizada de modo direto e literal, como uma narrativa jornalística.

Contudo, não era esta efetivamente a posição de Semprún, que não acreditava definitivamente que essa modalidade jornalística de narrativa sobre a experiência concentracionária pudesse realizar a *transmissão* dessa experiência, pois, com esta forma de narrativa, o que era fundamental na experiência concentracionária se perderia (Semprún, 1994). No que tange a isso, a *diferença* de Semprún para com os seus amigos de infortúnio era certamente absoluta.

Esse escritor e roteirista de cinema de origem espanhola, que fugiu para França ainda adolescente após a derrota dos Republicanos espanhóis para as forças militares fascistas do General Franco e que se integrou desde jovem à Resistência francesa contra a ocupação nazista, considerava que essa forma de escrita e de comunicação era muito simplista para dar conta do acontecimento trágico em questão. Com efeito, Semprún enfatizava que não adiantava apenas narrar os fatos, que seriam certamente necessários, mas insuficientes para comunicar e transmitir o que efetivamente ocorreu (Semprún, 1994).

Por que não?

Seria preciso considerar devidamente a diferença que existia entre as categorias de *horror* e de *mal*, pois se a primeira poderia ser narrada sob a forma de fatos ocorridos na experiência concentracionária, a segunda, em contrapartida, não poderia ser assim transmitida (Semprún, 1994). Supunha então que no futuro os sociólogos e historiadores certamente se debruçariam para analisar a experiência concentracionária, destacando assim todos os fatos possíveis de serem recenseados, e que esta modalidade de abordagem se restringiria ao registro do horror, mas que o mal em questão não seria possível de ser assim transmitido. Portanto, outra modalidade de discurso teria que ser construída para que o mal em questão pudesse ser efetivamente transmitido aos leitores (Semprún, 1994).

Portanto, o que estaria em questão na transmissão da experiência concentracionária seria algo que ultrapassasse o registro do *fato* e do *evento*, que poderia ser da ordem do horror, mas que não comunicaria o que seria fundamental, a saber, o que seria da ordem do mal. O que estaria assim em pauta seria algo da ordem do *acontecimento*, no qual algo de novo foi engendrado sobre a condição humana com a experiência concentracionária. Com efeito, se a narrativa de fatos seria a condição necessária para a composição da experiência concentracionária, não seria, no entanto, a *condição suficiente*, pois, ao lado da narrativa do horror, a marca do mal deveria ser destacada em toda a sua eloquência e tragicidade. Enfim, para Semprún seria a marca do mal que deveria ser transmitida em toda a sua extensão e intensidade, no testemunho da narrativa concentracionária.

O que seria então a *marca* indiscutível dessa narrativa? Qual deveria ser o seu *estilo*?

Assim, para ultrapassar o registro estrito dos fatos, a narrativa da experiência concentracionária deveria ser alçada para o registro da *ficção*. O que implica dizer que tal narrativa deveria ser próxima da *construção literária*, segundo a qual o mal em questão poderia ser assim transmitido (Semprún, 1994).

Nesta formulação de Semprún, portanto, existiria a relação íntima entre os registros da *verdade* e da *ficção*, de forma que a primeira implicaria a segunda e vice-versa. Essas articulação e conjunção entre verdade e ficção teriam então desdobramentos de ordem ética, de forma que a narrativa da experiência concentracionária deveria ser primordialmente de ordem ética, para captar e transmitir o mal que enunciaria de forma eloquente essa experiência.

Essa formulação de Semprún é similar à de Lacan, que supunha igualmente que a verdade seria da ordem da ficção, numa articulação essencial que comporia o campo teórico da ética e seria constitutiva da ética da psicanálise (Lacan, 1986). Contudo, essa articulação entre verdade e ficção foi constituída inicialmente no século XIX no discurso teórico de Bentham (1994), em quem Lacan se baseou para pensar o campo psicanalítico como sendo de ordem ética, pois o inconsciente seria de ordem ética e não ôntica, como enunciou de forma definitiva em 1964 no Seminário XI, sobre "Os quatro conceitos fundamentais da psicanálise".

Além disso, essa formulação de Semprún, de Benthan e de Lacan, de articular os registros da verdade e da ficção para delinear o campo da ética, se aproxima e mesmo se superpõe ao registro da realidade psíquica, centrado no desejo e no inconsciente, em oposição ao registro da realidade material, formulado pelo discurso freudiano em *A interpretação dos sonhos* (Freud, [1900]1976). Foi essa mesma articulação teórica que Derrida (1995), em *Mal de arquivo*, denominou de campo do *espectro*, aludindo ao que Freud, em *Construções em análise*, enunciou sobre a *verdade histórica* (realidade psíquica) em oposição à verdade material, que se enuncia como inscrita no registro do inconsciente, regulado pelo desejo e pela repetição. Enfim, em tudo isso o que se pretende estabelecer de maneira conclusiva é a relação entre ficção e verdade.

Mundo dos mortos

Essa suposição de Semprún, para fundar filosoficamente a conjunção existente entre ficção e verdade e nortear a composição da narrativa da experiência concentracionária, não era apenas teórica, mas da ordem prática e ética, pois Semprún sempre assumiu tal postura diante do mundo desde que foi libertado pelo exército aliado em Buchenwald, em 1945. Com efeito, desde que chegou a Paris, em seguida, a sua postura se diferenciava marcadamente de seus amigos de infortúnio, pois, se eles falavam incansável e literalmente sobre os eventos da experiência concentracionária, a postura de Semprún, em contrapartida, era a de *silêncio*. Essa diferença de postura era perfeitamente captada pelos seus interlocutores, que lhe indagaram repetidamente a razão do seu silêncio sobre a dita experiência (Semprún, 1994).

A pergunta que se impõe assim é o que estaria em pauta, para Semprún, no seu silêncio eloquente?

Nada mais, nada menos do que a *certeza* de estar vindo do *mundo dos mortos*, onde esteve como prisioneiro durante este tempo. Com efeito, a experiência concentracionária era o que de mais próximo poderia existir da morte. Porém, essa certeza apenas se configurou e se impôs como um imperativo com a libertação do campo de Buchenwald, com a chegada triunfante das tropas britânicas, comandadas pelo General Patton.

Assim, quando se sentiu olhado nos olhos de forma ao mesmo tempo perscrutante e espantada pelos três militares que com ele comunicaram e enunciariam a libertação do campo, Semprún percebeu imediatamente, pelo assombro de seus libertadores, que estaria vivendo até então, sem saber, no *espaço da morte* (Semprún, 1994).

É preciso destacar que, antes disso, durante os seus anos em Buchenwald, Semprún não sentiu *angústia* (Semprún, 1994). Com efeito, no esforço continuado para se manter vivo, custe o que custar, diante dos horrores cotidianos da experiência concentracionária, não existia qualquer lugar para a angústia, por mais paradoxal que isso possa parecer para nós, que não vivemos os horrores diversos presentes no campo de concentração.

Que horrores eram esses? A má alimentação, a péssima condição da higiene, o convívio com a morte diária dos amigos pela doença, o anúncio da morte diária pelo enforcamento e pelo fuzilamento anunciado pelos comandantes do campo, tais eram dentre outros os cenários do horror que regularam a existência cotidiana no campo de concentração. Nesse contexto, cada um dos prisioneiros via nos rostos e no corpo dos demais a projeção especular de sua própria morte em ação permanente. Procuravam sobreviver, é claro, pelo debate político cotidiano e pelas especulações incertas sobre a possível libertação dos campos de prisioneiros. Enfim, o que aconteceu com Semprún foi a separação do *corpo* e do *espírito*, como *estratégia de sobrevivência*, o que lhe possibilitou de forma concreta, não ser tomado de corpo inteiro pela angústia (Semprún, 1994).

No entanto, com a libertação do campo de Bunchenwald, houve a certeza de estar vindo do mundo dos mortos, o que se impôs de forma imperativa para Semprún, de maneira que a angústia passou a amargar a sua existência de modo lancinante, pelas rememorações fragmentárias e dispersas do que lhe aconteceu, marcando-o pela *indignidade* e pela *vergonha* (Semprún, 1994).

Em consequência, passou a experimentar a realidade social fora campo de concentração como se fosse um *sonho*. Portanto, a *realidade social* que o circundava seria assim da ordem do sonho e do devaneio, enquanto que o *real* da experiência do campo de concentração seria certamente a ordem da morte e do *pesadelo*. Enfim, o sobressalto passou a marcar progressivamente a *rememoração* parcial e fragmentada do que lhe aconteceu na experiência concentracionária de horror (Semprún, 1994).

Dessa maneira, no convívio e na interação efetiva com o mundo da realidade social, passou a se sentir como um *sonâmbulo* e até mesmo como uma *alma de outro mundo*, expressões que se repetem de forma incansável na sua escrita para caracterizar a sua experiência crucial (Semprún, 1994). Em relação a isso, evoco de passagem que *Os sonâmbulos* foi o título escolhido por Herman Broch para intitular o seu romance sobre a Primeira Guerra Mundial, de forma que Broch descreveu algo similar ao que foi descrito por Semprún em *A escrita ou a vida* (Broch, 1988).

A experiência da morte era então caracterizada pela *impossibilidade do esquecimento* do real da experiência concentracionária. Com efeito, a *temporalidade* em pauta era a da vida do *presente*, na qual não existiria nem *passado*, nem tampouco *esquecimento* possível. O *eterno* presente se inscreveu assim de forma inexorável e lancinante na experiência psíquica de Semprún. Enfim, se o *futuro* as esboçava pelos projetos políticos e literários desse, era o presente, no entanto, o que se impunha como eloquência de forma trágica.

Podemos denominar este domínio inquestionável do registro da dor em oposição ao do *sofrimento*, que delineia as coordenadas da experiência traumática propriamente dita (Birman, 2013), no seu *excesso* intensivo e sem regulação pela categoria do tempo. Foi justamente isso que Semprún descreveu como signo do pesadelo pelo imperativo da morte permanente.

Foi certamente por sua inscrição abissal nessa experiência limite que Semprún pôde repetidamente evocar, no seu escrito-testemunho, o poeta espanhol Villajero, que dizia de forma surpreendente e eloquente que o melhor que poderia oferecer para a vida seria o espetáculo de sua própria morte (Semprún, 1994)! Semprún pôde evocar isso de forma paradoxal na sua narrativa, mesmo sabendo que o sujeito não pode experimentar a sua própria morte, segundo Wittgenstein (Semprún, 1994).

Porém, seria nas bordas deste espaço limite que dizer a verdade do que aconteceu, na experiência concentracionária, poderia tomar corpo e forma na escrita como ficção. Definitivamente, não seria a mera descrição dos eventos e dos horrores que ocorreram em Buchenvald o que poderia transmitir efetivamente a verdade inscrita naquela experiência limite (Semprún, 1994).

Mal radical

Assim, foi ainda para enunciar o que estava em pauta na experiência concentracionária que Semprún pôde dizer de forma imperativa que esta experiência-verdade seria da ordem do mal radical (Semprún, 1994), evocando assim o célebre ensaio de Kant intitulado *A religião no limite da simples razão* (Kant, 1980). Contudo, a experiência do mal radical não se inscreveria na *fronteira* entre os registros do *humano* e do *inumano*, mas se inscreveria infelizmente, em contrapartida, no campo específico do humano, isto é, de como o homem é capaz de fazer com o *outro*, de maneira insofismável, lançando-o impiedosamente no abismo da morte e da indignidade. Vale dizer, parafraseando Nietzsche indiretamente, que Semprún enunciou que o mal radical seria algo da ordem do *humano demasiado humano*.

Portanto, Semprún não assumiu a tese de Arendt da banalidade do mal, enunciada em *Eichmann em Jersusalém* (Arendt, 1966), que certamente conhecia, mas retomou e revisitou a tese de Kant do mal radical. Essa experiência limite do sujeito no campo concentracionário, interpretada filosófica e eticamente pelo conceito de Kant do mal radical, pode ser aproximada do campo do sagrado. Contudo, esse não se restringe ao discurso da religião, pois remete à dimensão sagrada da vida, que afirma e delineia o que existe de digno na existência humana.

Por isso mesmo, no filme húngaro intitulado *O filho de Saul*, do cineasta Laszlo Nemen, a narrativa se centra inteiramente na busca desesperada de um rabino por um prisioneiro do campo, diante da constatação de que alguém ainda respirava após sair da câmara de gás de Auschiwitz, para que aquele pudesse realizar o *kadish* (a prece de morte dos judeus) para o moribundo, de forma que a morte de um humano fosse honrada eticamente por um ritual.

Portanto, a experiência concentracionária marcada pelo mal radical deveria ser assim transmitida pela escrita, como testemunho, norteada nos seus interstícios pela conjunção entre verdade e ficção de forma íntima e radical, como se realiza igualmente na experiência psicanalítica, na qual a figura do analista como testemunho deve atravessar com o sujeito em análise as suas incertezas, situadas nas bordas entre a vida e a morte, na reconstrução de sua história.

Referências

ADORNO, Theodor. W.; HORKHEIMER, Max. *La dialectique de la raison*. Paris: Gallimard, 1974.

ANTELME, Robert. *L'Espèce Humaine*. Paris: Gallimard, 1983.

ARENDT, Hanna. *Eichmann em Jerusalém. Rapport* sur la banalité du mal. Paris: Gallimard, 1966.

BETTELHEIM, Bruno. *Survivre*. Paris: Robert Laffont, 1974.

BIRMAN, Joel. *O sujeito na contemporaneidade*. Rio de Janeiro: Civilização Brasileira, 2013.

BROCH, Hermann. *Os sonâmbulos*. Rio de Janeiro: Edições 70, 1988.

LAVAL, Christian. *Jeremy Bentham: Le Pouvoir des fictions*. Paris: PUF, 1994.

DELEUZE, Gilles. *Différence et repétition*. Paris: Minuit, 1968.

DERRIDA, Jacques. *Mal d'archive*. Paris: Galilée, 1995.

FREUD, Sigmund. *L'interprétation des rêves* (1900). Capítulo VII. Paris: PUF, 1976.

_________. Au-delà du principe du plaisir. In: _________. *Essais de psychanalyse*. Paris: Payot, 1999 [1920].

_________. *Inhibition, symptôme et angoisse*. Paris: PUF, 1973 [1926].

_________. Constructions en psycanalyse. In: _________. *Résultats, Idées, Problèmes*. Volume II, 1921-1938. Paris: PUF, 1982.

GOLDHAGEN, Daniel. J. *Les bouveraux volontaires do Hitler. Les allemands ordinaires e l'"Holocauste"*. Paris: Seuil, 1997.

HARTMAN, Geoffrey. Apprendre des survivants: remarques sur l'histoire orale et les archives vidéo de témoignages sur l'holocauste à l'université de Yale: Le monde Juif. *Revue d'histoire de la Shoah*, jan.-abr., 1994.

KANT, Immanuel. *Critique de la raison pure*. Paris: PUF, 1971.

_________. *La religion dentre de limites de la mera razon*. Madrid: Alianza, 1980.

LACAN, Jacques. Kant avec Sade (1963). In: _________. Écrits. Paris: Seuil, 1966.

_________. *Les quatre concepts fondamentaux de la psychanalyse. Le Seminaire*, livre XI. Paris: Seuil, 1978.

_________. *L'éthique en psychanalyse. Le Séminaire, livre VII*. Paris: Seuil, 1986.

LANZMANN, Claude. *Shoah*. Paris: Fayard, 1985.

LEVI, Primo. *É isto um homem?* (1952). Rio de Janeiro: Rocco, 1988.

SEMPRÚN, Jorge. *L'écriture ou la vie*. Paris: Gallimard, 1994.

WIEVIEORKA, Annette. *L'ère du témoin*. Paris: Plon, 1998.

Primo Levi: razão, narração, lacunas

Jeanne Marie Gagnebin

É difícil escrever algo sobre Primo Levi. Retomei muitos textos depois de uns vinte anos, talvez mais, não lembro quando li, pela primeira vez, em francês, *Si c'est un homme.* O impacto continua, a admiração também, mas surge uma desolação infinita, como uma vergonha de ainda ter que insistir, agora, no presente desastre, no Rio de Janeiro de 2019, na atualidade dessa voz que se calou. Melhor seria poder simplesmente continuar essa tarefa de narração e de cuidado num cotidiano simples e evidente, solidário com a vulnerabilidade e com o sofrimento humanos, mas sem o assombro perante massacres e mortes que se renovam sem parar. Seria muito melhor poder lembrar "que existe algo difícil de definir, como uma remota possibilidade de bondade pela qual vale a pena se conservar vivo", como escreve Primo Levi depois de evocar seu amigo Lorenzo (Levi, 1987: 130; 1988: 124).

Voz clara sem *páthos* sem efeito grandiloquente, sem lirismo, sem descrições sanguinolentas. Primo Levi sempre afirmou que ele era, em primeiro lugar, um químico, isto é, um homem interessado em análises científicas dos elementos, em descrição das transformações da matéria. Assim também, intenta, neste seu primeiro livro, começado em Auschwitz sobre pedacinhos de papel jogados fora, "fornecer documentos para um sereno estudo de certos aspectos da alma humana", diz a tradução brasileira (Levi, 1988: 7), "fournir des documents à une étude dépassionnée de certains aspects de la vie humaine", diz o francês (Levi, 1987: 7).

E, com humor, descreve a si mesmo, no momento de sua prisão pela milícia italiana fascista, como um jovem de 24 anos, acostumado a viver num mundo "um tanto apartado da realidade, povoado de racionais fantasmas cartesianos, de sinceras amizades masculinas e minguadas amizades femininas" (Levi, 1988: 11)[1].

Ora, esse tom cartesiano nunca o abandona, essa preocupação com ideias claras e distintas, diria Descartes. Preocupação que Primo Levi enfatiza num artigo muito citado pelos seus comentadores, por Jorge Semprún, no prefácio à edição dos poemas de Levi, *À une heure incertaine* (Levi, 1997: 1-2), por Maurício Santana Dias no prefácio à sua tradução de *71 contos* (Levi, 2005: 12), *Sobre a escrita obscura*, publicado em 11 de dezembro de 1976, um artigo que desencadeou uma viva polêmica com o escritor e tradutor Giorgio Manganelli (Anissimov, 1996: 586-588)[2]. Artigo, de fato, bastante contraditório, no qual Primo Levi começa falando que não se deveria impor limites ou regras à criação literária, mas continua dizendo que, segundo ele, um texto não pode nem deve ser "obscuro" porque deve ser compreensível para todos, sem ambiguidades nem ornamentos gratuitos. O artigo reconhece que nunca se pode ser totalmente claro, porque somos feitos de consciente e inconsciente, nossa consciência racional não sendo a única fonte de escritura. Mas Primo Levi deixa transparecer que ele detesta não só Nietzsche, mas também a poesia de Trakl e de

---

[1] "un monde quasiment irréel, peuplé d'honnêtes figures cartésiennes, d'amitiés masculines sincères et d'amitiés féminines inconsistentes" (trad. fr.: 11). Às vezes, a tradução francesa me parece mais irônica e melhor que a brasileira, por isso tomo a liberdade de citá-la.

[2] Inútil dizer que não concordo com o título dessa bela biografia: *Primo Levi ou la tragédie d'un optimiste*.

Celan, afirmando até que a obscuridade de suas palavras poéticas poderia, em parte, explicar seus suicídios. A injustiça em relação a Celan é flagrante e desagrada até hoje, como se Primo Levi quisesse afirmar que só se deve e se pode escrever sobre Auschwitz com clareza, isto é, como ele o tentou. Mais fundamentalmente, sente-se uma irritação, rara nesse autor tão ponderado, em relação a certas modas literárias desses anos, nas quais as palavras aludem a outras palavras num jogo enigmático e abissal. Para Levi, poderíamos dizer, escrever, significa antes de qualquer vontade expressiva, de qualquer indignação, de qualquer lirismo, confissão ou grito, ter algo importante a transmitir. Assim também, de maneira irônica, aconselha no fim de uma carta a um jovem leitor que lhe pergunta como poderia tornar-se escritor, que ele em primeiro lugar deve ter "algo a escrever" (Levi, 1992: 325) isto é algo a dizer, que não se escreve pelo prazer da escritura, portanto...

No seu prefácio à tradução de *71 contos de Primo Levi*, Maurício Santana Dias notou de maneira perspicaz que quando Primo Levi começou a escrever "ficção", acontece uma estranha inversão de perspectiva em relação à defesa de uma humanidade liberada que o testemunho sobre os Campos de Concentração instaura:

> É até provável que esse – o impulso liberatório – tenha sido o móvel primeiro que conduziu o lúcido escritor de Auschwitz ao território do fantástico [da ficção]. Mas o que se vê nesses contos é precisamente a negação daquela liberdade inalienável do homem defendida com unhas e dentes nos relatos sobre a experiência nos campos de concentração. Portanto, paradoxalmente, o momento da *invenção* não liberta o narrador de sua pesada memória, mas o remete a um campo obscuro e reprimido pela razão

> iluminista: no caso específico dos contos, o campo da fatalidade biológica e da hipótese aberrante de que talvez a espécie esteja desde sempre orientada para a autodestruição (...). (Levi, 2005: 14)

Essa observação fina de M. Santana Dias me leva a uma hipótese de leitura que gostaria de compartilhar com vocês. A saber, que talvez o impacto maior dos testemunhos dos livros de Primo Levi venha desse tom sóbrio, preciso, quase neutro, típico de uma descrição orientada pela racionalidade iluminista, pela *Aufklärung*, mas, ao mesmo tempo, desprovida do otimismo latente que costumava acompanhar tal confiança na razão. Uma linguagem clara, uma sintaxe clássica, que combinam sem problema com situações absurdas e cruéis, com a impossibilidade de qualquer previsão. Como em Kafka, que Levi traduziu, entendemos tudo, mas não parece existir nenhuma significação determinada. Existe, isso sim, a lembrança dolorosa de um mundo relativamente coerente, no qual se podia perguntar o sentido de uma palavra, de uma frase, de um gesto ou de uma ordem. Só que essa lembrança dói e deve ser, por assim dizer, apagada para poder sobreviver.

Aliás, tal pergunta ingênua sobre o "porquê", essa pergunta típica das crianças, é motivo de deboche por parte dos prisioneiros mais antigos em relação aos novos que querem compreender minimamente, que procuram regras e normas de conduta. Em *Os afogados e os sobreviventes* (Levi, 1990: 32-ss), Primo Levi conta que, geralmente, quando um trem carregado de novos presos chegava ao campo, estes eram separados em doentes e sãos: os primeiros iam diretamente para as câmaras de gás, os outros para o trabalho; mas podia acontecer também que os vagões fossem abertos dos dois lados dos trilhos; um lado ia para o trabalho, outro para a morte. Essa ausência de normas comuns explica, também, por que os novos detentos foram geralmente derrubados nos primeiros dias de sua estada no campo. Perdiam tempo e energia em tentar compreender em vez de se concentrar no único esforço válido: a saber, tentar sobreviver a qualquer custo (mesmo que se possa morrer na noite seguinte), isto é, à custa do entendimento e, também, da comunicação com os outros. Talvez a maior violência fosse essa: obrigar a desistir da tentação e da tentativa de compreensão. Não elaborar hipóteses nem esboçar um raciocínio esperançoso. Gravar na sua cabeça ou, como fez o prisioneiro Clausner, no fundo de sua gamela de sopa, a seguinte sentença: "Não tentar compreender" (capítulo 10 de *É isto um homem?*).

Claude Lanzmann retoma essa interdição num texto curto, "Hier ist kein Warum", num número da *Nouvelle Revue de Psychanalyse* consagrado a seu filme, *Shoah*. Ele cita Primo Levi e descreve esse olhar simultaneamente claro e cego da seguinte maneira:

> Diriger sur l'horreur un regard frontal exige qu'on renonce aux distractions et échappatoires, d'abord à la première d'entre elles, la plus faussement centrale, la question du pourquoi, avec la suite indéfinie des académiques frivolités ou des canailleries qu'elle ne cesse d'induire. "Hier ist kein Warum" ("Ici, il n'y a pas de pourquoi"): Primo Levi raconte que la règle d'Auschwitz lui fut ainsi enseignée dès son arrivée au camp par un garde SS. "Pas de pourquoi": cette loi vaut aussi pour qui assume la charge d'une pareille transmission. Car l'acte de transmettre seul importe et nulle intelligibilité, c'est-à-dire nul savoir vrai, ne préexiste à la

transmission. C'est la transmission qui est le savoir même. (Lanzmann, 1988: 263)[3]

Como se sabe, as declarações de Lanzmann desencadearam polêmicas violentas, como se ele proibisse pesquisas históricas sobre o nazismo e sobre a aniquilação dos Judeus. Parece-me muito mais que ele quer resistir à tentação de procurar uma causa, mesmo que seja somente um pretexto, para explicar por que os Judeus foram as vítimas privilegiadas do extermínio, tentação que a filosofia de Adorno e Horkheimer também denuncia (em particular no texto "Elemente des Antisemitismus. Grenzen der Aufklärung" ("Elementos do antissemitismo. Limites do Esclarecimento", na *Dialética do esclarecimento*). Mais radicalmente, o gesto do cineasta reitera o do escritor Primo Levi, quando aponta as "frivolidades" das discussões intelectuais e acadêmicas que tentam explicar o massacre e quando insiste naquilo que realmente importa: a saber, o ato de *transmissão*, Primo Levi diria de *narração,* ato tão necessário quanto o da nutrição, ato que responde a uma *pulsão,* a um impulso – e que suscita geralmente *repulsão,* repulsão e recusa em ouvir por parte dos ouvintes: situação de solidão que os sonhos dos

[3] Tentativa de tradução: "Direcionar um olhar de frente ao horror exige que se renuncie às distrações e às escapatórias, antes de mais nada à primeira delas, àquela tida mais falsamente como central, àquela do porquê – com a sequência indefinida das frivolidades acadêmicas e das canalhices que ela não cessa de provocar. '*Hier ist kein Warum*' ('Aqui não há nenhum porquê'): Primo Levi conta que a regra de Auschwitz lhe foi ensinada, desde sua chegada ao campo, por um guarda SS. 'Nenhum porquê': esta lei também vale para quem assume a pesada tarefa de tal transmissão. Pois, somente o ato de transmitir importa e não há nenhuma inteligibilidade, isto é, nenhum saber verdadeiro, preexistente à transmissão. É a transmissão que é o próprio saber."

prisioneiros descrevem para a desolação dos sonhadores (capítulo 5 de *É isto um homem?*, "Nossas noites").

Fundamentalmente, o que Levi com seu tom contido e Lanzmann com sua insolência costumeira denunciam é a violência maior do fascismo, a saber, a impossibilidade de poder contar ainda com as tentativas humanas de um entendimento comum, base do conceito de político, entendimento a respeito do qual gostaríamos de acreditar que ele pertence a toda a humanidade e pode nos fornecer as normas para uma organização justa da vida.

Quando falha essa premissa, também nós não queremos, como nos sonhos evocados, ouvir esse relato insuportável – que nos deixa sem voz. À violência fascista respondemos com hesitação ou, então, com uma certa complacência típica de nossos hábitos intelectuais, julgando que se encontrássemos as razões das injustiças e dos massacres, poderíamos evitá-los, porque poderíamos convencer, graças aos nossos argumentos, dirigentes e soldados a não "abater" os pobres como se fossem bichos perigosos, a não fuzilar os índios, a não trucidar os negros – e caímos na tentação de organizar inúmeras mesas-redondas sobre a dignidade humana, em busca das melhores hipóteses e dos melhores argumentos. Na verdade, estamos em busca de nossa ingênua onipotência intelectual perdida, estamos em busca da onipotência da razão e da possibilidade, mesmo longínqua, do progresso do gênero humano.

Volto a Primo Levi e, também, a Ulisses. Pois, num raro momento de alegria, indo buscar a sopa com o estudante alsaciano Jean, Primo Levi lembra como tentava citar Dante, o canto XXVI do *Inferno*, em que Ulisses conta como morreu. Jean é um "proeminente" especial, porque se aproveita de sua situação "privilegiada" não para pisar nos mais fracos, mas, na medida do possível, auxiliá-los. Afora isso, ele sabe tão bem alemão quanto francês em razão de suas origens alsacianas. E gostaria de aprender italiano, aproveitando a companhia de Primo Levi no longo caminho até a cozinha. Interesse louco e utópico pela variedade das línguas humanas[4] que assinalam uma comunicação humana possível na multiplicidade das línguas – em vez da redução à única linguagem ríspida da violência e das ordens.

Sem saber por que, Levi começa então por Dante e pelo canto de Ulisses, transformando a punição de Ulisses, sua nova viagem ao mar aberto, aos confins do mundo, viagem na qual encontrará a morte (segundo Dante), em proclamação de liberdade e de busca de conhecimento: "Considerate la vostra semenza/ Fatti non foste a viver como bruti/ Ma per seguir virtute e conoscenza"[5].

Essas palavras, que ressoam como a voz de Deus, diz o autor, indicam, sim, a tarefa da busca da liberdade e do conhecimento como sendo "semenza", semente humana que deve ser cultivada para dar frutos, versos lembrados, não por acaso, aqui, num contexto de escuta amigável e de curiosidade pela rica diferença das línguas. Semente frágil e preciosa que a experiência dos Campos quase conseguiu destruir, semente como signo do possível, nenhuma garantia de vitória e de floração.

Assim também, me parece, devemos ler os testemunhos de Primo Levi. Não como resposta à questão do Mal (uma questão da qual mesmo Kant disse que ela não pode ser resolvida), nem como promessa de um mundo melhor, mas unicamente como a narração ou a transmissão da existência frágil dessas

---

[4] Lembremos que Primo Levi também queria estudar linguística...

[5] Dante, *Inferno,* canto XXVI, versos 115-117. Primo Levi transmite os versos de Dante, que contam da "hybris" e da punição de Ulisses, dando-lhes um outro sentido: o da procura da liberdade e do conhecimento!

sementes. Um gesto compartilhado por outro sobrevivente, menos conhecido no Brasil, Robert Antelme. "Le mal, c'est ce qui est et ne devrait pas être, mais dont nous ne pouvons pas dire pourquoi cela est", dirá Ricoeur, concluindo: "Le mal, c'est ce contre quoi on lutte" (Ricoeur, 1988: 140-141).

No seu último livro, *Os afogados e os sobreviventes,* com o subtítulo *Quarenta anos depois de Auschwitz*, Levi continua ao mesmo tempo procurando o amparo das Luzes, como representante convicto da *Aufklärung* e, igualmente, escrevendo sem nenhuma ilusão sobre o poder dessa racionalidade. Mais: abdicar dessa ilusão parece ser necessário para não ficar refém de uma concepção da dignidade humana que exclui os "não homens", aqueles que eram chamados de "Muçulmanos" e que alguém como Jean Améry não queria descrever. Esses mortos-vivos colocam em questão nossas definições claras e nossa ética da dignidade, uma ética que, segundo Levi, devemos deixar de proferir se não quisermos repetir o gesto de aniquilação dos nazistas. Giorgio Agamben comenta:

> O muçulmano penetrou em uma região do humano – pois negar-lhe simplesmente a humanidade significaria aceitar o veredicto da SS, repetindo seu gesto – onde dignidade e respeito de si não são de nenhuma utilidade, como também não uma ajuda exterior. Se existe, porém, uma região do humano em que tais conceitos não têm sentido, não se trata de conceitos éticos genuínos, porque nenhuma ética pode ter a pretensão de excluir do seu âmbito uma parte do humano, por mais desagradável, por mais difícil que seja de ser contemplada. (Agamben, 2008: 70-71)

Na tradição filosófica clássica – e até Habermas –, o domínio da ética era a descrição da busca de regras, de normas, de leis que possibilitam a vida em comum dos homens, em analogia com as regras que estruturam as diversas línguas humanas e que tornam possível uma comunicação entre falantes de diversos idiomas. Na obra de Primo Levi há o esboço de outro fundamento – abissal – da ética: não excluir ninguém do relato e da lembrança do(s) sobrevivente(s). Portanto, não excluir nem Hurbinek, o menino já crescido da *Trégua*, que morreu antes de conseguir articular qualquer palavra, nem os "Muçulmanos" nos quais não mora mais "a centelha divina", como escreve Primo Levi, isto é: aqueles que não correspondem à bela definição humanista da dignidade humana. Depois de Auschwitz, a verdadeira exigência ética consistiria muito mais em poder acolher essa indigência aquém daquilo que chamamos de humano, essa figura da ausência de sentido e de comunicação, essa figura do desmoronar à qual homens foram reduzidos por outros homens. E assim reivindicar, contra seus carrascos, que esses trapos são, sim, seres humanos.

Com Primo Levi descobrimos uma razão sem "hybris", sem orgulho ou desmedida, uma ética que não procura estabelecer normas, mas tenta escutar o murmúrio confuso dos Muçulmanos; escuta também as vozes de todos aqueles que formam essa "zona cinzenta" dos pequenos carrascos e pequenos poderosos, sem os quais a hierarquia do campo não funciona. Zona cinzenta da qual não escapam nem "os Italianos", Primo e Alberto, quando bebem juntos a água de uma torneira destruída e excluem outros companheiros dessa descoberta. Zona cinzenta que pode muito bem ser aquela em que permanecemos nós, gente simpática e covarde que não quer morrer e, portanto, fecha os olhos e obedece. Primo Levi vai até recusar as prerrogativas do juízo: *impotência judicandi*, diz ele ao contar a história de Chaim Rukowski, o

"Rei" do gueto de Lódz[6]. Se esse foi um herói disfarçado ou um traidor ridículo, não nos cabe julgar.

Claro, tribunais e condenações são absolutamente necessários para enunciar os crimes, nomear e punir os criminosos (justamente aquilo que no Brasil não foi feito depois da Ditadura e que faz falta, cruelmente, até hoje), tentar restabelecer algumas regras de vida "reta", como diria Adorno. Mas isso é tarefa das instituições jurídicas, sempre provisórias e frágeis, encarregadas de representar a vontade balbuciante de uma nação. Como testemunha-mor de Auschwitz, Primo Levi procede à descrição do Campo de maneira clara e quase isenta; ele acredita, sim, na precisão e na justeza das palavras, mas desconfia dos poderes dessa razão, que também sabe organizar com minúcia a destruição e legitimar a submissão.

Referências

ADORNO, Theodor Wiesengrund; HORKHEIMER, Max. *Dialética do esclarecimento.* Rio de Janeiro: Jorge Zahar Editor, 1985.

AGAMBEN, Giorgio. *O que resta de Auschwitz.* São Paulo: Boitempo, 2008.

ANISSIMOV, Myriam. *Primo Levi ou la tragédie d'un optimiste.* Paris: Editions Lattès, 1996.

[6] Chaim Rumkowski foi o "presidente" do Gueto de Lódz de 1940 a 1944, gueto instalado na cidade pelos nazistas e que durou mais do que os outros. Primo Levi conta sua história - que lhe foi contada por outros sobreviventes de Auschwitz - no capítulo intitulado "A zona cinzenta", de *Os afogados e os sobreviventes.* Escolhido (não se sabe por que razão) pelos nazistas para ter esse cargo que lhe emprestava autoridade, foi uma figura ambígua, se comportando como monarca absoluto, querendo submissão, mas também amor por parte de seus súditos. Ao mesmo tempo que foi cúmplice dos nazistas, tentou em várias ocasiões defender seus compatriotas e negociar com os alemães. Com o avanço das tropas russas, os nazistas liquidaram o gueto e Rumkowski morreu em Auschwitz no fim de 1944.

ALIGHIERI, Dante. *A divina comédia. Inferno.* São Paulo: Editora 34, 1998, versão bilíngue.

LANZMANN, Claude. Hier ist kein warum. *Nouvelle Revue de psychanalyse.* Paris, n. 38, dez.,1988.

LEVI, Primo. *Si c'est un homme.* Paris: Julliard, 1987. Tradução brasileira: *É isto um homem?* Rio de Janeiro, Rocco, 1988.

__________. *Les naufragés et les rescapés. Quarante ans après Auschwitz.* Collection Arcades. Paris: Gallimard, 1989. Tradução brasileira: *Os afogados e os sobreviventes.* Rio de Janeiro: Paz e Terra, 1990.

__________. À une heure incertaine. Collection Arcades. Paris: Gallimard, 1997.

__________. *A trégua.* São Paulo: Companhia das Letras, 1997.

__________. *71 contos.* Tradução e prefácio de Maurício Santana Dias. São Paulo: Companhia das Letras, 2005.

__________. *Le métier des autres.* Paris: Folio, 1992. Tradução brasileira: *O Ofício Alheio.* São Paulo: Editora da Unesp, 2016.

RICOEUR, Paul. Le scandale du Mal. *Revue Esprit.* Paris, n. 140/141, 1988.

Primo Levi e Hannah Arendt

Eduardo Jardim

Para um estudioso da obra de Hannah Arendt, em especial de *Origens do totalitarismo*, a leitura de *É isto um homem?*, de Primo Levi, suscita uma série de indagações. Uma leitura em paralelo dos dois livros precisa levar em conta semelhanças e diferenças. Pretendo abordar em primeiro lugar o ponto de partida e a motivação dos dois livros.

Em uma entrevista de 1964, publicada com o título *Só permanece a língua materna*, Hannah Arendt se referiu ao momento que deflagrou a elaboração de *Origens do totalitarismo* (Arendt, 2002). Foi em 1943, ao tomar conhecimento da existência dos campos de concentração e extermínio na Europa. Ela conta que, de início, ela e seus amigos não acreditaram. Em seguida, relata que foi como se um abismo tivesse sido aberto à sua frente. Ela não dispunha de categorias no acervo da teoria política conhecida que dessem conta do terrível ocorrido.

A preparação de *Origens do totalitarismo*, de 1943 a 1950, respondeu à necessidade de compreensão de um fenômeno político inédito. Para isso, era preciso, a cada passo, experimentar pensar sem corrimão (*without a banister*), sem o arrimo das teorias políticas já existentes[1].

A transposição desse abismo pelo esforço compreensivo teve também um sentido existencial. A compreensão promove uma forma de reconciliação que possibilita sentir-se

---

[1] *Thinking without a banister* é o título de uma coletânea que reúne textos de Hannah Arendt do período 1953-1975 (Arendt, 2018).

em casa no mundo, mesmo que se trate do mundo em que tais monstruosidades acontecem.

Para Hannah Arendt, a compreensão de um evento é como seu acabamento. Pode-se dizer que através do esforço compreensivo o evento se completa, chega a um término. Isto é possível porque ele pode ser narrado e, assim, adquire um significado. Em seu livro sobre as revoluções francesa e americana, *Sobre a revolução*, a autora afirmou que "as experiências e mesmo as histórias do que são e do que sofrem os homens, dos acasos e acontecimentos, recaem na futilidade intrínseca da palavra viva e do gesto vivo, a menos que sejam comentadas constantemente" (Arendt, 2011: 280).

Já no caso de Primo Levi, se não de fato, pelo menos como intenção e concepção, *É isto um homem?* já nasceu nos dias do Campo, como ele afirma na abertura do livro. Isso quer dizer que é muito menor a distância que separa a narrativa da experiência no caso de Primo Levi do que no de Hannah Arendt. Isto explica o contraste entre o tom de *Origens do totalitarismo,* de quase um tratado de história moderna europeia, e o de um depoimento, como acontece com *É isto um homem?*

Primo Levi se perguntou se valeria a pena manter a memória daqueles acontecimentos. Sua resposta é afirmativa. Para ele, toda experiência humana merece ser analisada, nenhuma é carente de conteúdo. A experiência dos campos seria, na verdade, a oportunidade de uma pesquisa ímpar e valiosa sobre a natureza humana, que permitiria distinguir no homem o que é congênito e o que é adquirido. Por este caminho, Primo Levi não chegou a atribuir ao homem uma crueldade inata, mas esboçou uma espécie de tipologia.

Os homens se dividem em dois grupos: os que se salvam e os que afundam – os salvos e os submersos. Esta tese, válida para os homens em geral, adquire máxima evidência nos campos. Ali existiu uma lei feroz que organizava a vida quando todas as leis e normas comuns foram suspensas. Ela era a seguinte: "a quem já tem, será dado; de quem não tem, será tirado" (Levi, 1988: 129).

Já a obra de Hannah Arendt não apresenta propriamente uma antropologia. Para ela, uma perspectiva antropológica acarretaria tratar o *quem* um homem é como um *que*. Mas uma tese com sentido bem amplo fica provada com a experiência dos campos. Os campos de concentração e de extermínio são como laboratórios em que se demonstra a crença fundamental do totalitarismo de que tudo é possível (Arendt, 2012: 488).

Hannah Arendt chamou o capítulo em que trata dos campos de concentração de "O domínio total". É o capítulo final da terceira parte de *Origens do totalitarismo*, a parte dedicada ao exame do totalitarismo propriamente, as duas primeiras sendo dedicadas ao antissemitismo e ao imperialismo.

Pretendo considerar alguns pontos da abordagem por Hannah Arendt do funcionamento dos campos e fazer uma comparação com o livro de Primo Levi.

Hannah Arendt considerou três passos que asseguram nos campos o domínio total. Domínio total pode ser aproximado da desumanização referida por Primo Levi.

O primeiro passo para se chegar ao domínio total consiste na liquidação da pessoa jurídica dos prisioneiros. Deixa de existir uma identidade formal, como nacionalidade, origem, e todos passam a ser chamados por números, marcados no braço. Também em Primo Levi encontra-se a descrição deste processo.

Em segundo lugar, trata-se de liquidar a pessoa moral dos prisioneiros. A capacidade de distinguir bem e mal, justo e injusto é suspensa. Uma das maneiras de chegar a isso, apontada tanto por Hannah Arendt quanto por Primo Levi, é pela mistura de criminosos e inocentes.

Uma terceira etapa consiste na liquidação da capacidade dos indivíduos de tomar iniciativas. Para Hannah Arendt, isto significa a eliminação da espontaneidade individual. Todos passam a ser um. Também Primo Levi, em uma passagem do livro, afirma que "os alemães conseguiram isso. Dez mil prisioneiros, uma única máquina cinzenta; estão programados, não pensam, não querem. Marcham" (Levi, 1988: 71).

Há em Hannah Arendt outra forma de abordar o processo do domínio total, ao se levar em conta as dimensões da condição humana examinadas na sua obra principal, *A condição humana* (Arendt, 1991).

A condição humana contém uma fenomenologia da vida ativa do homem. Isso significa que o livro examina a condição do homem em sua relação com o mundo, a qual se dá em três âmbitos, o do labor (*labor*), do trabalho (*work*) e da ação (*action*).

Labor tem a ver com a obtenção dos meios para se manter vivo, com a produção de bens que são imediatamente consumidos. É o domínio mais privado da existência. Já o trabalho visa à construção de um mundo de bens duráveis, é o âmbito da técnica, regido pelo princípio da instrumentalidade. A ação, por sua vez, o terceiro âmbito, tem a ver com a capacidade de dar início a novos processos, de criar algo novo, como as formas de associação entre os homens. Por este motivo, a ação é a matéria da vida política. São características da ação a publicidade e a pluralidade.

Se tomamos essas categorias relativas às três instâncias que compõem a vida ativa do homem em um exame do funcionamento dos campos, vemos que a dimensão do trabalho produtivo é eliminada. O trabalho nos campos não tem qualquer valor utilitário, não visa a alcançar um fim, na perspectiva de Hannah Arendt. A mesma ideia aparece em Primo Levi, ao descrever a construção da enorme fábrica para onde os prisioneiros eram conduzidos a cada manhã, de onde retornavam à noite, e que nunca chegou a produzir nada.

Ocorre também nos campos de concentração a eliminação da espontaneidade da ação. Esta eliminação da espontaneidade, da capacidade de tomar iniciativa, explica porque não houve praticamente nenhuma ação de revolta dos prisioneiros. Nem Hannah Arendt nem Primo Levi mencionam qualquer tentativa nesse sentido. A capacidade de criar vínculos e agir em concerto, pressuposto da política, fica eliminada.

Sobra o labor, o esforço para se manter vivo. Naturalmente, por ter experimentado tudo muito de perto, Primo Levi tem condições de descrever de forma muito mais contundente esta situação. Nos campos, na verdade, tudo se reduz a labor, trata-se apenas de assegurar a sobrevivência. A referência à fome e ao frio é recorrente ao longo de todo *É isto um homem?* O leitor é repetidas vezes convocado a assistir a cenas de extrema miséria.

São duas as passagens mais comoventes de *É isto um homem?* A primeira é a da recitação dos trechos da *Divina Comédia* para Jean, um prisioneiro alsaciano, que narram a morte de Ulisses. O capítulo em que isso acontece termina com a derradeira fala de Ulisses: "Infin chel`mar fu sopra noi richiuso" ("Até que o mar fechou-se sobre nós"). Isso tem a ver com o estado de submersão em que se encontram os prisioneiros nos campos, que é tantas vezes referido no livro. Essa passagem está próxima daquelas em que Hannah Arendt faz menção à invisibilidade dos reclusos. Em várias passagens de *Origens do totalitarismo* a ideia é retomada. Em uma delas se afirma que, nos campos, as massas humanas são tratadas como se já não existissem, como se o que sucedesse com elas não pudesse interessar a ninguém, como se já estivessem mortas e algum espírito mau, tomado de alguma loucura, brincasse de suspendê-las por certo tempo entre a vida e a morte, antes de admiti-las na paz eterna.

Ainda mais comovente, acrescentando um novo significado, é o capítulo que relata a amizade de Levi com Lourenço, o prisioneiro externo que abre uma brecha para o contato com o mundo. Levi diz que deve justamente a Lourenço o fato de ter conseguido permanecer vivo. Diferentemente de todos os personagens descritos no livro, que tiveram sua humanidade sufocada, foi graças ao contato com Lourenço que Levi não se esqueceu de que era um homem.

Também em Hannah Arendt há um esforço de abrir brechas no sistema do domínio total. Isso é tratado de duas formas. Enquanto houver algo de não totalitário fora do contexto totalitário, como historicamente aconteceu até hoje, é possível manter a esperança.

Além disso, Hannah Arendt acredita que os regimes totalitários surgem no fim da história, até mesmo no fim da civilização do Ocidente. Ela afirma, no início de *Origens do totalitarismo,* que a estrutura essencial de toda a civilização atingiu o ponto de ruptura. A noção de fim, de crise ou de ruptura tem para Hannah Arendt um duplo significado. De um lado, significa a falência das instituições tradicionais. De outro, acena com a promessa de um novo início. Vou deixar com ela as últimas palavras:

"Mas permanece também a verdade de que todo fim na história constitui necessariamente um novo começo: esse começo é a promessa, a única 'mensagem' que o fim pode produzir. O começo, antes de se tornar evento histórico, é a suprema capacidade do homem; politicamente, equivale à liberdade do homem. *Initium ut esset homo creatus est* – "o homem foi criado para que houvesse um começo", disse Agostinho. "Cada novo nascimento garante esse começo: ele é, na verdade, cada um de nós" (Arendt, 2012: 531).

Referências

ARENDT, Hannah. *A dignidade da política.* Rio de Janeiro: Relume Dumará, 2002.

__________. *A condição humana.* Rio de Janeiro: Forense Universitária, 1991.

__________. *Sobre a revolução.* São Paulo: Companhia das Letras, 2011.

__________. *Origens do totalitarismo.* São Paulo: Companhia das Letras, 2012.

__________. *Thinking without a banister.* Nova York: Schoken, 2018.

LEVI, Primo. *É isto um homem?* Rio de Janeiro: Rocco, 1988.

"A peste acabou, mas a infecção grassa..."

Maurício Rocha

Hier ist kein warum...

> Uma parte da nossa existência está nas almas de quem se aproxima de nós; por isso, não é humana a experiência de quem viveu dias nos quais o homem foi apenas uma coisa ante os olhos de outro homem. (Primo Levi, [1947] 1997: 173)

Primo Levi nasceu em Turim, Itália, na comunidade judaica mais antiga da Europa, primeiro núcleo da Diáspora desde dois mil anos e ponto de encontro entre os mundos askenaze e sefardita – lugar de refúgio dos perseguidos na Espanha e em seus domínios. Em 1919, após séculos de alternância entre os expurgos e a participação na vida civil, os judeus do Piemonte compunham um grupo populacional integrado na vida urbana da região – e eram liberais e seculares, como a família Levi (Foa, 2016; Anissimov, 1996: 623-ss). Em 1941, recém-formado químico com brilhantismo, mas não sem obstáculos causados pelas leis raciais do governo fascista, ele se engajou em um grupo de resistentes. Preso em 1943, em 11 de fevereiro do ano seguinte foi deportado para Auschwitz-Monowitz, e lá permaneceu até o campo ser libertado pelo *Krasnaïa Armia* em janeiro de 1945.

> Tínhamos frio e fome, éramos os guerrilheiros mais desarmados do Piemonte e também, provavelmente, os mais despreparados. Acreditávamo-nos a salvo, porque ainda não saíramos de nosso refúgio, escondido por um metro de neve: mas alguém nos traiu e, na madrugada de 13 de

dezembro de 1943, acordamos cercados pela república: eles eram trezentos, e nós onze, com uma metralhadora sem munição e alguns revólveres. Oito conseguiram fugir e se dispersaram pela montanha: nós não conseguimos. Os soldados capturaram-nos [...] todos ainda cheios de sono [...]. Aldo, que era médico, se levantou, acendeu estoicamente um cigarro e disse: "lamento pelos meus cromossomos". (Levi, [1975] 1994: 130)

Ele chegou ao *Lager* em 26 de fevereiro de 1944, em um trem fretado pelo *RSHA*[1] que partira do campo de triagem de prisioneiros para deportação, em Fossoli (Picciotto, 2016). Dos que chegaram, 536 foram "selecionados" para a câmara de gás, e os restantes marcados com a tatuagem e internados - ele recebeu o número 174517. Depois, quase duas centenas de homens foram conduzidos em um caminhão que atravessou um portão iluminado, sobre o qual se lia *Arbeit macht frei* (Anissimov, 1996: 165). Ele será tragado pela rotina do *Lager*, marcada pelas surras por qualquer motivo e a qualquer momento, pela ameaça constante da "seleção para o gás", pelo "eclipse da palavra", pela fome e sede - e pelo trabalho sem fim e sem finalidade[2] em um ambiente onde ressoava a máxima *Hier ist kein warum.*

---

[1] *Reichsicherheitshautamt* - o "Escritório Central de Segurança do *Reich*" foi criado por Heinrich Himmler em 1939, e unificou o *Sicherheitsdienst* (o *SD*, Serviço de Segurança e de Inteligência do *NSDAP* e das *SS*), a *Gestapo* e a *Kriminalpolizei*. O *RSHA* era responsável pelas operações dos Serviços de Inteligência na Alemanha e no exterior. Seu comando foi atribuído a Reinhard Heydrich, morto em 1942, em Praga, em um atentado da Resistência Checa, e logo substituído por Ernst Kaltenbrunner até o fim da guerra (Husson, 2008).

[2] "Existiam nos campos trabalhos úteis, e outros completamente estúpidos, que não tinham outro fim senão atormentar os prisioneiros. Esses últimos eram exceção e constituíam um 'divertimento' inventado por um chefe de *Kommando*. Assim, por exemplo, obrigava-se frequentemente os

Com toda aquela sede, vi, do lado de fora da janela, ao alcance da mão, um bonito caramelo de gelo. Abro a janela, quebro o caramelo, mas logo adianta-se um grandalhão que está dando voltas lá fora e o arranca brutalmente da minha mão. *Warum?* pergunto, em meu pobre alemão. *Hier ist kein Warum* (aqui não existe "por quê"), responde, empurrando-me para trás. A explicação é repugnante, porém simples: neste lugar tudo é proibido, não por motivos inexplicáveis e sim porque o Campo foi criado para isso. Se quisermos viver aqui, teremos de aprendê-lo, bem e depressa. (Levi, [1947] 1997: 27)

Conhecer, compreender

Primo Levi nos oferece uma leitura explícita e confessadamente desapaixonada de certos aspectos da alma humana – mas sua obra não se encaixa na forma daquela literatura "cujo valor residiria tanto na capacidade de dar a ver a escala de sofrimento vivida por seus autores quanto o quadro de vitimização maior que a proporcionou" (Lessa, 2019). Ele examinou a "condição humana" que se manifesta nas condições extremas, com seus "marcadores de impossibilidade existencial", recorrendo a formas de expressão literária que vão além da transmissão de um "testemunho" como obrigação moral, na figura do químico de ofício alheado em outro, o de escritor – com fina percepção antropológica e etológica (Belpoliti e Gordon, 2007), o que dá aos seus textos as tonalidades de uma "filosofia natural"[3]. Esse "naturalismo" guarda a ideia de

judeus a construírem muros, que deviam ser demolidos no dia seguinte e reconstruídos em outro lugar. De um modo geral, uma parte importante dos trabalhos exigidos no campo eram inúteis, muitas vezes supérfluos ou lamentavelmente preparados, de modo que se era obrigado a refazê-los duas ou três vezes" (Kogon [1947] 1993: 95).

[3] Fórmulas de Renato Lessa (Lessa, 2019).

dar sentido às coisas, em favor de uma vida melhor – pois "a natureza é imensa e complexa, mas não é impermeável à inteligência; é preciso rodeá-la, acossar, sondar, buscar o ponto de passagem ou construí-lo" (Levi, [1975] 1994: 80) – e reúne a aspiração ao conhecimento com a necessidade infinita de compreender, já que "não compreender constitui um vazio doloroso, uma irritação permanente".

> Com meu ofício, contraí o hábito que pode ser julgado de modos diferentes e definido à vontade como humano ou desumano, o de não permanecer jamais indiferente aos personagens que o acaso me apresenta. São seres humanos, mas também "amostras", exemplares de um catálogo, a serem reconhecidos, analisados e sopesados. Ora, a amostragem que Auschwitz me descortinara era abundante, variada e estranha; composta de amigos, de neutros e de inimigos, ou seja, alimento para minha curiosidade, que alguns, então e depois, julgaram distanciada. Um alimento que certamente contribuiu para manter viva uma parte de mim e que, posteriormente, me forneceu matéria para pensar e para construir livros [...]. Esta atitude "naturalista", eu o sei, não provém só necessariamente da química, mas para mim proveio da química. (Levi, [1986] 1990: 85-86)[4]

[4] "Em reiteradas oportunidades, atribuiu àquela ciência papel central em sua própria composição pessoal como observador do mundo/escritor. Ela teria sido estruturante de uma '*forma mentis*' singular, calcada no 'hábito mental da consistência e da concisão', proporcionado pela 'arte de separar, pesar e distinguir'. De modo mais pungente, Primo Levi disse dever à química o fato de ter sobrevivido a Auschwitz, embora sempre tenha atribuído tal contingência ao acaso [...]. Em um outro laboratório, seis anos antes, Primo Levi fizera uma descoberta filosófica essencial, a do caráter 'inerentemente antifascista' da química, pela valorização da impureza das combinações de elementos, em aberto contraste com a obsessão fascista de pureza. É bem provável que esse antifascismo o tenha conduzido a uma concepção da química como reserva de resistência" (Lessa, 2019).

O *Lager* multiplica essa necessidade na mesma medida em que impõe limites a ela, contrariando os que presumem ser possível *tudo compreender*: a visita ao "buraco negro" e a meditação sobre uma civilização marcada pela *hybris* o conduzem a um "humanismo" prático, sem transcendências: não há "alguma coisa dentro" a descobrir – trata-se de *conhecer*, ainda que não se possa, ou não se deva *compreender*:

> Explico: "compreender" uma intenção ou um comportamento humano significa (inclusive etimologicamente) contê-lo em nós, conter em nós seu autor, pôr-nos em seu lugar, identificar-nos com ele [...] nunca conseguiremos, nenhum ser humano normal conseguirá identificar-se, nem que por um único momento, com asquerosos exemplares humanos (Himmler, Goebbels, Göring, Eichmann, Höss e muitos outros) aqui citados. Ficamos consternados e, ao mesmo tempo, aliviados: porque é bom, é desejável, que as palavras destes últimos e, infelizmente, também suas obras, não sejam compreensíveis. Não devem ser compreendidas: são palavras e obras extra-humanas, aliás, anti-humanas, sem precedentes históricos, mal e mal comparáveis aos episódios mais cruéis da luta biológica pela existência. A esta pode ser comparada a guerra: mas Auschwitz não tem nada a ver com a guerra, não é um episódio dela, não é uma das suas formas mais extremas. A guerra é um fato perverso e deplorável, mas está em nós, é um arquétipo, está em germe no crime de Caim, em todo conflito entre indivíduos. É o prolongamento da raiva [...]. Mas em Auschwitz não há raiva: Auschwitz não está em nós, não é um arquétipo, está fora do homem. Os autores de Auschwitz [...] são diligentes, tranquilos, comuns e banais [...]. Não podemos entendê-los: o esforço em entendê-los, de remontar a sua fonte, parece inútil e estéril (...). No entanto, todo ser civilizado é obrigado a saber que

> Auschwitz existiu e o que foi ali perpetrado: se compreender é impossível, conhecer é preciso [...]. Auschwitz está fora de nós, mas em torno de nós, está no ar. A peste acabou, mas a infecção grassa: seria tolo negar. (Levi, [2002] 2016: 46-47)

As memórias da experiência extrema podem aparecer como irreais para o próprio autor do texto, que "tocou o fundo" – e como ele mesmo afirma: "acho desnecessário acrescentar que nenhum dos episódios foi fruto da imaginação". De fato, "dizer a verdade nunca é simples, mesmo quando se tem as melhores intenções. Dizer toda a verdade é, portanto, impossível por princípio [...]. Inclusive, dizer nada além da verdade é menos fácil do que parece, mesmo quando não se está imbuído com a intenção de mentir" (Barenghi, 2015, p. 12).

> Eu tinha medo de que se pudesse tomar por uma invenção o que, infelizmente, era pura verdade. E depois, falta ao meu testemunho um elemento de um peso terrível: o elemento quantitativo. Mas, na época em que eu escrevi o livro, não se conheciam ainda as proporções exatas do extermínio, e é por isso que eu não dei números: eu não podia, e por outro lado, talvez eu não teria desejado. Mas eu também quero acrescentar que é uma questão de temperamento, de estilo [...]. Um testemunho feito com limitação é mais eficaz do que se tivesse sido feito com indignação: a indignação deve vir do leitor, não do autor, pois nunca se está certo de que os sentimentos do primeiro se tornarão os do segundo. Eu quis fornecer ao leitor a matéria-prima de *sua* indignação. (Levi, [1984] 2005: 1043)

Sua sobrevivência foi determinada por muitas causas singulares, por vários encontros que o empurraram para o lado dos "salvos" e não dos "submersos", como na conversa com Steinlauf, um ex-sargento do exército austro-húngaro:

> Tenho que confessar: bastou uma semana de cativeiro para sumir o meu hábito de limpeza. Vou zanzando pelos lavatórios, e lá até o companheiro Steinlauf, meu amigo quase cinquentão, de peito nu, esfregando-se ombros e pescoço com escassos resultados (nem tem sabão), mas com extrema energia. Steinlauf me vê, me saúda, e, sem rodeios, me pergunta, severamente, por que não me lavo. E por que deveria me lavar? Me sentiria melhor do que estou me sentindo? Alguém gostaria mais de mim? Viveria um dia, uma hora a mais? [...]. Steinlauf, porém, passa-me uma descompostura [...]. Já esqueci, e o lamento, suas palavras diretas e claras [...]. Seu sentido, porém, que não esqueci nunca mais, era esse: justamente porque o Campo é uma grande engrenagem para nos transformar em animais, não devemos nos transformar em animais; até num lugar como este, pode-se sobreviver, para relatar a verdade, para dar nosso depoimento; e, para viver, é essencial esforçar-nos por salvar ao menos a estrutura, a forma da civilização. Sim, somos escravos, despojados de qualquer direito, expostos a qualquer injúria, destinados a uma morte quase certa, mas ainda nos resta uma opção [...], justamente porque é a última: a opção de recusar nosso consentimento. Portanto, devemos nos lavar, sim [...]. Devemos marchar eretos, sem arrastar os pés, não em homenagem à disciplina prussiana, e sim para continuarmos vivos, para não começarmos a morrer. (Levi, [1947] 1997: 38-39)

Ele teve a seu favor o exercício da inteligência e a experiência de amizades improváveis e redentoras, como eventual exceção virtuosa na luta de todos contra todos – "Era uma vida hobbesiana, uma guerra contínua de todos contra todos; insisto, trata-se de Auschwitz, capital concentracionária, em 1944. Em outros lugares, ou outras épocas, a situação podia ser melhor, ou até muito pior..." (Levi, [1986] 1990:

81) –, como no encontro com Lourenço, um "simples trabalhador italiano [...] que se recusou a concordar com a alegação dos tiranos soberanos de ver os prisioneiros do ponto de vista deles" (Grossman, 2017):

> Em termos concretos, essa história restringe-se a bem pouco: um operário italiano me trouxe um pedaço de pão e os restos das suas refeições, cada dia, durante seis meses; deu-me de presente uma camiseta cheia de remendos; escreveu por mim um cartão-postal à Itália e conseguiu resposta. Por tudo isso não pediu nem aceitou compensação alguma, porque ele era simples e bom e não pensava que se deve fazer o bem a fim de receber algo em troca [...]. Não sei se tem sentido tentar identificar as causas pelas quais a minha vida, só a minha entre milhares de vidas equivalentes, pôde resistir à prova; em todo caso, creio que devo justamente a Lourenço o fato de estar vivo hoje. E não só por sua ajuda material, mas por ter-me ele lembrado constantemente (com a sua presença, com esse seu jeito tão simples e fácil de ser bom) que ainda existia um mundo justo, fora do nosso; algo, alguém ainda puro e íntegro, não corrupto nem selvagem, alheio ao ódio e ao medo; algo difícil de definir, uma remota possibilidade de bem pela qual valia a pena conservar-se. Os personagens destas páginas não são homens. A sua humanidade ficou sufocada, ou eles mesmos a sufocaram, sob a ofensa padecida ou infligida a outros [...]. Lourenço, não. Lourenço era um homem; sua humanidade era pura, incontaminada, ele estava fora desse mundo de negação. Graças a Lourenço, não esqueci que eu também era um homem. (Levi, [1947] 1997: 121-123)

Outra causa foi sua entrada no *Kommando 98*, o grupo de prisioneiros selecionados para trabalhar na fábrica anexa ao *Lager*, justamente por ser químico de formação – episódio narrado no capítulo "Prova de química" em *É isto um homem?* No limiar de viver-morrer, ele encontrou um remédio nas ideias claras, e no esforço involuntário da sua "lúcida exaltação" rememorou sua condição de estudante brilhante (*summa cum laude*), reviveu a "febre das provas", enfim recuperou as categorias técnicas que o salvam. Diante da "esfinge", Pannwitz, ainda formulou questões metafísicas sobre a "natureza humana", por necessário – afinal, olhado como um peixe no aquário, ainda tinha algo em comum com o interrogador que lhe demandava alguma utilidade: o livro de Gattermann[5].

> Para os próximos dias estava marcada uma prova de Química [...]. Agora sei também que vou me salvar se me tornar *Especialista*, e que me tornarei *Especialista* só se passar na prova de Química. Hoje – neste hoje verdadeiro, enquanto estou sentado frente a uma mesa, escrevendo –, hoje eu mesmo não estou certo de que esses fatos tenham realmente acontecido [...]. Entramos. Só está o Doktor Pannwitz [...]; sinto-me como Édipo na frente da Esfinge. Minhas ideias são claras, me dou conta de que o jogo é sério, mas experimento um impulso maluco de sumir, de evitar a prova. Pannwitz é alto, magro, loiro; tem olhos, cabelos, nariz como todos os alemães hão de tê-los, e está sentado, formidável, atrás de uma escrivaninha cheia de papéis. Eu, *Häftling* 174.517, estou de pé em seu escritório, que é realmente um escritório, reluzente, limpo, bem arrumado; tenho a sensação de que, se tocasse em qualquer coisa, deixaria uma marca de sujeira [...]. Desde aquele dia, pensei no Doktor Pannwitz muitas vezes e de muitas maneiras. Eu me perguntava qual seria sua íntima substância de homem; como preencheria seu tempo, fora a

[5] Ludwig Gattermann (1860-1920). Seu livro *Die Praxis des organischen Chemikers* (1894) sobre o trabalho prático em laboratórios tornou-se referência nas universidades alemães.

polimerização e a consciência indo-germânica; principalmente, quando tornei a ser um homem livre, desejei encontrá-lo outra vez, não por vingança, só por uma curiosidade minha quanto à alma humana. Porque esse olhar não foi cruzado entre dois homens. Se eu soubesse explicar a fundo a natureza desse olhar, trocado como através do vidro de um aquário entre dois seres que habitam dois meios diferentes, conseguiria explicar a essência da grande loucura do *Terceiro Reich* [...]. O cérebro que dirigia esses olhos azuis, essas mãos bem cuidadas, dizia: "Esse algo que está na minha frente pertence a um gênero que, obviamente, convém eliminar. Neste caso específico, deve-se, antes, examinar se ele não contém ainda algum elemento aproveitável". E na minha cabeça, como sementes numa cuia vazia: "Os olhos azuis e o cabelo loiro são, essencialmente, maus. Nenhuma possibilidade de comunicação" [...]. E o interrogatório começa [...] – *Wo sind Sie geboren?* (Onde o senhor nasceu?) Ele me trata de *Sie*, de "senhor": o *Doktor Ingenieur* Pannwitz não tem senso de humor. Maldito seja, ele não faz o menor esforço para falar um alemão mais compreensível. – Eu me formei em Turim, em 1941, *summa cum laude* – e, ao dizer isso, tenho a clara sensação de que ele não vai acreditar. Realmente, nem eu estou acreditando. Basta olhar minhas mãos sujas e lanhadas, minhas calças de prisioneiro, incrustadas de barro. Sou eu, porém, eu, o bacharel de Turim, aliás, principalmente neste instante, não há dúvida quanto à minha identificação com ele, já que o reservatório das minhas lembranças de Química Orgânica, apesar de longa inatividade, inesperadamente atende dócil ao pedido. E, ainda, bem reconheço esta lúcida exaltação que me aquece as veias: é a febre das provas [...], essa espontânea mobilização de todos os recursos lógicos e de todas as noções, que os companheiros de escola invejavam. A prova vai indo bem [...]. Algo me protege [...]. [Pannwitz] pergunta-me se falo inglês, mostra-me o livro

> de Gattermann - e isso também é absurdo, inverossímil, que aqui, aquém da cerca de arame farpado, existe um livro de Gattermann absolutamente idêntico ao livro no qual eu estudava na Itália, no quarto ano da faculdade, em minha casa. Acabou-se. A exaltação que me sustentou ao longo de toda a prova afrouxa de repente; olho apatetado e silencioso essa mão de pele rosada que, em signos incompreensíveis, escreve minha sorte na página branca. (Levi, [1947] 1997: 103-109)

Assim, o jovem químico, privilegiado por seu conhecimento, encontrou uma saída - desde que as doenças não o afetassem, desde que não fosse "selecionado" para o gás. E então ele frequentou as fronteiras da "zona cinzenta" - lugar no qual ressoará, para sempre, a interpelação do título do livro: "que coisa é mais humana", encontrar o modo de adaptar-se à realidade do *Lager*, ou recusá-la e combatê-la com o custo da própria vida?

> Há algo de verdadeiro, fora do julgamento moral, naturalmente, porque um carrasco é um carrasco, e a vítima uma vítima. Assim, quando retornei para a Itália, eu percebi com certo terror e, ao mesmo tempo, com alguma diversão, que meu alemão era o da *SS*; a linguagem sendo um fator de unificação, os interlocutores tendem a se unificar. De modo que, quando eu ia à Alemanha, a trabalho, me perguntavam: "Onde o senhor aprendeu alemão?" - e eu respondia: "eu aprendi em Auschwitz", e as pessoas compreendiam. A esse respeito, o título do livro é eloquente: nem um nem outro são mais homens. Nós assistimos a uma desumanização dos dois lados: ela era em parte sofrida e em parte mais ou menos escolhida. É um assunto delicado e do qual se fala demais, de uma maneira desagradável, quando deveria ser tratado com uma prudência extrema [...]. Por outro lado, não é dito que toda vítima seja pura, que ela

> seja totalmente isenta de falha. Era uma característica típica do sistema concentracionário nos constranger a ser culpados, de um modo ou de outro; eu, por exemplo, aceitando trabalhar em um laboratório da IG Farben. (Levi, [1984] 2005: 1045-1047)

O relato desse episódio oferece ainda um dos muitos sentidos da interpelação que o título do livro nos faz, já que o jovem químico-prisioneiro concedeu ao algoz o que este não reconheceu nele – a humanidade.

> No face a face de Primo Levi e Pannwitz convergem inúmeras situações: colonialismo, escravidão, racismo, antissemitismo, desprezo acadêmico, exploração econômica. Pannwitz vê no prisioneiro judeu um instrumento, um fator de produção utilizável que a qualquer momento poderá ser substituído por outro. No entanto, Primo Levi põe o problema que seu carrasco se recusa a formular: conceder a outrem o crédito de humanidade, o pertencimento à espécie humana [...]. Tentando responder à questão do *warun*, alcançamos a perspectiva da "loucura do Terceiro *Reich*" para os perpetradores: de fato, para eles não se tratava de "loucura", mas de obediência às ordens dadas dentro de regras da cadeia hierárquica, de atos de defesa do *Reich* e da raça ariana – enfim, de uma "necessidade histórica" em resposta a uma ameaça biológica. Os crimes nazistas corresponderam a uma normatividade muito argumentada e elaborada, ambas inscritas em uma "Revolução Cultural" – pois o fenômeno nazi foi, para além da infinidade de crimes cometidos, um corpo normativo: relatos e normas que davam aos atores desses crimes um sentido de legitimidade e justeza. Os relatos diziam respeito à visão nazista da história, saturada de angústia biológica e tecida de advertências apocalípticas [...]. As normas eram o conjunto de imperativos extraídos desse relato: a necessidade

> de agir para evitar o destino funesto reservado à raça germânica [...]. Por seu caráter compósito, tornado coerente pelo postulado da raça, a "visão de mundo" nazista pode ser apropriada de diferentes modos pelos indivíduos os mais diversos. Existia sempre um argumento, uma ideia, para tornar-se nazi: nacionalismo, racismo, antissemitismo, expansão para o Leste, anticristianismo [...]. Dar conta desse universo de sentidos e valores pode levar a compreender o gesto de Primo Levi: considerar que, diante do carrasco, se tratava de homens seguidores de uma lógica e operadores de uma logística monstruosa. (Chapoutot, 2017: 12)

Se o encontro de Primo Levi e Pannwitz permite retomar a interpelação sobre a "humanidade" no contexto do *Lager*, ele serve também para avaliar como essa "catástrofe" obriga a pensar a *normatividade* (crenças, práticas, motivações, *formas jurídicas*) e os vários graus de cumplicidade que desenharam as linhas de força que vinculam o extermínio à *forma Estado nacional-socialista*. É também uma ocasião para examinar as "amostras exemplares de humanidade" das figuras subjetivas implicadas nessa *forma* – os *modos de ser homem* que caracterizam os perpetradores, "pois não é necessário ser anormal para se tornar autor de um genocídio" (Cesarani [2004] 2014: 29).

Vernichtung durch arbeit, "aniquilação pelo trabalho"

> O trabalho não pago, isto é, escravista, era um dos três objetivos do sistema concentracionário; os outros dois eram a eliminação dos adversários políticos e o extermínio das chamadas raças inferiores [...]. Nos primeiros *Lager*, quase contemporâneos da conquista do poder pelos nazistas, o trabalho era puramente persecutório, praticamente inútil para fins produtivos [...]. De resto, para a retórica nazista e

> fascista, herdeira nisto da retórica burguesa, "o trabalho enobrece", e, portanto, os ignóbeis adversários do regime não são dignos de trabalhar no sentido usual do termo. Seu trabalho deve ser aflitivo: não deve abrir espaço para a competência profissional, deve ser aquele dos animais de carga. (Levi, [1986] 1990: 73)

É corrente a ideia do *Lager* como aquilo que impede o pensamento, como fonte de um conhecimento "inútil", como marca do fracasso civilizacional da modernidade, ou mesmo como "paradigma" da política contemporânea – seja por esteticismo ficcional ou por fórmulas abstratas. Primo Levi, por sua vez, nos diz que para ele o *Lager* foi uma "universidade": pois lá ele aprendeu a defender-se da espécie humana tal como ela se revelou no processo de aniquilação, que assinala a singularidade mortífera do nacional-socialismo alemão do século XX. Em uma entrevista, quando perguntado se os *Lager* eram a "encarnação do mal", cujas regras seriam o "exato contrário do que, para nós, representa a civilização", ele respondeu:

> O *Lager* era uma radicalização da sociedade (de classes) e não o inverso, pois, no último período sobretudo, a maior parte dos campos de extermínio eram campos de trabalho (a exploração existia e a morte do explorado não era útil). Era um compromisso entre extermínio e exploração, no qual, aos poucos, a exploração tomava a dianteira do extermínio, até o fim. Certamente, nessas condições, além da radicalização da exploração imposta de cima, numerosos traços da sociedade na qual vivemos se constituam a partir de baixo, sob uma forma caricatural. Por exemplo, a divisão em classes e sua estratificação [...]. E isso se reproduzia sem que os nazis o buscassem precisamente... O homem e a mulher que chegavam ao campo pertenciam de direito ao

"subproletariado", eram deixados à margem, realizavam trabalhos inúteis. Desde que encontravam um trabalho fixo, eles entravam no "proletariado" – evidentemente todas essas palavras estão com aspas. No campo onde eu estava [...] houve esse fenômeno da aparição do comércio – era um elemento característico, como se fizesse parte de toda sociedade humana, e era caricatural, havia uma "burguesia" do pão, dos sapatos, do pente e assim por diante [...]. Podemos concluir que o campo era a radicalização da sociedade, não digo industrial, mas da sociedade *tout court*... De início, os privilégios se estabeleciam, e não eram corrigidos por leis... Os privilégios eram a força, a astúcia, a proteção, e assim por diante, não havia corretivo para os privilégios, ao contrário... (Levi, [1979] 2005: 910)

Essa resposta recompõe a memória dos vínculos intrínsecos entre a dinâmica capitalista na Alemanha e a guerra racial e de conquista, o trabalho escravo e o extermínio – pois, durante um longo período, na memória histórica sobre o nacional-socialismo, o extermínio dos Judeus europeus ocupou as margens dos relatos sobre o Terceiro *Reich*, e começou a ser salvo do recalque e do esquecimento justamente pela contribuição dos sobreviventes e de sua memória ativa – afinal, "toda história do curto *Reich milenar* pode ser lida como uma guerra contra a memória" (Levi, [1987] 1990: 14). No imediato pós-guerra, a preocupação em tratar das "origens culturais" do fenômeno e de sua continuidade, ou ruptura, com a história alemã e europeia, compôs uma memória pública seletiva dos momentos traumáticos avaliados como mais aceitáveis do que outros – como crença de que os crimes ocorreram longe do *Reich*, de modo secreto, por obra das *SS* e dos círculos mais próximos do *Führer*. Essa "autopersuasão da ignorância" usava o terror de Estado como razão da ausência de solidariedade com os judeus – em um processo de desresponsabilização coletiva sob a figura mítica da "inocência". Daí a perspectiva das vítimas e a reconstituição dos mecanismos da perseguição permanecerem estranhas à historiografia germânica (ocidental), ocupada em elaborar categorias políticas e morais que permitissem interpretar a "catástrofe alemã" (Fontana, 2016)[6].

A memória dos sobreviventes, nascida fora do contexto acadêmico e dos centros de pesquisa, foi afrontada pelos esforços de "normalização" do passado, em uma variedade de revisionismos ritmados pela Guerra Fria, pela prosperidade econômica da reconstrução nacional e pela busca de consenso de uma "identidade constitucional" que fizesse "o passado passar" e evitasse que a Alemanha (no caso, a República Federal ocidental) se confundisse com sua história – assombrada pelo "mito do Mal Absoluto de Auschwitz" (Thalmann, 1987 e Marrus, 1993). Somente nos anos 1980, o tema do extermínio dos Judeus passou a ser tratado pelos alemães com relevância, e não como um evento entre outros, no âmbito das formas de violência do regime nazi

[6] Além dos relatos dos sobreviventes (fundamentais nos estudos de Saul Friedländer), o trabalho de Raul Hilberg foi negligenciado e encontrou obstáculos para sua publicação (Hannah Arendt, por exemplo, aconselhou a Princeton UP a recusar o manuscrito), por demonstrar, documentadamente, que o extermínio resultara de um processo complexo, que envolvera toda a sociedade alemã, e contou com a passividade, ou a colaboração, de lideranças das comunidades judaicas e das potências Aliadas. Laura Fontana assinala "a distância glacial que os meios acadêmicos internacionais reservaram à pesquisa magistral de Raul Hilberg (concluída nos anos 1950, mas publicada nos Estados Unidos em 1961), a tal ponto que, até os anos 1980, várias editoras importantes na Alemanha, França e Itália se recusaram a traduzi-lo, sem falar no Estado de Israel que espera 2012 – cinco anos após a morte do autor – para tomar a decisão de publicar a obra monumental" (Fontana, 2016: 578).

contra populações civis. Após a reunificação da Alemanha, a abertura progressiva dos arquivos na Europa oriental permitiu que uma nova geração de historiadores, em sua maioria alemães, iniciassem uma reavaliação do processo de extermínio nos territórios ocupados (Marrus, 1993; Herbert, 2000; Solchany, 2000a; Fontana, 2016).

A figura do *Führer* e a "solução final" estavam no centro desse debate entre duas vertentes: a denominada "intencionalista", que enfatizava o papel do *Führer*, seus cálculos políticos e seu fanatismo ideológico, compreendendo o Terceiro *Reich* como determinado por decisões e objetivos que emanaram do centro de poder, com a aplicação de um programa definido desde a época da efêmera República de Weimar. Daí a ditadura nacional-socialista aparecer sob a figura do "totalitarismo", de um Estado monolítico que imprimiu na sociedade alemã a intenção de um ditador todo-poderoso (Husson, 2002). A outra vertente foi nomeada de "funcionalista" ou "estruturalista", e seu conceito-chave era o de "policracia" – que designava a existência de estruturas estatais que se duplicavam e entravam em concorrência pelo domínio das prerrogativas de poder nos mais amplos setores da vida pública: economia, saúde, diplomacia, condução da guerra, políticas industriais e agrárias, além das políticas raciais –, rivalidade que orquestrou a solução do problema quase insolúvel dos contingentes demográficos de judeus nos territórios ocupados. Esse diagrama político exprimia o dinamismo caótico ao regime nazi, sempre assegurando ao *Führer* a função de árbitro de todos os setores (Burrin, 1987; Browning, 1992: 86-121; Kershaw, 1988). O mérito dos "funcionalistas" foi ir além da visão simplista que opunha a imagem do povo alemão vítima do terror nacional-socialista, amedrontado e impotente (crença propagada no imediato pós-guerra), à imagem da massa seduzida pelo nazismo e pelo antissemitismo (acusação feita pela geração do final dos anos 1960 contra as escolhas e atitudes dos que eram adultos na época da guerra e do extermínio). O que essa vertente delineou foi a variedade de atitudes dos "alemães comuns", que não correspondiam a tais imagens (Fontana, 2016).

No entanto, a "historicização" da ditadura nacional-socialista enfrentou objeções, pois "escrever sobre o nazismo não era escrever sobre a França do século XVI" (Friedländer, 1987). Para os críticos dessa abordagem, ela tendia a "normalizar" ainda mais o cotidiano do período, ao pretender tratá-lo como uma época entre outras - tendendo a suprimir a singularidade da dimensão criminógena do regime, e a extensão dessa especificidade, na qual a passividade, a cumplicidade ativa, o oportunismo e a cobiça produziram um "consenso interno" sobre as vítimas (que não eram apenas números em uma estatística, nem objetos passivos de seus carrascos), que condicionou os desdobramentos do extermínio pela *forma Estado* nazi -, que tal abordagem tendia a relativizar ao propor um "distanciamento metodológico" pretextando "objetividade":

> Durante a era nazista, poucos domínios - com exceção das atividades criminosas diretas - podem ser considerados absolutamente repugnantes; por outro lado, poucos domínios podem ser considerados completamente estranhos a alguns dos aspectos questionáveis ou até criminosos do centro do sistema. Os exemplos mais variados desse emaranhado de normalidade e crime vêm imediatamente à mente: indústria, aparato estatal, burocracia etc. A importância histórica dessas instituições, sob o nazismo, está essencialmente ligada ao apoio que elas trouxeram ao

sistema [...]. Veremos que muito poucas funcionaram independentemente do regime ou não contribuíram, de uma maneira ou de outra, para sua radicalização [...]. Em um sistema cujo coração em si é criminoso desde o início, a passividade contribui, como tal, para apoiar o sistema [...]. Nenhum outro regime, por mais criminoso que ele fosse, tentou agir dessa maneira. Nesse sentido, o regime nazista alcançou, me parece, uma espécie de limite teórico: pode-se imaginar um número ainda maior de vítimas e maneiras de matar tecnologicamente mais eficazes, mas, a partir do momento em que um regime decide, com base em não importa quais critérios, quais grupos devem ser aniquilados inteiramente e *não são mais autorizados a viver sobre a terra*, um passo fundamental foi ultrapassado. (Friedländer, 1987: 54)

E ainda que a perspectiva "funcionalista" forneça uma visão ampla do sistema, e a interação dos seus componentes, ela se arrisca a nivelá-los e a reduzir os protagonismos – como no caso do *Führer*, que se torna mais uma peça na engrenagem e que aparece como um "mito" integrador de um regime internamente instável e anárquico, além de considerar os aspectos ideológicos como derivados e propagandísticos. O que a leva a perder de vista o dinamismo do sistema e o caráter estruturante da mentalidade que o guia (Burrin, 1987). Entretanto, com variados graus de passionalidade e lucidez[7], ainda que as divergências e convergências ocorram – como no caso do tratamento do material histórico,

[7] Como no caso do livro de Daniel Goldhagen, *Os carrascos voluntários de Hitler* (1996), que exibia os vínculos e o grau de implicação dos *alemães ordinários* nos crimes nazistas, enfatizando a virulência do antissemitismo alemão e sua natureza "eliminacionista". Esse confronto da Alemanha reunificada com seu passado foi objeto de críticas intensas dos historiadores alemães (Husson, 2002; Traverso, 2002 e Lessa, 1998).

incluindo aí o relato dos sobreviventes e dos perpetradores –, nenhuma das duas vertentes colocava em questão a singularidade do genocídio e a necessidade de enfrentar as responsabilidades, estabelecendo assim um "postulado implícito da maioria das pesquisas sobre o nazismo" (Traverso, 2002: 21) – com exceção de alguns pesquisadores de perfil político conservador, que compreendiam a "normalização" do passado como relativização dos crimes, e usavam a estratégia de comparar o nacional-socialismo e o socialismo soviético, para fazer do segundo a antecipação, a causa e a razão do primeiro[8].

Explicar as implicações

> A polêmica sobre a racionalidade industrial esconde, de fato, uma ignorância profunda sobre o que é um sistema totalitário. Não é um organismo funcionando regularmente sob a conduta de um chefe. Na Alemanha nazista, por exemplo, a *Gestapo*, o Ministério das Relações Exteriores, o ministro dos territórios ocupados formavam clãs que não tinham os mesmos interesses, nem a mesma política. O aparelho judiciário e o aparelho policial (e de deportação) não funcionavam no mesmo ritmo [...]. Em Auschwitz podem ter convivido, muito normalmente, hospitais e instalações de extermínio onde desapareciam pessoas válidas. As oposições de interesse entre os que se preocupavam, antes de mais nada, com matar e os que queriam, antes de mais nada, utilizar mão de obra, mesmo judia, estão atestados tanto por documentos da época quanto por testemunhos posteriores. Além das oposições de clãs e camadas

---

[8] Para uma análise dos debates historiográficos, cf. Burrin (1987), Thalmann (1987), Husson (2002), Traverso (2002), Brayard (2009), Fontana (2016).

> sociais, encontraremos, no entanto, entre os que falam, um mesmo medo diante do real, uma mesma linguagem disfarçada. (Vidal-Naquet, 1988: 26-27)

Um dos pontos de dissenso entre as duas vertentes foi justamente o momento da *decisão* do *Führer* sobre "solução final": ou ela remontaria aos anos 1920, ou o processo se desencadeou sem ordenamento específico do *Führer*, em uma "radicalização cumulativa" a partir de um automatismo da *forma Estado* nacional-socialista, o que atenuaria o aspecto ideológico ou decisionista nessas interpretações. Os trabalhos mais recentes, que investigam as formas de transmissão de comandos no interior do regime nazi, buscam reunir as duas perspectivas, e as consideram mais complementares do que opostas – sublinhando que a "intencionalista" permite dar conta das iniciativas em todos os níveis de decisão, alcançando a "radicalização cumulativa da violência" que levará ao genocídio; e da "funcionalista" extraem o exame sistemático da planificação que supõe o processo do extermínio.

> Os numerosos estudos regionais sobre o Holocausto [...] desfizeram de uma vez por todas a ideia de uma decisão unívoca sobre a *Shoah* que teria sido tomada por Hitler ou pelos dignitários do regime em Berlim, e avançou com a tese de um processo dinâmico, influenciado por diferentes fatores contingentes e bastante rápidos, que podem ser datados, embora com diferenças significativas de um historiador para outro, dos poucos meses entre o final do verão de 1941 e o inverno de 1941-1942 [...]. Se a motivação ideológica permanece central e incontornável para reconstruir o processo de violência que levou ao genocídio, a maioria dos historiadores atualmente concorda em sublinhar a importância de outros tipos de motivações [...] que

> explicam, pelo menos em parte, a decisão de manter vivos por alguns meses certos grupos de judeus, guetos ou campos de trabalho para judeus[...]. A isto devem ser acrescentadas as políticas demográficas ligadas à criação do *Lebensraum*, que envolveu uma seleção dos elementos considerados "racialmente válidos" e dos grupos humanos *leistungfähig* (eficientes, capazes de trabalhar) com o objetivo de redefinir a composição étnica e biológica da população europeia sob domínio alemão, recorrendo a deslocamentos populacionais gigantescos, transferências, evacuações forçadas e um processo de extermínio que implicaram não apenas os judeus, mas também os poloneses e parte dos eslavos, assim como o *Volkdeutsche*, esses alemães étnicos que tiveram que ser reassentados nos novos territórios conquistados e anexados ao *Reich*. (Fontana, 2016: 591)

Pois se o acesso ao poder era restrito a um círculo fechado, configurando uma comunidade de conspiração, uma associação político-criminosa entre os que desfrutavam de maior proximidade com o *Führer* – como dizia o embaixador francês em Berlim nos anos 1930: "O Terceiro *Reich* era muito secreto" (Poncet, [1946] 2018: 23) –, nos caminhos e descaminhos desses debates se repõe o problema da "explicação das implicações":

> Como o *Führer* dirigia? Toda tentativa para responder a essa questão se expõe à suspeita de querer resolver o problema da responsabilidade dos atos e dos crimes, e fazê-lo minimizando. Contudo, é apenas uma aparência que vem do fato de que o observador historiador é influenciado pelo que o próprio *Führer* procurou sugerir em sua direção: ser uma vontade concentrada e extrair dessa mesma sua qualificação de chefe. Também seria falso dizer que o *Führer* deixava dirigir. Todavia, o que ele deixava, em larga

> medida, ao cuidado dos outros, era trabalhar – ao ponto de o deixar dirigir. Este método pode ser resumido em uma fórmula: era mais importante, para aqueles que faziam parte de sua comitiva seleta, conhecer a vontade do *Führer* do que obedecer. E conhecer a vontade do *Führer* significava estar seguro a todo momento de saber o que ele gostaria sem que ele tivesse desejado antes [...]. A pseudogenialidade de seus eminentes paladinos consistia em "ver" como ele dirigiria, a fim de fazê-lo dirigir. Era a explicação de sua implicação. (Blumenberg, [2001] 2014: 75-76)

Por sua vez, Ian Kershaw cunhou a fórmula "trabalhar para o *Führer*", significando sujeitar-se a uma forma personalizada de governar, que combinava a solicitação da iniciativa dos subalternos e o apoio a ela, na medida em que se enquadrassem nos objetivos definidos[9]. Esse procedimento multiplicava a competição entre todos os níveis do regime nacional-socialista – assim, "na selva darwinista do Terceiro *Reich*, o caminho para o poder e o progresso passava por prever a *vontade do Führer*", sem aguardar ordens e segundo uma "obediência presuntiva":

> Para os funcionários e ideólogos do partido e para os tecnocratas do poder da *SS*, "trabalhar para o *Führer*" podia ter um sentido literal. Mas, metaforicamente, os cidadãos comuns que denunciavam seus vizinhos à *Gestapo*, usando muitas vezes animosidades ou ressentimentos pessoais para tirar vantagem da calúnia política, os empresários felizes por explorar a legislação antissemita para se livrar dos concorrentes e os muitos outros indivíduos cujas formas diárias de pequena cooperação com o regime aconteciam à custa de outrem estavam – quaisquer que fossem seus motivos – indiretamente "trabalhando para o *Führer*". Em

[9] Para os usos e abusos dessa fórmula por Kershaw, cf. Brayard, 2009.

> consequência, estavam ajudando a impulsionar uma radicalização irreversível que assistiu à concretização gradual dos objetivos políticos encarnados na "missão" do Líder [...]. As maiores chances de sucesso (e melhores oportunidade de engrandecimento pessoal) ocorriam quando os indivíduos podiam demonstrar o quão efetivos eram "trabalhando para o *Führer*". Mas, uma vez que essa atividade frenética não era coordenada - nem podia sê-lo -, ela levava inexoravelmente ao conflito endêmico [...]. O resultado inevitável era um alto grau de desordem governamental e administrativa. (Kershaw, [2008] 2010: 352-355)

Retrospectivamente, podemos ver uma continuidade estruturada, uma lógica e um conjunto de mecanismos de organização cotidiana da administração do extermínio a cada momento do processo, conforme Raul Hilberg: "primeiro, foi definido o conceito de judeu; depois, foram inauguradas as operações expropriatórias; em terceiro lugar, os judeus foram concentrados em guetos; finalmente, foi tomada a decisão de aniquilar o povo judeu da Europa" (Hilberg, [1961] 2016: 52-62). Esse processo reuniu as políticas de emigração (entre 1933-1940) e aniquilação (1941-1945) e ambas se articulam com os passos anteriores (definição, expropriação), que não apenas estimularam, mas lhe serviram de etapas prévias e condicionantes. Porém, das operações secretas iniciais às leis públicas que assinalavam a desinibição crescente do antissemitismo nacional-socialista, esse processo foi igualmente determinado por "uma questão de espírito, de compreensão compartilhada, de consonância e sincronização", isto é, uma "divisão do compromisso" na máquina de aniquilação.

> Para assassinar milhões de Judeus, não era necessário somente um exército de executores subalternos. Era

> necessário igualmente a colaboração das elites: do exército, cujos sucessos militares permitiram a construção dos campos de extermínio; dos industriais, que participaram do extermínio pelo trabalho e lucraram com ele; dos bancos, que transformaram alianças e dentes de ouro dos Judeus assassinados em divisas para o *Reich* e concederam créditos para a construção dos campos; dos cientistas e técnicos que prepararam os instrumentos de execução em massa; dos médicos que submeteram os prisioneiros, Judeus ou não, à experiências desumanas; dos juristas que emprestaram uma aparência de forma jurídica e de legalidade à privação dos Judeus de seus direitos e às perseguições; dos historiadores e economistas que abriram caminho para a "solução da questão judaica" colocando suas ciências a serviço do regime. O judeocídio não foi o projeto secreto para o qual tendia toda a história alemã. Mas esta história permite compreender por que houve tão pouca resistência quando o homem no qual a maioria dos Alemães continuava a crer empreende a realização de seu projeto, o do antissemitismo radical. (Winkler, [2000] 2005: 548)

Assim, a maquinaria do extermínio envolveu as estruturas estatais (a burocracia ministerial da *Wilhelmstrasse*), as forças armadas - a *Wehrmacht* (Solchany, 2000b), o *NSDAP* - com as *SS* cumprindo a função de braço militar; as elites tradicionais alemães (industriais, banqueiros), que foram atores e beneficiários das políticas de expropriação, do sistema de trabalho forçado e da produção e uso do gás como instrumento da aniquilação programada - dos perpetradores aos espectadores passivos, indiferentes, interessados. E cada componente dessa estrutura cumpria suas funções específicas com seus próprios meios, com cada nível hierárquico contribuindo a seu modo - e assim o planejamento, a burocracia, a contabilidade, a demanda de eficiência, a logística ferroviária se reuniram ao "senso de missão" *völkisch*[10] – com o vocábulo *volk* temperando a *Língua do Terceiro Reich*:

> 20 de abril: uma nova oportunidade para festejos, um novo feriado: o aniversário do *Führer*. A palavra *Volk* [povo] vem sendo empregada nos discursos e nos textos com

[10] Convém acompanhar o devir desse vocábulo e de seu campo semântico carregado de energias mortíferas, conforme a análise de Jean-Pierre Faye: "*Völskisch* provém de *Volk* e tem sua história. Existe também em alemão *Populär*, *Volkstum*, *volkstümlich* (conforme o caráter nacional ou étnico), *volksreich* (povoado). Mas *völkisch* é alguma coisa entre *volkstümlich* e *populär*, e vai ser por desvio a essência da etnia. No século XV, ainda sem inflexão, aparece *volekisch* (tradução de *popularis*); em anglo-saxão há *folcisc* (comum, vulgar, popular) [...]. No entanto, a palavra cai em desuso. A ressurreição da palavra ocorre em um contexto preciso; [...] por exemplo em Fichte: "alemão significa em seu sentido literal *völkisch* como alguma coisa de originário e de autônomo" [...]. No *Grimms Deutsches Wörterbuch*, a palavra é adotada "como expressão alemã para nacional, mas sem aprovação unânime" [...]. "Nas querelas dos partidos, essa palavra foi carregada de uma sonoridade particular, de uma palavra de ordem, palavra de combate, muitas vezes é particularmente acentuada a oposição de raça contra os judeus". A "sonoridade" da palavra entra em ressonância com a tensão da relação entre o mesmo e o outro, entre a identidade e a diferença. O homem *völkische* é absolutamente idêntico a si próprio, e por isso se opõe absolutamente ao que lhe aparece como sua negação: o estrangeiro, o essencialmente diferente". O *Larousse* da língua alemã sublinha a relação de permutação que liga *völkisch* e nacional. O primeiro é uma "germanização da palavra nacional, introduzida por volta de 1875 e usado sobretudo por volta de 1900 pela Liga Pangermanista, no sentido de um nacionalismo fundado sobre a doutrina de raça, e por consequência antissemita" [...]. Segundo o *Grosse Herder* por volta do final do século XIX apareceu esta germanização, esta *Verdeustschung* de *national* que, no "sentido da *Volkheit* de Herder e da *Deitschheit* de Arndt deveria exprimir uma intenção complexa: "que queria fazer valer na cultura alemã exclusivamente a parte correspondente ao caráter do povo – ao *Volkscharacter*". O que se segue é muito claro: a intenção semântica de fazer valer apenas os elementos relevando da essência ou do caráter próprio ao *Volk* alemão se realizará em uma oposição de valores" (Faye, 1972: 152-157).

a mesma naturalidade com que se coloca uma pitada de sal na comida. Tudo tem de levar uma pitada de *Volk*: *Volksfest* [festa popular]; *Voksgenosse* [concidadão, compatriota, conterrâneo]; *Volksgemeinschaft* [comunidade do povo]; *Volksnash* [próximo do povo, popular]; *Volksfremd* [estranho ao povo]; *Volksentstammt* [provindo do povo]... (Klemperer [1947] 2009: 75)

Os tecnocratas do extermínio

Em 1937, existiam ainda quatro campos de concentração no conjunto do *Reich*: Dachau, Sachsenhausen, Buchenwald e Lichtenburg. Eles eram administrados pelas *SS* [...]. Desde 1934, novas categorias de prisioneiros se reuniram aos [prisioneiros] "políticos": os "elementos prejudiciais ao povo", como os "associais", os "preguiçosos", os homossexuais, os Testemunhas de Jeová, os emigrados que retornavam provisória ou definitivamente para a Alemanha, os Judeus, que eram associados a um, ou vários, desses grupos. Em princípio, esses "elementos" não eram passíveis de sanções penais pelo direito vigente, mas eles não encontravam mais lugar na *Volksgemeinschaft* nacional-socialista. A solução desse dilema era a transferência para um campo de concentração. Estes representavam a expressão mais flagrante do "Estado de ordens" nacional-socialista, que nasceu ao lado do "Estado de normas" existente, e do qual ele se apropriava mais e mais das atribuições. Ao mesmo tempo, os campos constituíam a espinha dorsal do império econômico da *SS*. O trabalho dos prisioneiros se revelou tão lucrativo que a demanda deles cresceu. (Winkler, [2000] 2005: 504)

O caso das *SS* é particularmente esclarecedor (Wildt, 1995; Husson, 2007; Matthäus, 2007). O antissemitismo do movimento *völkisch,* que se propagou nas universidades, era extremista e racista, mas ao mesmo tempo nitidamente elitista. Ele não propunha *pogroms* e outros excessos, mas defendia a expulsão de todos os judeus da Alemanha usando a legislação sobre estrangeiros e medidas estatais para uma "solução" rápida do "problema judaico". Nessa lógica, os judeus simbolizavam as causas profundas do declínio inaceitável e incompreensível da Alemanha durante e após a Grande Guerra, e encarnavam os princípios do inimigo – a aliança entre universalismo e internacionalismo, da qual os judeus eram a expressão "racial". Desde os anos 1920, esse antissemitismo universitário reunia o antissemitismo passivo tolerado pela sociedade e o extremismo nacional-racista radicalizado – que aos poucos se torna "sério", admissível e justificável, e por trajetórias biográficas e relações pessoais, familiares e corporativas formará as subjetividades do núcleo duro do genocídio: os integrantes da polícia e da *SD*, os chefes da *RSHA* e dos comandos, os dirigentes da *Sicherheitspolizei*, os membros da *Gestapo*. Eram, em sua maioria, integrantes da juventude burguesa educada durante a República de Weimar – "garbosos, brilhantes, inteligentes e cultos" (Ingrao, [2010], 2015: 9) –, membros de ligas e movimentos nacionalistas, além de um grande número de advogados e juristas – que, antes do início da guerra, cuidarão da elaboração dos princípios ideológicos e da legitimação jurídica das políticas de discriminação racial, de perseguição e deportação (Essner, 1995), e depois do início da guerra das ações dos *Einsatzgruppen* nos territórios ocupados (Brayard, 2008), bem como da "solução final" (Husson, 2007) – porém:

> Isso não quer dizer que todos os comandantes, ou a maioria se preocupava com essas sutilezas ideológicas

quando percorriam os países ocupados com suas unidades, cometendo assassinatos. Mas vincular suas ações a um princípio ideológico inabalável, por um lado, garantiu-os contra a intervenção política externa e, por outro, lhes permitiu justificar-se diante de si mesmos e de seus homens, já que seus atos eram um meio necessário a serviço de um fim nobre cuja legitimidade pressuposta não era mais um objeto de reflexão. Mas estaríamos enganados ao pensar que essas concepções levaram a um objetivo político claro e definido. A extensão desses fatores só se torna evidente quando inserida em uma interpretação da política nazista como um processo de radicalização progressiva. Porque a tendência de fazer escolhas cada vez mais extremas para resolver as dificuldades que se criaram na maioria das vezes, a tendência a tomar medidas que seriam impensáveis um ano atrás, não evocam uma sequência de eventos praticamente automática, mas envolve um processo de levantamento de inibições, buscando legitimidade naqueles que estavam trabalhando em posições de responsabilidade [...]. A base necessária para esse desenvolvimento não era, portanto, a existência de um projeto anterior para assassinar todos os judeus. O que era necessário era muito mais um aparato ideológico de legitimação que proibia em cada caso particular de optar por uma solução humana e poderia descartar expressamente qualquer contradição, baseada em razões políticas ou ideológicas. Então é precisamente quando reconhecemos, no desencadeamento do genocídio, um processo de radicalização que coloca urgentemente a questão dos fatores ideológicos que foram capazes de justificar e motivar aos olhos dos culpados os atos pelos quais eles foram responsáveis; porque o que precisa ser explicado não é que eles trabalharam em direção a um objetivo predeterminado, ou seja, que eles estavam constantemente determinados a descrever aos outros e a si mesmos como "cruéis", mas os atos os quais foram compelidos a realizar atos supostos como casos de força maior. O recurso à visão de mundo e à mentalidade política dos culpados que são responsáveis pelos crimes não substitui o estudo dos processos políticos: identifica-se com ele. (Herbert, 2000)

A centralidade de Auschwitz

Auschwitz-Birkenau foi o protótipo de um novo tipo de *Lager*, que combinava eliminação física e exploração da mão de obra, e se tornou o centro de seleção das vítimas destinadas à morte – *e* à morte pelo trabalho. Por volta de 1943 era o maior de todos os que existiam nos territórios ocupados, contava com um terço da população de internos e as maiores estatísticas de mortes.

> Auschwitz se estabeleceu como o local central de memória de Horror nazista. Para a opinião pública, o campo tornou-se muito além da Europa, um símbolo, a metonímia da *Shoah* [...]. De início porque o lugar foi marcado pelo gigantismo. Gigantismo do campo de concentração de Birkenau (Auschwitz II), que por sua superfície e com seus mais de cem mil prisioneiros foi o maior dos campos da nebulosa concentracionária nazi. Gigantismo em seguida do complexo concentracionário de Auschwitz, com seus três campos principais (o *Stammlager* ou Auschwitz I, Birkenau e Monowitz-Auschwitz III), e os cerca de quarenta subcampos em seu entorno, além da "zona de interesse" de 40 km^2 nas mãos da *SS*. Gigantismo mortífero, enfim: Auschwitz é o maior cemitério judaico do mundo, assim como o maior cemitério polonês e cigano [...]. Outra razão fundamental também explica por que Auschwitz tenha se imposto assim: a justaposição – única no sistema nazista – de duas políticas radicalmente diferentes em um mesmo lugar geográfico, fonte de confusão permanente sobre o que era o lugar. Pois o complexo de Auschwitz é o lugar da colisão

entre duas políticas criminais nazistas diferentes: o fenômeno concentracionário, cujo alvo era um conjunto de diversas categorias, e a política de matar judeus. Tal colisão é única, pois nenhum outro centro de extermínio criado como parte da "solução final da questão judaica" se encontrava direta e intimamente ligado a um campo de concentração. (Bruttman, 2011)[11]

Os primeiros campos adjacentes a Auschwitz ligados à indústria foram abertos em 1942 (Buna-Monowitz[12], também conhecido como Auschwitz III, Chelmek, Jawischowitz), assim como outros criados depois, que forneciam prisioneiros/trabalhadores para firmas privadas e estatais alemãs. Esses internos fabricavam peças, mineravam carvão e operavam com atividades ligadas à química – que eram as maiores plantas industriais do complexo.

O principal motivo para se manter uma população carcerária era a utilização de mão de obra, embora o uso de judeus nos projetos de construção, na manutenção ou na indústria fosse meramente um passo intermediário antes do extermínio [...]. Aqueles entre os judeus condenados que eram fortes o suficiente para realizar algum trabalho deviam doar o resto de suas vidas para que a SS pudesse desenvolver uma base industrial e exercer um poder econômico. Em janeiro de 1942, Himmler determinou que "os campos

[11] Para um histórico dos *Lager* cf. Sofsky [1993] 1999, cap. 3; para uma distinção entre as modalidades de *Lager*, cf. Fabréguet, 2000. Para Auschwitz em particular cf. Gutman, Berenbaun, 1998.

[12] "Buna": borrachas sintéticas cuja propriedade mais significativa é sua excelente resistência a óleos e a solventes aromáticos. Adicionalmente elas exibem excelente resistência à abrasão e boas características de resistência à compressão. Devido a sua versatilidade, são usadas em aplicações que requerem resistência a combustíveis, ao aquecimento, à água, e permeabilidade a gases.

de concentração terão de lidar com tarefas econômicas essenciais nas próximas semanas" [...]. É uma das ironias do processo de destruição o fato de a falta de mão de obra (problema que a *SS* agora propunha resolver) ter sido criada em primeiro lugar pela eliminação da força de trabalho apropriada em nome da "solução final da questão judia na Europa". E a *SS* enfrentava problemas para tanto, pois os oficiais dos campos eram péssimos zeladores da força de trabalho sob sua custódia. Os transportes recém-chegados eram tratados de maneira extremamente descuidada, o médico do campo frequentemente enviava quase um trem inteiro para a câmara de gás [...]. Além da administração do campo ser terrivelmente ineficiente no processo de seleção, ela era, como já ressaltado, ainda mais apática e incapaz em sua tarefa de manter os prisioneiros vivos [...]. Em virtude dos limitados recursos financeiros, a rede de indústrias da *SS* precisava se restringir à produção que não exigia grandes investimentos de capital e que era adequada à exploração do trabalho escravo [...]. As indústrias da *SS* gozavam de excelentes relações com os administradores do campo e com os comandantes da Polícia e da *SS*. Em uma atmosfera de cooperação e boa vontade, elas evoluíram até atingirem um tamanho respeitável [...] e logo puderam adquirir vários milhares de trabalhadores prisioneiros [...]. Diferentemente da *SS*, as empresas privadas mudaram-se para os campos de concentração com bastante capital e os transformaram em uma produção bélica. Havia muito tempo que a *SS* tentava atrair a indústria para os campos e, após algumas tentativas, ela conseguiu seu primeiro grande cliente após oferecer compensações com incentivos especiais – e a primeira empresa a se mudar em grande escala foi a IG Farben. A IG não era apenas uma das principais empresas industriais, mas um grande aparelho burocrático e uma parte notável da máquina de destruição. Inicialmente a empresa participou da demissão dos empregados judeus e da propagação da arianização. Agora, desempenharia um papel central na expansão e na operação de Auschwitz. (Hilberg, [1961] 2016: 1138-1157)

Arbeit macht frei, a frase inscrita nos portões do *Lager* era conhecida pelos trabalhadores da IG Farben - fundada em 1925 com o nome de *Interessen-Gemeinschaft Farbenindustrie AG*, sociedade anônima criada com a fusão das empresas AGFA, BASF, Bayer, Hoechst e outras –, que a usava em suas fábricas antes da guerra como lembrete à esquerda sindicalista (que os administradores da empresa preferiam ver "eliminada", a começar pelos Spartakistas e os bolcheviques, como diziam). Prosperando com o nacional-socialismo, desde o início da guerra, a IG Farben expandiu seus negócios pelos territórios ocupados e se tornou a maior empresa transnacional europeia - e a quarta maior do mundo, depois das norte-americanas General Motors, US Steel e Standard Oil. A patente do pesticida *Zyklon B*, usado nas câmaras de gás, pertencia à IG Farben e era fabricado por uma das suas empresas, a Degesch (*Deutsche Gesellschaft für Schädlingsbekämpfung*), "Sociedade Alemã de Controle de Pragas" (Joly, 2000).

Em 1941, a IG Farben recebeu a autorização para implantar fábricas (a de borracha sintética e outra de produtos químicos) na cidade de Auschwitz, que foi evacuada para esse fim - apenas os poloneses necessários para o desenvolvimento do projeto permaneceram na região. O acordo previa que todos os prisioneiros seriam postos à disposição da empresa, segundo sua competência. Com o desenrolar do esforço de guerra, e a carência de recursos humanos entre os alemães, que estavam no *front*, a partir de um certo momento a empresa começará a buscar especialistas entre os internos – o que lhes confere um "estado civil" segundo seus ofícios, nível de estudos etc. (Gutman e Berenbaun, 1998: 34-59; Anissimov, 1996: 168-171). A cooperação entre a IG Farben e as *SS*, que comandavam os *Lager*, foi ampla e irrestrita: a empresa construía os galpões e fornecia os beliches, as *SS* os guardas que se somavam à "polícia de fábrica" (*Werkshutz*) da própria empresa. Esta pedia punições contra prisioneiros que não respeitavam as regras, que as *SS* aplicavam. E à "dieta" do *Lager* preparada pelas *SS* se acrescentava o suprimento alimentar oferecido pela empresa – "a sopa Buna", para garantir maior rendimento no trabalho (Hilberg, [1961] 2016: 1145-sq).

E, assim, os empresários e industriais que contribuíram, voluntariamente ou não, para a ascensão do *NSDAP* ao poder, auxiliaram a derrubar a "República sem republicanos" de Weimar, e sustentaram o regime do qual se beneficiaram, instalaram suas "máquinas de calcular nas portas do Inferno" (Vuillard, 2019: 25) – pois a lista do trabalho escravo nos *Lager* reuniu os maiores grupos econômicos da Alemanha: Siemens, que dispôs prisioneiros em várias plantas industriais (Auschwitz, Ravensbrück, Nuremberg etc.); AEG-Telefunken, com milhares em Riga-Kaiserwald, e centenas em Freiburg e Berlim; Braunkohle-Benzin AG, responsável pela fabricação de combustível sintético; IG Farben, em Auhaschwitz-Monowitz / Buna (onde a expectativa de vida era de três a quatro meses, ou apenas um mês nas minas de carvão); Krupp, em Essen, Sachsenhausen, Auschwitz; Rheinmetall-Borsig, que produzia armamentos, próximo de Hannover; BMW, em Buchenwald, Eisenach, Dachau e Natzweiler-Struthof (na Alsácia ocupada); VW de F. Porsche em Fallersleben, próximo de Brunswick e também em Neuengamme, próximo a Hamburgo; e da indústria aeronáutica, a Junkers em Buchenwald, a Heinkel Flugzeugwerke, em Kraków-Plaszow, Sachsenhausen, Ravensbrück e Mathausen, e a Messerschmitt, em Dachau e outros locais, além da Steyr-Daimler-Puch AG, especializada em armamentos, em Mathausen (Sofsky, 1999, p. 182).

"Perdoar não é um verbo que me pertence..."

Desde abril de 1944, os Aliados fizeram fotos aéreas da região de Auschwitz, mas não atenderam aos pedidos das lideranças do movimento sionista para que os alvos fossem as ferrovias que conduziam ao *Lager* e às câmaras de gás. Os bombardeios diários começaram em agosto de 1944 na Alta Silésia e prosseguiram até o outono, com enormes danos às centrais elétricas e térmicas de Buna, o que impediu o funcionamento da fábrica de borracha sintética. Os patrões da IG Farben cessaram a ampliação das atividades e empregaram os prisioneiros nos trabalhos de reparo dos estragos (Anissimov, 1996, p. 269). No laboratório, Primo Levi sentia a terra tremer sob os seus pés, ouvindo a artilharia soviética cada vez mais próxima, anunciando a derrocada do *Reich*.

> Os russos estavam às portas, duas ou três vezes ao dia apareciam aviões para abalar a fábrica de Buna; não ficava inteiro nenhum recipiente de vidro, faltava água, vapor, energia elétrica; mas a ordem era começar a produzir a borracha Buna, e os alemães não discutem ordens. Eu estava num laboratório com outros dois prisioneiros especialistas, semelhantes aos escravos instruídos que os romanos ricos importavam da Grécia. Trabalhar era não só impossível como também inútil: nosso tempo se consumia quase inteiramente em desmontar os aparelhos a cada alarme aéreo e montá-los no fim do alarme. (Levi, [1975] 1994: 213-214)

O Doktor Pannwitz, que ele desejava reencontrar, não por vingança, mas para decifrar o tipo de humanidade que lhe cabia, na iminência da chegada do *Krasnaïa Armia*, se excedia em ordens aos funcionários civis alemães para que resistissem, impedindo-os de fugir no último trem rumo à retaguarda, no qual ele embarcaria no último momento em meio à confusão generalizada (Levi, [1947] 2005: 149). Ele morreu por causa de um tumor no cérebro, em 1946, segundo o relato de um civil alemão de iniciais F.M., com quem Primo Levi se corresponderia duas décadas depois – e que foi retratado no capítulo "Vanádio" de *A tabela periódica* como "Doktor Müller".

> As circunstâncias nas quais Primo Levi reencontrou F.M. não são exatamente as que ele evocou no livro. De fato, o Doktor M. teve contato, após a guerra, com Hety Schmitt-Maass, amiga alemã de Herman Langbein, que a fez ler *É isto um homem?* Primo Levi e Hety, que também conhecia Jean Améry, corresponderam-se por vários anos. É ela quem dá um exemplar para F.M., que manifesta o desejo de escrever a Primo Levi, e ela torna a coisa possível e ele respondeu a primeira carta de F.M., datada de 2 de março de 1967, e depois as seguintes, sempre recusando atender à demanda do correspondente: ele implorava por absolvição. Levi cogita, embora com reticência, um encontro. No entanto, não poderia ser questão de perdão, pois, além do fato dele não ser um "perdoador", contrariamente ao que tinha escrito Jean Améry, ele não se arrogava o direito de conceder individualmente justiça, sempre exigindo imperativamente que a justiça fosse feita. (Anissimov, 1996: 288)[13]

[13] Hermann Langbein (1912-1995), vienense, militante do Partido Comunista Austríaco desde 1933, combatente na Guerra da Espanha, que se exilou na França após a derrota dos Republicanos – onde foi preso e entregue aos alemães, que o internaram sucessivamente em vários campos.

No romance, o relato do reencontro é feito em ritmo de suspense crescente, a partir de um problema sobre a instabilidade de uma resina importada da Alemanha, que se solidificava em temperatura ordinária quando exposta ao ar livre, com enormes riscos. É o que leva o narrador a escrever uma carta para o fornecedor, uma empresa originada do desmembramento da IG Farben após a guerra. A resposta, assinada por um Doktor Müller, era "longa e pedante" e sugeria soluções já testadas sem êxito, além de ser confusa sobre as propriedades do material e ignorar a urgência da demanda técnica. Feita nova encomenda, com solicitações de maior

---

Em Auschwitz, ele integrou um grupo de resistentes formado por militantes políticos de orientação comunista e socialista. Em agosto de 1944, foi novamente transferido para outros campos e finalmente para Lerbeck - onde, durante a evacuação do *Lager*, ele conseguiu saltar do trem que transportava os prisioneiros remanescentes e voltar para a Áustria de bicicleta. Em 1952, fundou o Comitê Internacional Auschwitz, encarregado de relatar os crimes cometidos nos campos e demandar indenizações às vítimas. Escreveu várias obras sobre os campos - seu livro *Menschen in Auschwitz* foi publicado na Itália em 1972 e prefaciado por Primo Levi (Levi [2002], 2014: 131). Hety Schmitt Maass (1918-1983) é evocada no capítulo "Cartas de alemães" em *Os afogados e os sobreviventes* (Levi [1986], 1990: 117-122). Sua correspondência com Levi dura cerca de dezesseis anos e cerca de cinquenta cartas. Filha de um professor social-democrata destituído do cargo com a chegada do *NSDAP* ao poder em 1933, ela foi expulsa do Liceu por se recusar a ingressar na juventude hitlerista. Em 1938, casou-se com um engenheiro que trabalhava na IG Farben - e foi colega de trabalho de F.M/Doktor Müller (Anissimov, 1996: 289-292). Jean Améry (1912-1978), nascido Hans Mayer, em Viena. Com a anexação da Áustria pelo *Reich* nazista, ele migra para a Bélgica, onde se engajou na resistência. Preso pela *Gestapo* em 1943, foi deportado para Auschwitz. Publicou vários ensaios com ênfase na tortura e na condição de inutilidade de um intelectual diante do extermínio, com críticas aos que "perdoaram", incluindo nessa categoria Primo Levi - o qual, por sua vez, dedica a ele o capítulo "O intelectual em Auschwitz" em *Os afogados e os sobreviventes* [Levi [1986] 1990: 77-90; além do texto "O filósofo suicida" na coletânea *A assimetria e a vida* (Levi, [2002] 2014: 83).

cuidado com o comportamento da resina, o narrador recebe outra carta, do mesmo remetente, que reconhecia a reclamação e recomendava procedimentos para evitar o problema constatado.

> Müller. Havia um Müller em minha encarnação anterior, mas Müller é um nome comum na Alemanha [...]. Por que continuar a pensar sobre isto? No entanto, relendo as duas cartas com tortuosos períodos atulhados de tecnicismo, não conseguia calar a dúvida [...]. Subitamente, porém, passou-me pelos olhos uma particularidade que me havia escapado: não se tratava de um erro de datilografia, repetia-se muitas vezes, estava realmente escrito *naptenat*, não *naphtenat*, como deveria. Ora, dos encontros tidos naquele mundo já agora remoto eu conservo lembranças com uma precisão patológica: pois bem, também aquele outro Müller, num laboratório não esquecido, cheio de gelo, de esperança e medo, dizia *beta-Naptylamin* em vez de *beta-Naphthylamin*[14]. (Levi, [1975] 1994: 212-213)

Justamente nessa altura, ocorre na narrativa um *flashback*, que devolve Primo Levi ao "laboratório não esquecido":

> Mas, claro, ordens não se discutem, e de vez em quando algum inspetor abria caminho até nós através das ruínas e da neve, para verificar se o trabalho do laboratório seguia de acordo com as prescrições. Às vezes aparecia um *SS* com cara de pedra, outras vezes algum velho das milícias locais, amedrontado feito um rato, outras vezes ainda um civil. O civil que aparecia mais frequentemente se chamava Doktor Müller. Devia ser bastante importante, porque todos o saudavam em primeiro lugar. Era um homem alto e corpulento, de seus quarenta anos, com aspecto antes grosseiro que

[14] Composto químico orgânico derivado do amoníaco e usado em corantes, altamente tóxico e carcinogênico para humanos.

> refinado; comigo tinha falado apenas três vezes, e todas as três com uma timidez rara naquele lugar, como se se envergonhasse de alguma coisa. A primeira vez só sobre questões de trabalho (a dosagem da *Naptylamin*, precisamente); a segunda vez, me perguntou por que tinha a barba tão crescida, ao que respondi que nenhum de nós tinha navalha ou, antes, nem sequer um lenço, e que a barba era cortada de ofício todas as segundas-feiras; a terceira vez, me deu um bilhete, escrito à máquina com toda clareza, que me autorizava a ser barbeado também às quintas-feiras e a buscar no *Effektenmagazin* um par de sapatos de couro; e me perguntou, tratando-me de "senhor": "Por que tem um ar tão inquieto?". Eu, que naquele tempo pensava em alemão, concluí para mim mesmo: *Der Mann hat keine Ahnung*, este aí não tem noção de nada. (Levi, [1975] 1994: 213-214)

A correspondência entre Primo Levi e F.M. durou menos de um ano. Da parte do alemão, a intenção era desculpar-se de seu envolvimento com o extermínio dos Judeus, ainda que indiretamente. Ele aparentava remorsos por sua atividade na IG Farben, em Monowitz, e as lembranças de si mesmo eram favoráveis – e evidentemente não coincidiam com as do correspondente. A primeira carta, de 2 de março de 1967 informa que ele lera *É isto um homem?* (por obra de Schmitt-Mass), expressa alegria por Levi ter sobrevivido, e declara que F.M. ainda pensava nele e nos seus companheiros de laboratório. Ele também relata ter chegado a Auschwitz em novembro de 1944, como integrante da *Wehrmacht* e que ignorava o nome do local para onde fora enviado. Sua missão principal era instalar o laboratório. Ele deixou Auschwitz, em 25 de janeiro de 1945, com os alemães remanescentes, pouco antes da chegada dos soviéticos, e conseguiu escapar da ordem da *SS* de integrar o *Volksturm*, o "exército" formado por adolescentes e idosos que ofereceu a última resistência, desesperada e suicida, aos soviéticos. Preso pelos americanos, foi logo liberado e, desde 1950, retornou à função de químico na Basf, em Ludwigshafen. E assinou, assegurando a Levi sua "sincera amizade", além de propor um encontro, já que costuma viajar com frequência à Itália (Anissimov, 1996: 292-294). A resposta de Levi seguiu dez dias depois, em italiano, pelo que o autor se desculpa, pois considera que seu alemão é o que ele aprendeu em Auschwitz, mas também para alcançar a clareza e a precisão em seu próprio idioma. Em tom amável e irônico, não dissimula sua desconfiança, pois desde o final da guerra será a primeira vez que travará uma conversa com quem se achava do lado dos carrascos, ainda que contra a vontade - e diz crer na boa-fé do correspondente. E entre outros assuntos, conta da sua atividade como diretor técnico de uma empresa de vernizes (a SIVA em Settimo Torinese, uma comuna do Piemonte), que comprava os produtos da BASF. Diz que escreveu o livro para testemunhar, além de perguntar se o retrato que fez de Pannwitz era fiel e se os patrões da IG Farben tinham ciência das câmaras de gás em Birkenau (Anissimov, 1996: 294). Nova carta de F.M. chega em 5 de abril, na qual ele recapitula sua própria biografia[15]:

> Em 1933, após a tomada do poder pelos nazistas, F.M. aderiu a uma associação de estudantes nacional-socialistas que, meses depois, foi associada às *Sturm Abteilung* sem que eles fossem consultados. F.M pede para sair da *SA* e é atendido. Em 1942 foi incorporado à *Luftwaffe* e até 1944 foi um simples soldado que cuidava da defesa

[15] No capítulo "Vanádio", de *A tabela periódica*, as cartas de F.M. de 2 e 5 de abril são condensadas em uma só, conforme M. Anissimov.

antiaérea em Duisburg. Em 1944, foi liberado do serviço militar e incorporado a Auschwitz como químico. Ele afirma que não tinha nesse momento nenhuma ideia do que era o *Lager* [...]. Ele soube que os Judeus empregados nos canteiros da *Buna Werke* deviam efetuar os trabalhos mais duros, e que não se devia lhes conceder nenhuma piedade. E escreveu que, sem se dar conta disso, propôs aos superiores Doktor Hagen e Doktor Pannwitz escolher pessoalmente entre os Judeus químicos quem iria instalar o laboratório, e eles concordaram. Escreve que não soube da "prova de química" organizada por Pannwitz [...] e que ele é que teria selecionado Levi e outros dois Judeus químicos entre trinta prisioneiros. E acrescenta que o laboratório para ele era um "oásis" [...]. Relata a morte de Pannwitz e não busca desculpá-lo, mas explica que ele não era o único a obedecer friamente e por ambição ordens criminosas [...]. Com uma má-fé fronteiriça à estupidez, ele responde a Primo Levi sobre a razão pela qual a IG Farben empregava mão de obra de Judeus deportados. Ele ousa escrever que Buna, edificada dois anos após Birkenau, tinha a função de ajudar um certo número de Judeus a sobreviver à guerra. Ele não duvida que a ordem de não ter nenhuma compaixão por eles era um subterfúgio. Não ignorando a enormidade do que diz, acrescenta que isso foi ao menos o caso durante o breve período que ele passou em Auschwitz, durante o qual ele não se lembrava de nenhuma ação que tivesse a finalidade de exterminar os Judeus [...]. Atormentado por seu passado, ele chega ao objeto da carta. Segundo ele, os homens - empregando o termo "nós" ele engloba os carrascos e suas vítimas - não se tornaram "nem mais sábios nem mais profundos em Auschwitz". (Anissimov, 1996: 298-300)

Em sua resposta, Levi reitera que "não é um homem de letras em tempo integral" e demonstra embaraço, pois a

Alemanha lhe inspira sentimentos conflituosos – à Alemanha nazista ele pedia condenação severa, à Alemanha contemporânea ele devotava um interesse desconfiado, mas se recusava a fazer julgamentos coletivos. E disse a F.M. que todo homem devia lutar contra a má consciência e a tolice no próximo – e que, se era possível debater a prescrição jurídica, não existia prescrição no plano moral.

> Perdoar não é um verbo que me pertence [...]. Acredito que, ao meu modo, sou um homem justo. Eu posso perdoar a um homem e não a um outro. Eu não posso considerar a justiça senão caso a caso [...]. Aquele que comete um crime deve pagar, a menos que ele se arrependa. Mas não com palavras. O arrependimento verbal não basta. (Anissimov, 1996: 288).

Uma última carta de F.M. será enviada em junho, na qual ele relata ter participado de um Colóquio sobre *É isto um homem* com Langbein e Schmitt-Mass e desenvolve alguns temas do livro em forma de perguntas – se o nazismo estava enraizado na natureza do povo alemão; se o extermínio dos Judeus era somente obra de um louco e seus cúmplices –, cita o trabalho de Améry, mas não se manifesta sobre um eventual exame de consciência. Por fim, retorna aos assuntos técnicos da química. E certo dia ele telefona para Primo Levi propondo novamente um encontro.

> O que fazer? O personagem Müller havia *entpuppt*, havia saído da crisálida, estava nítido, dentro do foco. Nem infame, nem herói: postas de lado a retórica e as mentiras de boa ou má fé, revelava-se um exemplar humano tipicamente cinzento, um dos poucos não portadores de um só olho no reino dos cegos [...]. Não o amava nem desejava vê-lo, mesmo que por ele experimentasse

respeito em alguma medida: não é fácil ter um olho só. Não era um covarde, um surdo ou um cínico, não se acomodara, fazia as contas com o passado e as contas não fechavam: buscava liquidá-las, quem sabe trapaceando um pouco. O que mais se poderia esperar de um ex-*SA*? (Levi, [1975] 1994: 221)

Em *A tabela periódica*, Primo Levi, diz ter esboçado uma resposta, e que não a enviou a F.M/Müller - mas ele a enviou (conforme Anissimov, 1996: 307). De qualquer modo, a troca de cartas cessou. Sete meses depois, em dezembro, ele soube pela filha de F.M/Müller que seu antigo patrão no laboratório de Buna falecera, em busca de paz interior e de algum respeito - que ele tentara sintetizar na correspondência usando uma expressão corrente no final dos anos 1960 entre os alemães, que então rompiam o silêncio familiar para "lidar com o passado" (*Vergangenheitsbewältigung*). E a fórmula não escapou ao correspondente:

> Em sua primeira carta falara de uma "superação do passado", *Bewältigung der Vergangenheit*: soube depois que isso é um estereótipo da Alemanha de hoje, onde é universalmente entendido como "redenção diante do nazismo", mas a raiz *walt* aí contida também surge em palavras que denotam "domínio", "violência" e "estupro", e acredito que, traduzindo a expressão como "distorção do passado" ou "violência feita ao passado", não ficaríamos longe de seu sentido profundo. Melhor, no entanto, refugiar-se nos lugares-comuns que adotar a próspera obtusidade dos outros alemães: seus esforços de superação eram desajeitados, um pouco ridículos, irritantes e tristes, mas decentes. E não fora ele quem me arranjara um par de sapatos? (Levi, [1975] 1994: 222)

> O que você está querendo? [...] O senhor não é do castelo, o senhor não é da aldeia, o senhor não é nada. Infelizmente porém o senhor é alguma coisa, ou seja, um estranho, alguém que está sobrando e fica no meio do caminho, alguém que sempre causa aborrecimento... (Kafka, [1922-1926] 2000: 79-80)

Daniela Amsallem, em conversas com Primo Levi, em 1980, o indagou sobre uso da expressão *come altrui piacque* ("porque assim quis uma vontade superior"), que consta do capítulo "O canto de Ulisses" de *É isto um homem?* – e sobre a *intuição* que ele relatou durante o esforço de rememoração da *Divina Comédia* com Jean, o Pikolo, na longa caminhada em que os dois carregaram uma panela de sopa até a cozinha do *Lager*:

> Seguro Pikolo, é absolutamente necessário e urgente que escute, que compreenda o que significa esse *come altrui piacque*, antes que seja tarde demais: amanhã, ou ele ou eu poderemos estar mortos ou não nos rever nunca mais, devo falar-lhe, explicar-lhe o que era a Idade Média, esse anacronismo tão humano e necessário e, no entanto, inesperado, e algo mais, algo grandioso que acabo de ver, agora mesmo, na intuição de um instante, talvez o porquê do nosso destino, do nosso estar aqui, hoje... (Levi [1947] 1997: 117)

Ela interpretara essa passagem como um "sinal da presença de Deus na história, conferindo um sentido à história" – pois esse era o uso do *come altrui piaque,* em Dante, ao narrar o naufrágio da embarcação de Ulisses pela ação do poder destrutivo divino, o que daria significado ao "mal absoluto" vivido no *Lager* (Mauro, 2012). Primo Levi responde a essa interpretação de modo "categórico":

> Eu quis dizer algo um pouco diferente, não um pouco, muito diferente. Isso quer dizer que... O significado de Auschwitz, na época – é, contudo, algo indefinido e ao qual eu não subscreveria. Deixei-o em suspenso, porque nunca o resolvi e nem tenho certeza – de que Auschwitz foi o castigo da civilização judaica pelos bárbaros, pela Alemanha bárbara, pelo nazismo bárbaro; isto é, a punição pela ousadia, assim como o afundamento de Odisseu é a punição pela ousadia do homem por um deus bárbaro. Eu estava pensando em particular nessa veia do antissemitismo alemão que atingiu principalmente a audácia intelectual dos judeus, como Freud, Marx, Kafka e todos os inovadores, enfim, em todos os campos. Isso foi o que perturbou um certo filistinismo alemão, muito mais que o fato de sangue e raça. (Amsallem, 2014)

Em outra entrevista (Anissimov, 1996: 302), Primo Levi declarou se opor ao enforcamento de Eichmann. Ele concordava com sua captura e julgamento, já que os sistemas judiciários da Alemanha e da Áustria o deixaram viver impunemente (Steinacher, [2008] 2018). Seu desejo – mais até do que uma comutação da pena capital em prisão perpétua – se expressa em um poema de 20 de julho de 1960, "Para Adolf Eichmann" (Levi, [1984] 2019: 47):

> *Corre livre o vento por nossas planícies,*
> *Eterno pulsa o mar vivo em nossas praias,*
> *O homem semeia a terra, a terra lhe dá flores e frutos:*
> *Vive em ânsia e alegria, espera e teme, procria ternos filhos.*
> *... E você chegou, nosso precioso inimigo,*
> *Você, criatura deserta, homem cercado de morte.*
> *O que saberá dizer agora, diante de nossa assembleia?*
> *Jurará por um deus? Mas que deus?*
> *Saltará contente sobre o túmulo?*

Ou se lamentará, como o homem operoso por fim se lamenta,
A quem a vida foi breve para tão longa arte,
De sua terrível arte incompleta,
Dos treze milhões que ainda vivem?
Ó filho *da morte, não lhe desejamos a morte.*
Que você viva tanto quanto ninguém nunca viveu:
Que viva insone cinco milhões de noites,
E que toda noite lhe visite a dor de cada um que viu
Encerrar-se a porta que barrou o caminho de volta,
O breu crescer em torno de si, o ar carregar-se de morte

Referências

AMSALLEM, Daniela. Mes deux rencontres avec Primo Levi. *Témoigner. Entre histoire et mémoire*, v. 119, 2014.

ANISSIMOV, Myriam. *Primo Levi ou la tragédie d'um optimiste*. Paris: JC Lattès, 1996.

BARENGHI, Mario. Por que acreditamos em Primo Levi? *Revista Digital do NIEJ*, ano 5, 9, 2015.

BELPOLITI, Marco; GORDON, Robert S. Primo Levi's holocaust vocabularies. *The Cambridge Companion to Primo Levi*, 2007.

BLUMENBERG, Hans. *Lions*. Paris: Les Belles Lettres, [2001] 2014.

BRAYARD, Florent. La longue fréquentation des morts. À propos de Browning, Kershaw, Friedländer – et Hilberg. *Annales*, 5, 2009.

__________. À exterminer en tant que partisans. Sur une note de Himmler. *Politix*, v. 82, 2008.

BROWNING, Christopher. *The Path to Genocide*. Cambridge: Cambridge UP, 1992.

BRUTTMANN, Tal. La centralité d'Auschwitz-Birkenau dans les représentations de la *Shoah*. *Les Cahiers Irice*, v. 7, 2011.

BURRIN, Philippe. Hitler dans le *III Reich*: maître ou serviteur? Martin Broszat et l'interprétation fonctionnaliste du régime nazi. *Vingtième Siècle*, v. 16, 1987.

CESARANI, David. *Adolf Eichmann*. Paris: Texto, [2004] 2014.

CHAPOUTOT, Johann. *La révolution culturelle nazi*. Paris: Gallimard, 2017.

ESSNER, Cornellia. Qui sera *juif*? La classification raciale nazie. *Genèses*, 21, 1995.

FABRÉGUET, Michel. La violence concentrationnaire. *Rev. d'histoire moderne et contemporaine*, v. 47, n. 2, 2000.

FAYE, Jean-Pierre. *Langages totalitaires*. Paris: Hermann, 1972.

FOA, Anna. Les juifs italiens entre le Risorgimento et le Fascisme. *Revue d'Histoire de la Shoah*, v. 204, 2016.

FONTANA, Laura. L'historiographie allemande de la *Shoah*. *Revue d'Histoire de la Shoah*, v. 205, 2016.

FRIEDLÄNDER, Saul. Réflexions sur l'historisation du national-socialisme. *Vingtième Siècle*, v. 16, 1987.

GROSSMAN, David. A settant'anni dalla pubblicazione lo scrittore David Grossman parla di *Se questo è un uomo*. *La Reppublica*, 5 nov., 2017. Disponível em https://ricerca.repubblica.it/repubblica/archivio/repubblica/2017/11/05/l-e-g-g-e-r-ep-r-i-m-o-l-e-v-i46.html?refresh_ce. Acesso em 29 jun., 2021.

GUTMAN, Yisrael; BERENBAUN, Michael. *Anatomy of the Auschwitz death camp*. Bloomington: Indiana UP, 1998.

HERBERT, Ulrich. La politique d'extermination. *Revue d'histoire moderne et contemporaine*, v. 47, nº 2, 2000.

HILBERG, Raul. *A destruição dos judeus europeus*. Barueri: Amarilys, [1961] 2016.

HUSSON, Édouard. *Heydrich et la solution finale*. Paris: Perrin, 2008.

__________. L'appareil de terreur de Himmler, le commandement de la *Wehrmacht* et les projets génocidaires du régime nazi. Le développement des méthodes d'extermination en Pologne et en Union Soviétique (1939-1941). *Mémorial de la Shoah, Revue d'Histoire de la Shoah*, v. 187, 2007.

__________. Les historiens et la mémoire du passé nazi en République Fédérale d'Allemagne. *Matériaux pour l'histoire de notre temps*, n. 68, 2002.

INGRAO, Christian. *Crer e destruir, os intelectuais na máquina de guerra da SS nazista*. Rio de Janeiro: Zahar, [2010] 2015.

JOLY, Hervé. L'implication de l'industrie chimique allemande dans la *Shoah*: le cas du Zyklon B. *Revue d'histoire moderne et contemporaine*, v. 47, n. 2, 2000.

KERSHAW, Ian. *Hitler*. São Paulo: Companhia das Letras, [2008] 2010.

__________. Le mythe do *Führer* et la dynamique de l'État nazi. *Annales*, v. 3, 1988.

KLEMPERER, Victor. *LTI, a linguagem do Terceiro Reich*. Rio de Janeiro: Contraponto, [1947] 2009.

KOGON, Eugen. *L'État SS*. Paris: Éd. de la Jeune Parque, [1947] 1993.

LESSA, Renato. Primo Levi transformou em arte relato sobre horror de Auschwitz. *Folha de S.Paulo*, 27 jul., 2019.

__________. A lua de mel do Capitão. *Folha de S.Paulo*, 10 jan., 1998.

LEVI, Primo. *É isto um homem?* Rio de Janeiro: Rocco, [1947] 1997.

__________. *A trégua*. São Paulo: Companhia das Letras, [1963] 1997.

__________. *A tabela periódica*. Rio de Janeiro: Relume Dumará, [1975] 1994.

__________. *Mil sóis*. São Paulo: Todavia, [1984] 2019.

__________. *Os afogados e os sobreviventes*. Rio de Janeiro: Paz e Terra, [1986] 1990.

__________. *A assimetria e a vida*. São Paulo: Unesp, [2002] 2014.

__________. *Oeuvres (éd. Présentée par Catherine Coquio)*. Paris: Robert Laffont, 2005.

MAURO, Cláudia Fernanda de Campos. O mito de Ulisses em *Se questo è un Uomo*. *Rev. Let. S. Paulo*, v. 52, n. 1, 2012.

MARRUS, Michael R. Regard sur l'historiographie de l'Holocauste. *Annales*, 3, 1993.

MATTHÄUS, Jürgen. Controlled Escalation: Himmler's Men in the Summer of 1941 and the Holocaust in the occupied soviet territories. *Holocaust and Genocide Studies*, v. 21, n. 2, 2007.

PICCIOTTO, Liliana. Le rôle du camp de Fossoli. *Revue d'Histoire de la Shoah*, v. 204, 2016.

PONCET, André François. *Souvenir d'une ambassade à Berlin, 1931-1938*. Paris: Perrin, [1946] 2018.

SOLCHANY, Jean. Les historiens face a la violence nazi. *Revue d'histoire moderne et contemporaine*, v. 47, n. 2, 2000.

________. La lente dissipation d'une légende: la *Wehrmacht* sous le regard de l'histoire. *Revue d'histoire moderne et contemporaine*, v. 47, n. 2, 2000b.

SOFSKY, Wolfgang. *The order of terror: the concentration camp*. Princeton: Princeton UP, [1993] 1999.

STEINACHER, Gerald. *Les nazis en fuite (Croix Rouge, Vatican, CIA)*. Paris: Perrin, [2008] 2018.

THALMANN, Rita. La normalisation du passé? La république fédérale d'Allemagne et le problème juif. *Vingtième Siècle*, v. 16, 1987.

TRAVERSO, Enzo. La disparition. *Matériaux pour l'histoire de notre temps*, n. 68, 2002.

VIDAL-NAQUET, Pierre. *Os assassinos da memória*. Campinas: Papirus, 1988.

VUILLARD, Éric. *A ordem do dia*. São Paulo: Planeta, 2019.

WILDT, Michael. Avant la solution finale. La politique juive du Service de Securité de la SS, 1935-1938. *Genèses*, v. 21, 1995.

WINKLER, Heinrich August. *Histoire de l'Allemagne XIXe-XXe siècle*. Paris: Fayard, [2000] 2005.

Diálogo entre Primo Levi e Virginia Woolf: os combatentes do embrutecimento

Viviana Ribeiro

Este capítulo coloca em diálogo dois escritores de gerações diferentes com experiências diversas com a Segunda Guerra Mundial (1939-1945), o fascismo e a *Shoah*. Eles nos possibilitam pensar, dentro do tema da imaginação política, o problema do *embrutecimento* das potências da memória/esquecimento, sensibilidade e percepção[1]. Compreende-se por *embrutecimento* o processo pelo qual as representações de imagens, o discurso e as práticas sociais autoritárias constrangem a imaginação, moldam os hábitos; constrangem e modulam a potência do corpo de ser afetado e, assim, encobrem e naturalizam as violências que permeiam as sociedades, promovendo, portanto, uma transformação nas potências de *imaginar, lembrar, perceber e sentir*. Entende-se, ainda, o *embrutecimento* como um dos problemas iniciais e centrais da política, pois, uma vez embrutecidas estas faculdades, fica de saída comprometida (no sentido de compromisso com os valores sociais estabelecidos) a capacidade de imaginar um outro mundo e diferentes bases da vida em comum. Primo Levi e

[1] A noção de *embrutecimento* é objeto de pesquisa da autora deste capítulo, partindo do conceito de *imaginação* conforme Spinoza, filósofo que formulou uma teoria dos gêneros de conhecimento na qual a imaginação é o primeiro gênero ou *modo* de perceber, sentir (potência de ser afetado) e lembrar (reter traços, signos). Em Spinoza, a imaginação é *modo* e não *fonte* de conhecimento, o que o distingue da linhagem hegemônica do racionalismo contemporâneo e posterior a ele. O que nos interessa nessa teoria da imaginação é a materialidade, concatenação e encadeamento dos signos e sua dimensão pragmática; a relação dos signos com a percepção e os efeitos desses processos nos arranjos e/ou experimentos sociais.

Virginia Woolf parecem ter alcançado o problema ao declinarem casos e tipologias da imaginação *embrutecida* e ao *perceberem* com clareza que o fascismo é uma força que permeia as relações sociais, sendo certo que a sua penetração eficaz na sociedade não dispensa um prévio e contínuo embrutecimento da imaginação, dos hábitos, da visão e da percepção.

A literatura e o químico-escritor italiano que era judeu

O Lager foi uma universidade; ensinou-nos
a olhar ao redor e medir os homens.
Primo Levi, *Afogados e Sobreviventes*

Em 1922, a ascensão do governo fascista na Itália foi precedida e possibilitada por uma insurgência constituída de proprietários de terras e industriais, trabalhadores pauperizados e reivindicadores genéricos contra a *paz mutilada* e *punitiva* imposta aos países perdedores da Primeira Guerra Mundial. Essa insurgência, integrada sucessivamente por patrões, pelo rei e até mesmo pelo Papa, encontrou na retórica anticomunista, autoritária e violenta dos *fasci* maneiras de dar vazão a insatisfações de diversos matizes, entregando de boa vontade ao seu líder medíocre o governo do país.

Em 1937, momento em que a perseguição aos judeus na Itália e Alemanha encontra ampla adesão social, Primo Levi, então com 17 anos, ingressa no Instituto de Química de Turim com sentimento de libertação e salvaguarda contra a escuridão que assolava a Europa: "Além dos muros do Instituto Químico era noite, a noite da Europa (...) Naqueles muros espessos a noite não penetrava; a própria censura fascista, obra-prima do regime, nos mantinha separados do mundo, num branco limbo de anestesia" (Levi, [1975] 1994]:

43). O ofício de químico foi encarado por ele, por diversos motivos, como uma maneira de combate ao fascismo, como o próprio enunciou muitas vezes – mas o que será ressaltado neste momento é uma característica, não necessariamente exigida pelo ofício, mas que para ele proveio da química[2] (Levi, [1986] 1990: 86): o hábito de cultivar as faculdades da sensibilidade e da percepção sempre alertas e ativas, aptas a perceber as sutilezas dos elementos, suas diferenças, por mais próximos que pareçam, para compreender as misturas que explodem e aquelas que compõem. Percepção ativa para compreender que a estabilidade sempre carrega em si pontos de instabilidade adormecidos.

Esse hábito desenvolvido pelo ofício de químico para a percepção do mundo natural pode ser ampliado e englobar "nossos comportamentos sociais, nossas tensões, toda humanidade, condenada e habituada a viver num mundo no qual tudo parece estável e não é, em que as energias espantosas (e não falo apenas dos arsenais nucleares) estão apenas adormecidas" (Levi, [1985] 2016a: 184). É nesse sentido que o *Lager* foi uma universidade por fornecer-lhe, ao acaso, o contato com uma vasta amostragem do catálogo humano. Para sobreviver, era preciso, antes de tudo, *perceber* e distinguir os amigos, dos neutros e dos inimigos, buscando *detectar os sinais, prever o golpe, saber de que lado viria* e talvez detê-lo e desviar-se dele[3]. O contato com essa vasta

[2] Conferir Lessa (2019).

[3] "Junto com a bagagem de noções práticas, eu havia obtido dos estudos mentais e trazido para o *Lager* um patrimônio mal definido de hábitos mentais que derivam da química e áreas relacionadas, mas que encontram aplicações mais amplas. Se ajo de um certo modo, como reagirá a substância que tenho entre as mãos, ou o meu interlocutor humano? Por que a substância, ou ele, ou ela, manifestam interrompem ou mudam um determinado comportamento? Posso antecipar o que ocorrerá em torno

amostragem contribuiu para manter viva sua percepção e sua sensibilidade – o que, no futuro, norteará sua produção literária para a questão: *como transmitir os fatos funestos de modo a incidir no sensível?*

Primo Levi sentia e percebia o ofício de químico como fundamentalmente antifascista. No capítulo "Ferro" da *Tabela Periódica,* ao fazer a memória de Sandro Delmastro, amigo do Instituto de Química, membro do Partido da Ação, morto na Resistência em 3 de abril de 1944, o escritor nos conta sobre a importância da amizade estabelecida entre eles e o aprendizado vindo dela, para sua sobrevivência nos tempos que estavam por vir.

Filho de ferreiro, Sandro foi pastor de ovelhas e ingressou no Instituto de Química, pois o ofício de químico tratava de *coisas que se veem e se tocam.* Após a promulgação da Leis Raciais (1938), Primo Levi estava cada vez mais isolado e, neste momento, a amizade entre eles se estabelece. Primo mostra a Sandro a literatura, os poetas e o olhar que lançava para química: *a tabela periódica era uma poesia, maior e mais solene do que a que estudávamos no ginásio;* mostrava como, por meio do estudo de química, era possível encontrar *a ponte, o elo perdido entre o mundo dos papéis e o mundo das coisas.* A química era um meio de preservar a sensibilidade e a compreensão perdidas em um mundo mergulhado na *irrealidade da força*[4]. Sandro, por sua vez, tinha uma relação diretamente prática com a Matéria. Escalava, enfrentava as montanhas, levava a resistência física aos

---

de mim daqui a um minuto, amanhã ou daqui a um mês? Se sim, quais são os sinais que contam e quais os que podem ser postos à parte? Posso prever o golpe, saber de que lado virá, detê-lo, desviar-me?" (Levi, [1986] 1990: 85).

[4] O termo é de Virginia Woolf e será tratado na última seção deste capítulo.

limites ao experimentar o frio, a fome, as trilhas mais arriscadas e assim tinha algo vital a ensinar a Primo. Ao escalar no limite do esgotamento de suas energias, Sandro era cada vez mais saudável e mantinha o olhar cada vez mais vivo. Ele ensinou a Primo Levi sobre os perigos de acumular gordura atrás dos olhos: "(...) quando se leva uma vida sedentária, forma-se um depósito de gordura por trás dos olhos, que não é sadio; cansando-se, a gordura se consome, os olhos recuam até o fundo das órbitas e se tornam mais penetrantes" (Levi, [1975] 1994: 49).

A amizade com Sandro foi uma preparação política sem a qual não teria sobrevivido ao que enfrentaria no futuro (Anissimov, 1996: 94). Além de ensinar-lhe sobre a necessidade de não deixar acumular a gordura por trás dos olhos, ensinou-lhe sobre seus limites e suas resistências, mostrou-lhe uma forma de comungar-se com a liberdade e a vida, e a compreender com clareza as razões que o tinham levado à química. O ofício de químico aprofundou a conexão de Primo Levi com a vida e fez dele um combatente tenaz.

Na sua experiência no *Lager*, o ofício de químico não apenas possibilitou a aprovação na prova de química e seu ingresso na IG Farben, rotina que possibilitou o acesso a coisas que poderiam ser roubadas e trocadas por comida, mas também pela necessidade de preservar a sensibilidade e a percepção ativas. Foi possível a Primo Levi não sucumbir ao *embrutecimento* cujas práticas no campo conduziam, tendo como extremo a perda da humanidade, à gradual redução das capacidades de sentir e pensar. Contra a *irrealidade da força*, o escritor reteve a sua capacidade de *ver* – Amor –, nos fundamentais encontros com Scholome, Jean Pikkolo e Lorenzo, encontros esses que operaram como sopros de vitalidade em um mundo organizado para extinguir a vida.

David Grossman, autor do livro *Ver: Amor* (1989), em discurso proferido ao receber o Prêmio Literatura Primo Levi, ressaltou que o mais importante no encontro ligeiro entre Primo Levi e Lorenzo – outro encontro responsável por salvar-lhe a vida[5] – foi o fato de que, através do olhar, o trabalhador italiano restituiu a humanidade a Primo Levi ao lembrar-lhe que ainda era um homem:

> Li a descrição de Primo Levi de como os guardas, os *Kapos* e os civis viram os prisioneiros judeus, e como o simples trabalhador Lorenzo o viu, e penso em quão grande é a força do olhar, quão crucial é a maneira como observamos uma pessoa. [...] Um simples trabalhador italiano chamado Lorenzo olhou para Primo Levi enquanto olha para um homem. Ele se recusou a ignorar sua humanidade, a colaborar com aqueles que queriam apagá-la e, ao fazer isso, salvou sua vida, nada menos. [...] Lorenzo, um simples trabalhador italiano, insistiu em olhar para Primo Levi com os olhos de um homem, e ele se viu na frente de um homem. Não é um *Muselmann* sem identidade, não é um homem morto andando com um número tatuado no braço no lugar de seu nome e sobrenome. Lorenzo se recusou a concordar com a alegação dos tiranos soberanos de ver prisioneiros do ponto de vista deles. Ele olhou para Primo Levi enquanto olha para um homem e, ao fazê-lo, distorceu a natureza da situação em que se encontrava. Quando olhos benevolentes, que acreditam em nós, sugerem uma possibilidade de um tipo diferente, escondido até de nós porque reprimido pelos outros, por nós mesmos ou pelas circunstâncias adversas da vida, uma possibilidade na qual não ousamos mais ter esperança e que talvez tenhamos esquecido completamente, é mais provável que essa

[5] "[...] devo justamente a Lourenço o fato de estar vivo hoje" (Levi, [1958] 1988: 180).

> possibilidade se torne realidade. E temos mais chance de redenção. No Salmo 27.12 está escrito: Não me deixes à mercê dos meus inimigos, porque surgiram falsas testemunhas contra mim. Quão bonito é esse versículo. Diz simplesmente: não me deixe ver como meus inimigos me veem porque me olham com olhos de testemunhas falsas e hostis. Estranhamente, de fato, e não com pouca frequência, nos associamos a um olhar hostil, crítico, desestabilizador e ruinoso em nossa direção. Um olhar que tem um poder destrutivo terrível: o de duvidar de nós mesmos e de tudo o que somos. (Grossman, 2017)

Ter sobrevivido à experiência no *Lager* impôs a Primo Levi a tarefa de contar. Contar sem parar, para o maior número de pessoas possível, para que os fatos que ali ocorreram, embora não pudessem ser compreendidos, fossem conhecidos, para que não se repitam. Porém, Primo Levi sabia que o mero relato não seria o suficiente. Os fatos eram tão absurdos, *extra-humanos*, que havia o risco da realização da profecia dos vendidos: *ninguém acreditará em vocês*. Para ele, os campos e o extermínio em massa, com o desenvolvimento científico posto a seu serviço, tornaram visível algo das profundezas da humanidade e do processo civilizatório que permanecia como infecção, apesar da derrota dos nazifascistas.

Em *A literatura e a vida*, Deleuze afirma que escrever é sempre uma questão de saúde e que os escritores, embora muitas vezes tenham a saúde frágil, em razão de terem visto e ouvido coisas *demasiado grandes, fortes demais, irrespiráveis*, escrevem porque buscam "libertar a vida em toda parte onde esteja aprisionada pelo homem e no homem, pelos organismos e gêneros e no interior deles" (Deleuze, [1993] 1997: 14). Primo Levi, nos meses imediatamente após a libertação de Auschwitz e com os *olhos vermelhos* e *os tímpanos perfurados*, escreveu alguns poemas, antes de escrever *É isto um homem?* “o que parece explicitar um processo de restauração humana no antigo prisioneiro no *Lager*” (Levi, 2019: 12). Escreve na urgência do contar, para tornar visível o não sentido nem percebido: o intolerável engendrado no seio da *grande civilização.* Escreve porque *sente* que tais modos de relações não desapareceram e perecem encobertos na sociedade como infecção. *É isto um homem?* é, antes de tudo, uma invocação aos leitores de todos os tempos para a ativação dos sentidos e *desembrutecimento* dos hábitos: “Se, do interior do Campo, uma mensagem tivesse podido filtrar até os homens livres, deveria ter sido esta: procurem não aceitar em seus lares o que aqui nos é imposto”. E ainda: “Ninguém deve sair daqui; poderia levar ao mundo, junto com a marca gravada na carne, a má nova daquilo que, em Auchwitz, o homem chegou a fazer do homem” (Levi, [1958] 1988: 77- 78).

Primo Levi *faz literatura* porque é preciso incidir diretamente na imaginação, sensibilidade e percepção, para combater o embrutecimento, para não permitir o *acúmulo de gordura atrás dos olhos,* para alcançar a vida. Em *O tempo das suásticas* (1960), ele comenta sobre o problema da transmissão da memória às gerações futuras, ao questionar se os grupos de Resistência surgidos nos campos devem ser chamados de *Segundo Risorgimento,* conforme nomenclatura atribuída pela *História Oficial.* Primeiro porque, ele indaga: *a Resistência não continua, ou não devia continuar, visto que seus objetivos só foram atingidos em parte?* Segundo porque os jovens que não passaram pela experiência da *Shoah* precisam *sentir* a história recente como *um tecido de acontecimentos humanos.* Por isso, não é suficiente contar a história à maneira dos vencedores, em *uma linguagem que não é a nossa*, usando termos como *glória e vitória, heroísmo e solo sagrado* (Levi, 2016b: 16-17), nem é eficaz para incidir sobre estereótipos simplificadores que assimilam (representam), para aqueles que não viveram as experiências *extra-humanas* ocorridas no *Lager*, algo que elas não foram. É o que ele nos apresenta em *Afogados e Sobreviventes*, quando reúne as três perguntas mais frequentes formuladas pelos jovens: *Por que vocês não fugiram [dos campos]? Por que não resistiram? Por que não fugiram antes?* Ele responde que alguns livros, filmes, mitos aproximativos da experiência e mesmo a História produzem uma imaginação e uma percepção estereotipadas e simplificadoras do passado. Esses estereótipos são a expressão de uma *dificuldade ou incapacidade nossa de perceber as experiências alheias* (Levi, [1986] 1990: 96).

Pois é preciso contar que os prisioneiros forjados no *Lager* estavam envergados pela fome, o frio, as doenças, pelo *embrutecimento* – e que tais homens não fazem as revoluções no mundo real considerando que "todas as revoluções, tanto as que mudaram a história do mundo quanto as minúsculas, [da qual se ocupa] foram guiadas por personagens que conheciam bem a opressão, mas não na própria pele" (Levi, [1986] 1990: 98). O propósito da escrita literária, orientado pelo princípio: *não é possível compreender o que aconteceu no Lager, mas é preciso conhecer*, pretende alcançar esses que não conheceram a opressão na carne, mas podem conhecê-la bem. Por isso, ao contar a história da *Shoah*, o químico-escritor sabe que precisa *criar* uma forma de narrar determinados fatos, uma forma que tenha capacidade de interpelar os leitores de maneira mais concreta, pois, se *as recordações que compõem a memória não estão inscritas na pedra* (Levi, [1986] 1990: 9), a expressão literária carrega a capacidade de *cortar em pedra as palavras, decorrendo daí a sua força de duração e presença incomuns* (Levi, 2019: 13), atuando diretamente no sensível, em detrimento de fórmulas abstratas de *resistência* e *heroísmo,* tal como nos conta sobre a maneira como as mães que foram conduzidas ao *Lager* se despedem da vida:

> As mães, porém, ficaram acordadas para preparar com esmero as provisões para viagem, deram banho nas crianças, arrumaram as malas, e, ao alvorecer, o arame farpado estava cheio de roupinhas penduradas para secar. Elas não esqueceram as fraldas, os brinquedos, os travesseiros, nem todas as pequenas coisas necessárias às crianças e que as mães conhecem tão bem. Será que vocês não fariam o mesmo? Se estivessem para ser mortos, amanhã, junto com seus filhos, será que hoje não lhes daria de comer? (Levi, [1958] 1988: 15)

Expressão literária que elabora os operadores necessários para criação de novas imagens e novas maneiras de contar não só os horrores em meio à proliferação do intolerável, mas contar também a *vida*, com o intuito de transmitir a memória comum capaz de fazer as gerações futuras *sentirem e conhecerem* o que não viveram. Maurício Santana Dias, no prefácio da edição brasileira de *71 contos de Primo Levi*, afirma que até a publicação de *Histórias naturais* (1966), o químico-escritor "obrigava-se à missão moral e pedagógica de testemunhar as atrocidades do *Lager*, obrigando-se também a não entregar os pontos". No entanto, a partir das publicações de seus contos de ficção científica, ele teria percebido e compreendido que "a preservação da memória era condição necessária, embora não suficiente, para a construção do futuro" (Levi, [1996] 2005: 15). Se a preservação da memória não basta, é porque ele bem sabe que é preciso manter-se atento ao embrutecimento do sensível e da percepção e, que aprendeu com a experiência de sobrevivente que é preciso reformar a imaginação pela e na imaginação e não pelo entendimento, por isso, a expressão adequada para contar e transmitir a memória será encontrada na literatura.

A literatura e a escritora inglesa que se *sentia* como judia

Virginia Woolf não era judia, mas *sentia-se* como uma judia[6]: "como não pode deixar de sentir-se, conforme explicou, quem não se identifica com a violência imbecil do fascismo" (Fusini, 2010: 287). Ela presenciou de perto os acontecimentos do entre-guerras, recebia políticos como Keynes em casa, participava de reuniões políticas do Partido Trabalhista e da cooperativa de guilda das operárias. Seus últimos e principais ensaios e romances – *Os anos* (1936), *Três guinéus* (1938), *Roger Fry – uma vida* (1940), *Entre os atos* (1941, *post-mortem*) – foram escritos sob a ascensão do nazismo na Alemanha (1933)[7]; do fascismo na Itália (1922);

[6] A entrada de 15 de maio de 1940 do diário de Virginia: "Um apelo ontem à noite em favor da defesa nacional – contra os paraquedistas. L[eonard] disse que vai se alistar. Uma conversa acre. Nossos nervos estão em frangalhos – os meus ao menos: L[eonard] sem dúvida reconfortado pela oportunidade de fazer alguma coisa. Arma & farda para mim um tanto ridículas. Por detrás disto a tensão: esta manhã falamos de suicídio caso Hitler desembarque. *Judeus surpreendidos. Para que esperar?* Melhor fechar as portas da garagem. Esta é uma conversa sensata, bastante trivial" (Woolf, 1989:271, grifo nosso).

[7] Em 30/01/1933, testemunhou a designação de Hitler como chanceler, sem causar qualquer alarde no exterior; a instalação do Terceiro *Reich*, com o incêndio do *Reichstag* pelos nazistas, em 27/02/1933 – pretexto para acabar com o parlamento; consolidação do poder de Hitler através das eleições gerais, em 04/03/1933; ato institucional de 23/03/1933, que o autorizou a governar por decreto. Em suma, em menos de dois meses a República de Weimar estava esfacelada e a Alemanha sob a égide de um ditador absoluto. Em abril de 1933, Virginia recebeu a notícia de que o maestro Bruno Walter, regente da Gewandhaus Orchester, de Leipzig, estava impedido de trabalhar na Alemanha, por ser judeu (Fusini, 2010: 287).

na Guerra Civil Espanhola (1936) – na qual morreu seu sobrinho Julian Bell[8]; durante a invasão da China pelo Japão (1937); por causa da submissão do covarde Kurt von Schuschnigg, chanceler da Áustria, na entrega do país a Hitler (1938)[9]; e no efetivo início da Segunda Guerra Mundial, dada a impossibilidade de uma saída não bélica como oposição à pretensão expansionista nazifascista. Enquanto diversos países da Europa sucumbiam aos ditadores em pé de guerra e "as pessoas de boa vontade assistiam aterrorizadas" (Fusini, 2010: 264), ela recebia as notícias das perseguições aos judeus vindas da Alemanha e pensava: "Como era possível que a Alemanha, com sua música, sua cultura, tivesse sucumbido a 'esse pavoroso império da intolerância?'" (Marder, 2011: 205).

Da década de 1930 até sua morte, em 1941, seus escritos foram concebidos com a pretensão de examinar os grandes temas sociais e políticos da época que, de forma original, estão articulados com a visão acurada da autora sobre a condição da mulher na sociedade patriarcal, pois denunciavam o entrelaçamento entre o fascismo, a misoginia e a guerra. Sob o barulho das bombas, Virginia despendia suas energias pensando sobre o *éthos* fundador dessa civilização, e essa crise instaurada pelo período do entreguerras orientou o gradual refinamento de suas formulações[10]: o *patriarcalismo* não é

---

[8] Julian alistou-se na Cruz Vermelha Britânica e 1 mês e 11 dias após ser enviado para Espanha, a ambulância que dirigia foi atingida por uma granada, em 18 de julho de 1936, e ele morreu aos 29 anos (Fusini, 2010: 295).
[9] Ver: Vuillard (2019).
[10] Desde a década de 1920, Virginia desenvolvia a ideia do entrelaçamento do militarismo – expressão de uma imaginação embrutecida pelo *ethos* autoritário – e a ordem social patriarcal. Os acontecimentos da década de 1930 possibilitaram a Virginia pensar o fascismo como expressão, levada até as últimas consequências, do militarismo e da ordem so-

uma lógica que organiza apenas as relações no espaço privado, hierarquizando os homens como superiores e as mulheres como inferiores e instaurando entre eles uma relação de dominação, mas é também uma lógica que organiza o espaço público e o campo político, estrutura as noções de Estado e democracia. Trata-se de uma lógica autoritária que rege não apenas a relação entre os gêneros[11], mas também a relação com a terra, as nações e os povos. O autoritarismo e o desejo de dominação dos Estados são fomentados pelas práticas e relações estabelecidas no espaço privado, assegura Virginia. O espaço público e as relações políticas são organizados a partir de tais práticas, disseminadas socialmente pelo hábito e pelas leis, produzindo e reproduzindo o embrutecimento da imaginação, da percepção e da sensibilidade.

Certa filosofia política hegemônica afirma que o espaço público é o *lócus* das relações democráticas, no qual se estabelecem as relações entre os iguais, porém, essa noção de espaço público, ao ser imaginada e implementada como prática, rapidamente tratou de estabelecer que nem todos são *iguais*. Os forjados como desiguais, mulheres e população escravizada, serão imediatamente mantidos de fora. Para compreender a distorção do discurso democrático e como o campo político é organizado pela lógica do autoritarismo, Virginia Woolf detém-se sobre a noção de *Patriotismo* e as práticas que tal noção exige. Como é sabido, *Pátria e Patriotismo* são ficções que têm origem na formação dos Estados-Nação. Integra determinada *Pátria* a população

---

cial patriarcal.

[11] O uso do termo *gênero* não é anacrônico pois, embora o conceito ainda não tivesse sido formulado no momento em que Virginia elaborava seu pensamento político, é certo que a autora já pensava os termos *feminino* e *masculino* como construções sociais.

de determinada terra bem delimitada pelas fronteiras, com compartilhamento de sangue e língua, assujeitada pelo Estado, porém dentre essa população apenas alguns efetivamente compõem e organizam a *Pátria*, ou seja, os homens dotados de hábitos autoritários[12]. Quem efetivamente integra a *Pátria* e a organiza são aqueles que positivamente cultivam valores autoritários e embrutecidos, valores bélicos e militares. O hábito de guerrear como forma de constituição do campo político e de relação entre os povos, ao longo da história da sociedade patriarcal, nunca foi reproduzido de maneira negativa - pelo contrário, o hábito de guerrear para defender o território, seja nas sociedades antigas ou nas modernas, é um hábito que se aprende socialmente a desejar. Para a escritora, nas sociedades patriarcais não se instituíram hábitos sociais e práticas que almejem produzir um desejo e um apreço verdadeiros pela liberdade, visto que o hábito de guerrear, fomentador de práticas de destruição, produz e reproduz, socialmente, o desejo de dominação.

[12] Interdições à participação das mulheres inglesas na organização da *Pátria:* no que diz respeito à educação, apenas em 1869 foi criada a primeira faculdade feminina, Girton, em Cambridge. Em 1879, a primeira faculdade feminina em Oxford. Porém, em ambas, as mulheres não tinham direito ao diploma e ao título correspondentes aos cursos completados. Apenas em 1920, a Universidade de Oxford passou a conceder diplomas às estudantes do sexo feminino, enquanto a Universidade de Cambridge só o fez apenas em 1948. Em 1926, a Universidade de Cambridge limitou o número de vagas destinados às mulheres a 500, por ano, limitação que durou até 1960. No que diz respeito ao trabalho: até dezembro de 1919, era proibido às mulheres ocuparem funções na administração pública e no sistema judiciário. No que diz respeito à participação política, o direito ao voto, para mulheres com mais de 30 anos, foi conquistado em 1918. Para mulheres com mais de 21 anos (como os homens), apenas em 1928. No que diz respeito à atividade financeira, até 1973 as mulheres eram proibidas de operarem na Bolsa de Valores de Londres.

Ela demonstra extensamente em sua obra como esse desejo autoritário permeia os hábitos sociais e todas as instituições públicas e políticas. O cultivo da honra e glória através dos ritos, das celebrações, dos modos, dos brasões familiares patrióticos, das vestimentas com seus fios de ouro, perucas, medalhas – todos símbolos de distinção social hierárquica – está presente tanto nas instituições militares, quanto no Parlamento, no Tribunal, na Igreja e nas Universidades[13]. Os desfiles e os treinamentos físicos dos militares realizados nas praças públicas, bem como a riqueza dos quartéis e dos castelos – os monumentos erguidos em honra e glória dos soldados, as armas expostas nos museus, no caso dos primeiros e a exibição das joias da rainha no caso dos segundos – são objetos públicos de admiração que atuam socialmente embrutecendo a imaginação, a sensibilidade e a percepção, pois são símbolos de autoridade, dominação e hierarquização que se aprende a cultuar. Virginia olhava a Torre de Londres como um

> quartel massudo e local de masmorras [...] o reformatório do reverso da história; onde matamos & torturamos & prendemos. A exibição de joias da Coroa [era] simplesmente de mau gosto e a parada dos soldados em treinamento no pátio, batendo os pés e fazendo meia volta em uníssono, enquanto um segundo sargento berrava ordens grosseiras, era um espetáculo degradante. (Marder, 2011: 269)

Este, no entanto, não é, socialmente, o modo como tais coisas são *vistas*. Que rapaz inglês, ao se alistar para lutar nas guerras e defender a *Pátria*, não sonha em ter um monumento erguido em seu nome, mesmo que isso lhe custe a

[13] Ver *Três Guinéus* ([1938] 2019).

vida? O hábito de guerrear é um hábito honrado, celebrado e premiado. A morte em nome da *Pátria* é a morte mais gloriosa que um homem pode alcançar desde os heróis eternizados pela *Ilíada* de Homero. De acordo com o que *via*, Virginia constatava que a guerra é uma satisfação, uma fonte de felicidade, realizações e válvula de escape para as características que os homens são habituados a desenvolver e cultivar e um dos fundamentos desse prazer é o *patriotismo*, o amor à *Pátria* que tudo deu a eles – educação, emprego, estabilidade financeira, patrimônio cultural, porém, de tempos em tempos, exige a retribuição – guerrear por ela, honrá-la, defendê-la, matar e morrer por ela.

Na conjuntura sociopolítica que antecede a Segunda Guerra Mundial, Virginia Woolf *percebe* com lucidez como o desejo de guerrear é reproduzido tanto no campo nazifascista quanto no campo autodenominado *defensor das liberdades democráticas*. No congresso anual da *Women's Cooperative Guilde*, do qual participou, em 20 de junho de 1933, a escritora presenciou discursos carregados de um falso otimismo que entoavam frases como *o início de um novo mundo* e *o triunfo da cooperação*. E no diário escreveu: "Uma manhã de trabalho perdida, [...] nem um pingo de verdade nos discursos, palavras ao vento, gasosas, com emoções elementares. (...) Os Anos[14] é mais real, mais verdadeiro e difícil, permeado com mais sangue do que isso" (Woolf, 1983: 165).

Em 1935, no congresso do Partido Trabalhista Britânico, assistiu George Landsbury – líder do partido desde 1931, socialista, idealista e pacifista – ser expulso da organização por opor-se ao debate que considerava a saída bélica não só

[14] Livro que estava escrevendo no momento.

como a *única alternativa possível* para o conflito que se formava como também a *alternativa desejável.* "Marchemos todos, em defesa da liberdade e da democracia contra os fascistas", diziam cotidianamente os "democratas" de toda Europa Ocidental aliada. Mas o que são os fascistas senão a agressividade, a tirania, o insano e manifesto amor pelo poder? Nós, defensores da liberdade, não cultivamos as mesmas praticas, hábitos e desejos?, pensava e escrevia.

A questão colocada pela escritora nas obras da década de 1930, especialmente em *Três Guinéus,* não trata exatamente de *pensamentos pacifistas* abstratos para o enfrentamento desta guerra específica, com sua pretensão exterminatória e expansionista, mas detecta na lógica patriarcal de natureza autoritária a gênese do embrutecimento da imaginação, da sensibilidade e da percepção, que, por sua vez, é a gênese organizativa das sociedades. O nazifascismo e seus periódicos e recorrentes momentos históricos de triunfo social seriam o extremo levado aos últimos limites desses modos autoritários de imaginar, pensar, agir e estabelecer relações. Virginia se suicidou em 28 de março de 1941. O motivo de seu suicídio não foi porque sofria de distúrbios psíquicos, como o senso comum e a crítica gostam de ressaltar, mas sim um motivo fundamentalmente político, a *sensação* de que o nazismo venceria a guerra[15]. Se tivesse lido Primo Levi a escrever "*A peste acabou, mas a infecção grassa*", ela

[15] Primo Levi escreve no capítulo "Potássio" da *Tabela Periódica:* "Em janeiro de 1941, a sorte da Europa e do mundo parecia selada. Só alguns ingênuos podiam ainda pensar que a Alemanha não venceria; os ingleses, insensatos, 'não se haviam dado conta de terem perdido a partida' e resistiam obstinadamente aos bombardeios, mas estavam sós e sofriam reveses sangrentos em todas as frentes. Só um cego e surdo voluntários podiam duvidar do destino reservado aos judeus numa Europa alemã" (Levi, [1975] 1994: 55).

diria que a infecção reside no *ethos* autoritário da sociedade patriarcal.

Ainda no ano de 1935, o casal Woolf vai à Alemanha conferir pessoalmente o estado de coisas. Ao voltar, ela está assediada por apenas um desejo: demonstrar o entrelaçamento social da misoginia, antissemitismo e fascismo. Passou a notar como Leonard gostava de comandar e ser obedecido e, a seu modo, cultivava uma sede de poder. Mesmo nos amigos do grupo de Bloomsbury, que se supunham libertinos e libertários e pensavam criar um espaço comum fundamentado na amizade e no diálogo, um modelo de civilização nova na qual a sociabilidade e a tolerância fossem as bases reais, Virginia via como eram impassíveis à condição de opressão feminina. Pensavam-se imunes ao autoritarismo patriarcal mas carregavam dele sinais invisíveis e eram incapazes de *conhecer* os costumes silenciosos e as tradições inarticuladas da *grande tradição.* Do mesmo modo, eram incapazes de *perceber* como o *éthos* autoritário estava entranhado na modernidade cultural que ajudaram a criar, modernidade esta que não abolia a violência da discriminação, da injusta separação imposta entre o público e o privado e interditava às mulheres o espaço público, mantendo-o distante de suas interferências (Fusini, 2010: 287-288).

Quando testemunhou Leonard e vários de seus amigos aderirem ao voluntariado civil, empunhando fuzis e vestindo uniformes, achava-os ridículos. "Não conseguia não ver o aspecto empolado, hiperbólico e hipermachista da guerra. *Essa guerra é só retórica*, disse a si mesma" (Fusini, 2010: 359-360). Os discursos tanto eloquentes quanto retóricos das reuniões políticas, das quais participou, inflamavam um heroísmo vazio que a enfadava. Diziam: "É preciso mudar a estrutura da sociedade, produzir um mundo bom…." – "Se tivesse nascido duque, falaria assim?", pensou Virginia (Fusini, 2010: 265).

A todo tempo, o ponto que está em jogo para Virginia é a imaginação política e os afetos que a forjam. Em setembro de 1938, recebeu para jantar em sua casa Frederick W. Black, um político filiado ao Partido Trabalhista que se posicionava a favor da guerra como modo de fundação de um novo mundo. Ela relata em seu diário que o "*pequeno Black*" só falou durante todo o jantar de umas das filhas que criava camundongos multicoloridos e os vendia, da outra filha que fazia cartazes com desenhos de camundongos e dele mesmo, um colecionador de caixas de fósforos, e escreve: "ele é um político mediano, presumo: & é francamente favorável à guerra, sem demora. Por quê? Para construir um novo estado... & um novo Estado de que tipo? Um onde se colecionem camundongos & caixas de fósforo" (Woolf, 1998: 255).

Como é belo o último texto dos grandes escritores

A crítica literária francesa Hélène Cixous, estudiosa de Clarice Lispector, formulou esta concepção ao pensar sobre *A Hora da Estrela.* Ela sensivelmente compreendeu como os últimos textos dos grandes escritores vêm carregados não de luto, mas de agradecimento à vida e dizem o que é essencial (Clarice, 2017: 131). Durante 1932 a 1940, enquanto Virginia estava tomada pela produção de obras com o propósito de demonstrar o entrelaçamento entre o autoritarismo, o antissemitismo e o fascismo, ou seja, enquanto estava ocupada na escritura de *Os Anos, Três Guinéus* e *Entre os atos,* também pesquisava materiais para biografia de seu amigo de longa data, Roger Fry, o crítico de arte responsável pela realização da primeira mostra pós-impressionista em

Londres, realizada em 1910. A amostra foi organizada com obras trazidas de Paris: vinte e um Cézanne, trinta e sete Gauguin, vinte Van Gogh, além de Rouault, Derain, Picasso e Matisse e escandalizou a puritana sociedade britânica. Embora Fry esperasse alguma perturbação do público, nada era comparável ao que efetivamente ocorrera durante a exposição: "A multidão enfurecida invectivava: aqueles não eram quadros, nem mesmo uma criança, talvez apenas um louco, podia pintar daquele jeito. Houve quem cuspisse nas telas literalmente". Virginia jamais esqueceu aquela exposição e os efeitos que produziu. Dizia que foi Roger que a havia ensinado a *ver* Cézanne e, com este aprendizado de *visão*, almejou encontrar uma expressão literária que produzisse tanto impacto quanto *seis maçãs em um quadro*. Assim começou sua amizade com Roger Fry, que durou até a morte dele em 1934. Enquanto Virginia estava escrevendo sobre o *éthos* autoritário da sociedade patriarcal e o problema do nazifascismo, ao mesmo tempo estava escrevendo a biografia de Roger Fry, e, nesse esforço produtivo, mantinha-se em contato com o veneno e o antídoto da sociabilidade: a brutalidade da violência que, para ela, vinculava indissociavelmente o patriarcalismo e o militarismo e a arte e a amizade, ao mergulhar na vida de Roger.

Em 1936, Virginia escreve em seu diário: "Se a *sensibilidade* é ofendida e prejudicada de modo irreparável pela irrealidade da força, que relação poderemos ter com o outro?" (Fusini, 2010: 323). O que Virginia chama de *irrealidade da força* é o desejo de dominação, escravização e destruição que a violência engendra, desejo esse cuja possibilidade de existência e disseminação social é o *embrutecimento*. Em suma, é *irreal* porque se funda em um desejo de nada, que produz a destruição da vida. Ao olhar os soldados ingleses em marcha, de uniformes, empunhando fuzis, pensava: *uma velha senhora que prende o grampo no cabelo tem mais realidade.* Talvez seja exatamente essa *irrealidade da força* o alvo da insistência de Primo Levi sobre o que *não podemos compreender, mas podemos conhecer* – os contornos da *irrealidade da força:* os espancamentos perpetrados pelos *Kapos* como única linguagem compartilhada na perpétua torre de Babel que eram os campos; a aniquilação do homem pela perda das roupas, dos cabelos, do nome; pela fome, cansaço, frio, medo; pelo sufocamento progressivo da capacidade de pensar e sentir; o cenário fúnebre que atingiu de maneira opressora os primeiros soldados do Exército Vermelho que chegaram ao *Lager* (Levi, [1958] 2010: 10). Por isso, a lição de manter a higiene aprendida com Steinlauf de que era preciso se lavar, pois nos lavarmos tem mais *realidade* por ser expressão da nossa recusa a consentir a nossa transformação em animais.

Pensamentos de paz durante um ataque aéreo – foi o último texto publicado por Virginia em vida, em outubro de 1940. Ele é um esforço diante da *irrealidade* que a guerra imprime. A cada bomba que caía, o *entorpecido pavor, medo estéreo e ódio infértil* comprometiam o pensamento, mas ela insistia e afirmava que a sua forma de lutar era continuar pensando, *uma ideia qualquer seria mais real do que a miséria da guerra.* Ela escreve: no céu estão os jovens ingleses e alemães jogando bombas. Se acreditarmos que os jovens ingleses lutam pela liberdade, então devemos nos juntar a eles, mas com que armas, se não são dadas armas às mulheres inglesas nem para combater, nem para se defender? Ela responde que embora as mulheres não ocupem nenhum cargo político e público importante e que *"todos os criadores de ideias que estão em condições de terem ideias eficazes são os homens*" (Woolf, 2019: 98), as mulheres não desistirão do pensamento e pensarão contra a corrente. Enquanto os rádios ressoam todos os dias que os jovens ingleses estão lutando para derrotar o inimigo em defesa da liberdade e da democracia, podemos pensar se *Pátria* inglesa é o que ela diz defender.

A Pátria diz que o que impede a liberdade é o nazismo, mas o que é o nazismo senão "*a agressividade, a tirania, o insano e manifesto amor pelo poder?*". E então complementa: o que impede a liberdade não é o nazismo, é o desejo de dominação, de agressão, de escravização. *Os hitlers são engendrados por escravos.* Destruir esse desejo é o que nos conduzirá à liberdade. Assinaturas de acordos de paz no pós-guerra que envolvam o desarmamento não bastam para desenraizar nos homens os hábitos de autoritarismo, domínio e paixão pelas armas. É preciso fornecer aos homens o acesso a sentimentos criativos, ou seja, é preciso *desembrutecer.* Sem isso, não há qualquer possibilidade de paz, sentencia Virginia.

No último texto publicado por Primo Levi em vida, *Afogados e sobreviventes,* o autor volta-se para os acontecimentos no *Lager* não mais com os olhos do jovem de 25 anos que escreveu *É isto um homem?*, mas do homem amadurecido pela passagem do tempo e pelas experiências vividas no período. Seu trabalho como escritor e figura pública se concentrou em fundar e transmitir a memória coletiva da catástrofe, mas a preocupação com a repetição do ocorrido não arrefeceu ao longo dos anos.

Após quarenta e cinco anos da publicação de *Pensamentos de paz sob um ataque aéreo*, poderemos imaginar *Afogados e Sobreviventes* como uma resposta de Primo Levi para Virginia Woolf, selando o diálogo estabelecido entre esses escritores que nunca se encontraram, mas demonstraram a potência crítica da literatura diante do problema da imaginação *embrutecida.*

Cara Virginia,

Você não viu nem conheceu até onde foram os limites da irrealidade da força e embora eu concorde com você que a violência nunca esteve ausente tanto no passado remoto quanto no presente, a violência instaurada pela Alemanha nazista foi um grande laboratório de extermínio e exploração em massa, excedendo os limites da aniquilação do homem pelo homem. Assim, inaugurou no mundo uma violência que me parece muito mais arriscada. Preciso concordar com você, o autoritarismo das relações sociais continua presentes como norma, se expressando nas ilegalidades cometidas pelos Estados, nas democracias parlamentares, nos países do Terceiro Mundo, no bloco comunista· A sociedade pós-segunda guerra não criou qualquer aversão à guerra e à violência e assim a imaginação segue embrutecida, embrutecedora e embrutecendo. Quem decide os rumos da política são homens que não titubeiam em enviar armas sofisticadas, espiões, mercenários e conselheiros militares para locais de conflitos em vez de árbitros de paz. Eu, enquanto prisioneiro, compreendia que precisava sobreviver para contar e contei tudo o quanto pude. O sonho de sobrevivente que nunca me abandonou foi o de contar e não ser ouvido, então escrevi, inventei formas de expressão para contar o que precisava ser conhecido. A experiência como sobrevivente da catástrofe gerou naqueles que saíram do Lager o sentimento paradoxal de vergonha, vergonha de ser um homem que tem inúmeras manifestações, mas uma delas foi a vergonha do mundo. Nós, não pudemos deixar de ver o mar de dor, passado e presente que nos circundava. Também não pudemos deixar de ver a irrealidade da força que é justamente essa capacidade de construir uma quantidade infinita de dor que se cria do nada. Para fundar essa irrealidade é, até, relativamente fácil: basta não ver, não ouvir, não fazer. Tudo que escrevi, acho, carregou a preocupação e o aviso: atentem para a percepção e para sensibilidade, tratem de ver e não deixem que tais práticas entrem em seus lares. E seus lares é o mundo. Espero encontrá-la para um chá no Parque Nacional onde vivem os personagens imortais, na medida em que as obras que povoaram não caem no esquecimento.

Primo Levi.

Referências

ANISSIMOV, Myriam. *Primo Levi ou la tragédie d'un optimiste.* Paris: JC Lattès, 1996.

DELEUZE, Gilles. A literatura e a vida. In: __________. *Crítica e Clínica.* Trad. Peter Pál Pelbart. São Paulo: Ed. 34, 1997.

CIXOUS, Hélène. Extrema fidelidade. In: LISPECTOR, Clarice. *A Hora da Estrela.* Rio de Janeiro: Rocco, 2017.

DIAS, Maurício Santana. Primo Levi e o zoológico humano. In: LEVI, Primo. *71 Contos de Primo Levi.* Trad. Maurício Santana Dias. São Paulo: Companhia das Letras, 2005.

__________. A poesia de um sobrevivente. In: LEVI, Primo. *Mil Sóis.* Trad. Maurício Santana Dias. São Paulo: Todavia, 2019.

FUSINI, Nadia. *Sou dona da minha alma. O segredo de Virginia Woolf.* Trad. Karina Jannini. Rio de Janeiro: Bertrand Brasil, 2010.

LEVI, Primo. *A tabela periódica.* Trad. Luiz Sergio Henriques. Rio de Janeiro: Relume-Dumará, 1994.

__________. *A Trégua.* Trad. Marco Lucchesi. São Paulo: Companhia das Letras, 2010.

__________. *Afogados e Sobreviventes.* Trad. Luiz Sérgio Henriques. Rio de Janeiro: Paz e Terra, 1990.

__________. *É isto um homem?* Trad. Luigi Del Re. Rio de Janeiro: Rocco, 1988.

__________. Estável/instável. In: *Ofício alheio: com um ensaio de Ítalo Calvino.* Trad. Silvia Massimini Felix. São Paulo: Editora Unesp, 2016a.

__________. Prefácio a Auschwitz, de L. Poliakov. In: BELPOLITI, Marco. (Org.). *A assimetria e a vida*. Trad. Ivone Benedetti. São Paulo: Editora Unesp, 2016b.

__________. O tempo das suásticas. In: BELPOLITI, Marco. (Org.). *A assimetria e a vida*. Trad. Ivone Benedetti. São Paulo: Editora Unesp, 2016b.

MARDER, Herbert. *Virginia Woolf – a medida da vida*. Trad. Leonardo Fróes. São Paulo: Cosac Naify, 2011.

SPINOZA, Benedictus. *Ética*. Trad. Grupo de Estudos Espinosanos: coordenação Marilena Chauí. São Paulo: Editora da Universidade de São Paulo, 2015.

VUILLARD, Eric. *A ordem do dia*. Trad. Sandra M. Stroparo. São Paulo: Planeta, 2019.

WOOLF, Virginia. *Os Diários de Virginia Woolf*. Trad. José Antonio Arantes. São Paulo: Companhia das Letras, 1989.

__________. Pensamentos sobre a paz durante um ataque aéreo. In: *As mulheres devem chorar ou se unir contra a guerra – patriarcado e militarismo*. Trad., organização e notas Tomaz Tadeu, posfácio Guacira Lopes Louro. Belo Horizonte: Autêntica Editora, 2019.

__________. *The Diary of Virginia Woolf*. Volume 4, 1931-35. Londres: Peguin Books, 1983.

__________. Three Guineas. In: *A room of One's Own and Three Guineas*. Londres: Oxford University Press, 2015.

__________. *Três Guinéus*. Trad. Tomaz Tadeu. Belo Horizonte: Autêntica, 2019.

Entre o Testemunho, a Memória e o Direito: reflexões introdutórias a partir da obra de Primo Levi

Andrea Schettini e Maria Izabel Varella

O problema da memória, tão debatido por historiadores, tornou-se, sobretudo a partir da segunda metade do século XX, um tema a ser enfrentado também pelos teóricos do direito. Ainda que tratados em campos disciplinares distintos, memória, história e direito encontram-se, hoje, mais imbricados do que nunca. Julgar e punir os crimes do passado, reparar as vítimas e revelar a verdade dos fatos tornaram-se demandas centrais na ordem política contemporânea. Em nome de um "acerto de contas" com o passado, julgamentos ditos históricos, tribunais penais *ad hoc* estabelecidos em sociedades pós-conflito, leis memoriais, políticas oficiais de perdão e de anistia, políticas de memória e de reparação das vítimas proliferaram por uma diversidade enorme de países. Como em outras áreas do conhecimento e da ação política, o direito, com suas normas de comportamento, linguagem e instituições próprias, passou a influenciar profundamente a nossa forma de olhar, representar e narrar o passado das mais diferentes experiências de violência.

O objetivo deste ensaio é o de apontar algumas das tensões que surgem do entrecruzamento entre a memória da violência – ou *memória da ofensa,* para usar um termo de Primo Levi[1] –, sua transmissão pelo testemunho e os desafios

[1] Essa expressão dá título ao primeiro capítulo do livro *Os afogados e os sobreviventes: os delitos, os castigos, as penas, as impunidades* (Levi, 2016b: 17).

colocados pelo direito. Trata-se, por um lado, de analisar a necessidade do direito (em razão de suas exigências objetivas e universalizantes) de eliminar, quase que por completo, o que há de literatura (em seu sentido de ficção) no ato de testemunhar e, por outro lado, de refletir sobre os processos de transmissão e atualização da memória no presente, que encontram na obra literária de Primo Levi a expressão de uma potência ressonante para além da ideia de superação do passado.

Cabem aqui dois esclarecimentos preliminares. De início, é preciso pontuar que, se este ensaio se volta para uma análise de cunho mais teórico, não deixa de se vincular a questões concretas bastante atuais: a proliferação de instituições jurídicas (tribunais e comissões de verdade) voltadas para a produção de memórias socialmente compartilhadas; a crescente adoção de um olhar e de uma linguagem jurídicos para descrever um passado violento (como crime contra a humanidade, violação de direitos humanos, imprescritibilidade); os problemas de se reduzir a narrativa testemunhal (fragmentária e literária) a provas objetivas sobre fatos históricos e jurídicos; ou ainda o problema de se submeter a narrativa testemunhal à lógica temporal linear própria do direito (à ideia de um "nunca mais"). Por certo, não se trata aqui de descartar o direito ou suas instituições. Ao contrário, no lugar de encerrar ou concluir o debate, oferecendo soluções para as questões colocadas, buscamos, através de um olhar crítico, jogar luz sobre as tensões que emergem do entrecruzamento entre a memória, o testemunho e o direito.

Feito esse primeiro esclarecimento, cabe ainda dizer que nosso estudo analisou ditas tensões a partir da obra de Primo Levi (sobretudo a partir de *É isto um homem?* [Levi, 1988] e *Os afogados e os sobreviventes* [Levi, 2016b]). O escritor e químico italiano, sobrevivente de Auschwitz, assumiu, ao longo de sua vida, a difícil tarefa de transmitir aos outros sua experiência no interior do campo de extermínio. E assim o fez sem esconder os limites e impasses da memória, junto à qual jamais deixou de associar a necessidade de um esforço cognitivo e de um pensamento crítico (Barenghi, 2015: 21). Apesar de pouco trabalhada no campo jurídico, a obra de Levi parece-nos central para o debate contemporâneo sobre as formas de transmissão dos crimes do passado e, por isso, estará presente ao longo desta reflexão enquanto principal lente teórica para a análise do testemunho.

O ensaio desenvolverá três pontos: no primeiro, buscaremos apresentar, a partir da obra de Primo Levi, alguns dos paradoxos próprios ao ato de testemunhar que, no entanto, não o impedem de contar; em um segundo momento, serão abordados certos aspectos tensos da relação entre direito e testemunho, diante da necessidade da escuta e os limites de sua conformação à lógica jurídica; por fim, dirigiremos a reflexão para a potência da obra de Primo Levi ao produzir uma forma de transmissão, por meio da criação literária, que dirige a todo presente a necessidade de manter viva a memória da ofensa.

Primo Levi e os paradoxos do testemunho

O tema do testemunho constituiu de maneira profunda a obra de Primo Levi. As experiências no interior do campo de extermínio e seu regresso à Itália foram registrados em *É isto um homem?* e *A trégua*, narrativas que fizeram de Levi um dos principais representantes da literatura de testemunho. Para além do registro pessoal e testemunhal de sobrevivente, Levi abriu caminho para o que ele mesmo denominou de "estudo de certos aspectos da alma humana" (1988: 7), conectando-se a um "empenho intelectual de natureza antropológica, em claro movimento de sobrepasso do testemunho" (Lessa, 2019).

No papel de narrador, Levi referiu-se àquilo que viu, sentiu, sofreu sem, contudo, calar as interrogações, esconder as dúvidas ou desconsiderar as ambiguidades do percurso. Não ofereceu nenhum tipo de prescrição, catarse ou redenção, mantendo-se cético em relação ao próprio testemunho: "à parte da piedade e indignação que suscitam, elas [as memórias das vítimas] devem ser lidas com olho crítico" (Levi, 2016b: 11). Sua escrita clara, mesmo diante dos horrores do nazismo, buscou dar ao leitor, em suas próprias palavras, uma "matéria-prima para a indignação"[2], sem que fosse preciso recorrer a exageros ou grandes adjetivações.

Sem deixar de admitir os limites da linguagem, ou mesmo sua desintegração diante da violência, Levi teve como um dos temas fundamentais de sua escrita a necessidade ética de testemunhar e de transmitir a experiência concentracionária. Testemunhava sobretudo por duas razões. Primeiro, porque narrar tornou-se algo inevitável, um desejo que tomara forma ainda no interior do campo. A esperança de sobreviver correspondia, em suas palavras, "à esperança obsessiva de comunicar aos outros" (Levi, 2016a: 161). Segundo, porque havia, a seu ver, um dever ético de, enquanto sobrevivente, falar não apenas em seu próprio nome, mas também no nome daqueles que submergiram. Sendo a verdade do campo a morte em massa e o extermínio, quem sobreviveu não escolheu a si mesmo para falar; foi antes escolhido, seja pelo acaso, pela sorte ou por outras condições desconhecidas (Sarlo, 2007: 34). Como escreveu Levi, "hoje

---

[2] Levi escreveu: "Eu quis fornecer ao leitor a matéria-prima para sua indignação" (tradução nossa) (Levi, 2005: 1043).

se pode bem afirmar que a história do *Lager* foi escrita quase exclusivamente por aqueles que, como eu próprio, não tatearam seu fundo. Quem o fez não voltou, ou então sua capacidade de observação ficou paralisada pelo sofrimento e pela incompreensão" (Levi, 2016b: 12).

A ética do testemunho, desenvolvida por Primo Levi, revelou não apenas um compromisso com a transmissão de uma experiência limite, como também jogou luz, nas palavras de Philipe Mesnard (2014: 90), sobre "a condição instável e sem tranquilidade daquele que se encontra entre o testemunho e a memória", entre a necessidade de falar e as armadilhas, por vezes extremamente dolorosas, do lembrar. Testemunhar sobre o evento limite do holocausto – esse "esforço deliberado, sistemático, industrialmente organizado e amplamente bem-sucedido em exterminar todo um grupo humano" (Friedlander, 1993: 3) – associa-se ao constante trabalho da memória para se haver com o real concentracionário. E se não há nada mais real e inapelável do que o extermínio da vida humana, há sempre algo de inatingível nessa brutal materialidade (Lessa, 2014: 187).

Esse é, na verdade, um paradoxo central que sustenta e habita o testemunho: a necessidade de contar é acompanhada da percepção de que a linguagem pode sucumbir diante daquilo que se quer falar. Mesmo porque o tempo do vivido jamais coincide com o tempo do narrado, reconstruído pela memória e transmitido pela linguagem. O testemunho encontra-se, assim, sempre no limiar entre o dado bruto e inassimilável do trauma (a violência sem um porquê do campo de concentração) e seus esforços para narrá-lo *a posteriori*; entre a ruína traumática que afeta o pensamento, e o que pode o pensamento dela transmitir e elaborar (Teixeira, 2014: 26). É precisamente dessa condição instável entre o testemunho e a memória que emergem os paradoxos: de um lado, a singularidade de uma experiência de violência se vê diante dos limites inerentes à própria linguagem; de outro, as tentativas do narrar se deparam com as possibilidades de escuta do outro.

O esforço de narrar, entender e elaborar coletivamente situações de violência pressupõe enormes desafios. Como dar sentido a experiências por vezes incomunicáveis ou irrepresentáveis? Como transmiti-las e torná-las capazes de criar algo de novo, abrindo espaço a um outro campo de possíveis? Como quer que chamemos uma experiência limite – a catástrofe, o horror, a violência em massa –, ela se revela incomensurável à sua tradução em palavras e conceitos (Gagnebin, 2000: 106). De modo que as representações das quais dispomos (dentre elas as representações jurídicas) revelam-se muitas vezes incapazes de dar conta de uma realidade violenta à qual somos expostos.

Fato é que a violência nos coloca diante de algo que, apesar de ligado à experiência, não é necessariamente resgatado pelo relato. Ela nos faz atingir certas fronteiras a começar pelos limites do próprio corpo e da transmissão da dor (Rêgo Barros, 2014: 14). Mesmo porque "há uma distância praticamente intransponível entre a linguagem de que dispomos para narrar um acontecimento e o que experimentamos deste acontecimento no corpo" (Macêdo, 2014: 46-47). Como esclarece Renato Lessa (2008), o não-limite da experiência, diante da finitude da linguagem, acaba por expor um hiato de onde advém grande parte da agonia da condição humana. A necessidade de contar é, portanto, acompanhada da percepção de que a linguagem pode sucumbir diante daquilo que se quer falar.

Essa tensão é absolutamente central na obra de Primo Levi e nos remete a duas reflexões importantes sobre o testemunho.

Em primeiro lugar, reconhecer que esse impasse representacional de situações de violência extrema não pode servir como meio de se transformar uma barreira parcial e relativa em algo absoluto ou total. Como explica Levi, o limite inerente à linguagem não pode terminar em um elogio à incomunicabilidade. Em *Os Afogados e os Sobreviventes,* o escritor reconhece que os sobreviventes, ao narrarem suas experiências, estão fadados a uma profunda simplificação, obrigados a reduzir o cognoscível a um esquema de representação apoiado na linguagem e no pensamento conceitual. Mas ao mesmo tempo que diz isso repudia veementemente a defesa da incomunicabilidade enquanto elemento da condição humana, "como se fôssemos mônadas, incapazes de mensagens recíprocas ou capazes de mensagens truncadas, falsas desde a emissão, desentendidas na recepção" (Levi, 2016b: 71). Falar a seu ver é necessário: ainda que a língua não tenha as palavras para expressar a ofensa da aniquilação de um homem, contar aos outros e torná-los participantes eram, para ele, uma necessidade elementar[3].

Em segundo lugar, reconhecer que nossa linguagem pode se revelar insuficiente ou aquém da experiência não afasta a necessidade constante de encontrar, diante de experiências de violência, alguma narrativa estável, capaz de estabelecer verdades possíveis. A luta empreendida por Primo Levi contra visões negacionistas pode ser pensada dentro desse paradoxo. Como o autor coloca em *Os Afogados e os Sobreviventes*, "a propósito das reconstruções do passado, deve-se

[3] Em É *isto um homem?*, Primo Levi afirma que: "pela primeira vez, então, nos demos conta de que a nossa língua não tem palavras para expressar esta ofensa, a aniquilação de um homem" e "a necessidade de contar 'aos outros', de tornar 'os outros' participantes, alcançou entre nós, antes e depois da libertação, caráter de impulso imediato e violento, até o ponto de competir com outras necessidades elementares" (Levi, 1988: 32).

observar que a distorção dos fatos muitas vezes é limitada pela objetividade dos próprios fatos, em torno dos quais existem testemunhos de terceiros, documentos, corpo de delito, contextos historicamente definidos. No fim, ainda que hoje se discuta se as vítimas foram quatro, seis ou oito milhões, sempre de milhões se fala" (Levi, 2016b: 8, 22).

Para além dos limites da representação e da linguagem, o paradoxo do testemunho estende-se ainda a outro registro: o dos limites da escuta (Caldas, 2015). A tensão entre o esforço de comunicabilidade e de transmissão e a possibilidade de escuta é permanente. Mesmo porque o ato de interpelar e de dirigir-se ao outro – seja ele anônimo ou mesmo representado por meio de uma apóstrofe[4] – é inerente à narrativa testemunhal. A tensão situada entre o esforço de comunicabilidade e de transmissão e a possibilidade de escuta é, portanto, algo constante no testemunho: se não houver escuta, não há testemunho possível.

Em *É isto um homem?*, Levi aborda essa problemática, retratando-nos um dos sonhos que o atormentava durante sua estadia no campo de concentração. Nele, de volta à casa de sua família, o escritor se deparava com a indiferença e a incompreensão dos familiares e amigos diante de seu relato sobre os horrores vivenciados no *Lager*:

> Conto também a história da nossa fome, e do controle dos piolhos, e do Kapo que me deu um soco no nariz e logo mandou que me lavasse porque sangrava. É uma felicidade interna, física, inefável, estar em minha casa, entre pessoas amigas, e ter tanta coisa pra contar, mas bem me apercebo de que eles

---

[4] Essa expressão foi retirada do texto de Judith Butler, "Para pensar o presente, Primo Levi". Nele, a autora aborda uma série de aspectos sobre a obra de Levi, tratando mais especificamente da instrumentação do trauma para a legitimação de violências no presente (Butler, 2017: 185).

não me escutam. Parecem indiferentes; falam entre si de outras coisas, como se eu não estivesse. Minha irmã olha pra mim, levanta, vai embora em silêncio. (Levi 1988: 85)

Apesar do medo retratado no sonho ("mesmo que contarmos, não nos acreditarão" (Levi, 2016b: 7)), é notável o esforço empreendido por Levi de se dirigir ao outro e de interpelá-lo. Vale dizer que, além de sua extensa obra, o escritor dedicou-se também à tradução de textos literários, acadêmicos e de narrativas testemunhais sobre o holocausto, fato que reforça ainda mais sua rejeição a uma possível defesa da incomunicabilidade (Alexander, 2007: 155). Também não foi por acaso que, no livro *Os afogados e os sobreviventes*, Levi encerrou sua escrita com um capítulo intitulado "Carta de alemães", no qual fala sobre as primeiras cartas que lhes foram enviadas por leitores alemães entre os anos de 1961 e 1964. A escolha de fechar o livro com essa troca de correspondências não revela condescendência nem mesmo ressentimento, mas propõe uma reflexão sobre a importância, conferida pelo autor, à escuta dos testemunhos daqueles que vivenciaram uma experiência de violência (ainda que, para ele, entender tal experiência por completo fosse sempre impossível).

Interessante notar que, se Levi afirma não ser possível imaginar ou compreender "o fundo" ao qual chegam muitos dos homens e mulheres no interior do campo[5], ainda assim faz um apelo constante à imaginação e à escuta do leitor (em outros termos: faz um apelo constante à transmissão e à abertura

[5] Em *É isto um homem?*, Levi afirma: "Num instante, por intuição quase profética, a realidade nos foi revelada: chegamos ao fundo. Mais para baixo não é possível. Condição humana mais miserável não existe, *não dá para imaginar*. Nada mais é nosso: tiraram-nos as roupas, os sapatos, até os cabelos; se falarmos, *não nos escutarão* – e se escutarem, *não nos compreenderão*" (Levi, 1988: 33, grifo nosso).

necessária da escuta do outro). "Imagine", escreve ele, "um homem privado não apenas dos seres queridos, mas de sua casa, seus hábitos (...); ele será um homem vazio, reduzido a puro sofrimento e carência, esquecido de dignidade e discernimento" (Levi, 1988: 33). Por sua vez, no conhecido poema de abertura de *É isto um homem?*, intitulado *Shemá* (*escuta*), Levi chama seu leitor a exercer uma escuta atenta. Diz ele: "pensem que isto aconteceu:/ eu lhes mando estas palavras/ Gravem-nas em seus corações/ estando em casa, andando na rua,/ ao deitar, ao levantar;/ repitam-nas a seus filhos".

O caráter limítrofe de uma experiência de violência, como foi o holocausto, não implica, portanto, uma ruptura absoluta com a linguagem, a imaginação ou a escuta, resultando, antes, de um paradoxo: trata-se de um evento cuja necessidade de se estabelecer contornos coexiste com a impossibilidade de se alcançar a totalidade; um evento cuja necessidade de se produzir alguma verdade a ser transmitida é acompanhada da opacidade insuperável que lhe é inerente, e que também é própria da linguagem (Friedlander, 1993: 4).

O potencial ético-político do testemunho diante do Direito

A crise do testemunho, diante dos limites da representação, da dificuldade de se imaginar a violência sem por que do campo e das lacunas linguísticas que lhes são inerentes, nos serve de abertura para refletirmos sobre o potencial ético-político das narrativas testemunhais. É por meio do testemunho que aquele que fala e aquele que escuta passam a nomear e conferir sentido a uma experiência de violência passada a partir de um espaço compartilhado (Jelin, 2002: 84). O testemunho possui o desafio constante de construir uma "ponte com 'os outros', de modo a resgatar o sobrevivente do sítio da outridade" (Seligmann-Silva,

2008: 66). Trata-se, nesse sentido, de uma modalidade da memória, de um modo de escritura do passado violento (Seligmann-Silva, 2008: 73) que carrega em si a capacidade de retirar o evento traumático de um registro individual do sujeito e inseri-lo no registro da corresponsabilidade ética (entre aquele que fala e aqueles que o escutam), transformando a violência, antes ocultada (ou recalcada), em um acontecimento eminentemente político, capaz de ser transmitido (Conte, 2014: 24).

Mas em vez de um ato de descrição de fatos históricos, é preciso perceber o testemunho como um modo de apresentação ou demonstração de uma experiência singular. Ele é "comunicad[o] por uma pessoa viva, que responde, rememora, pensa, chora e leva adiante" (Hartman, 2000: 212). Relatar uma experiência de violência, nesse sentido, não é uma questão de simplesmente revelar ou ocultar a verdade do que aconteceu. Não se confunde com um manual de história ou uma espécie de compilação de memórias pretéritas. O testemunho é permeado por imprecisões, buracos, contradições, hesitações, bem como pela imaginação[6] (elemento esse fundamental para a construção de imagens, de comparações e,

[6] Nesse sentido, ver: Didi-Huberman (2017: 30). Em relato da visita que fez ao Museu de Auschwitz-Birkenal, em 2011, Didi- Huberman nos interpela sobre o impasse representacional. Para o autor, se algo é inimaginável, como muitas das formas de violência contemporânea podem ser, é ainda mais preciso imaginá-lo apesar de tudo. É necessário representar alguma coisa da experiência, "um mínimo do que é possível saber". Trata-se, assim, de não se resignar diante desse obstáculo à imaginação, posto que tal impasse foi precisamente uma das grandes forças estratégicas utilizadas pelo regime nazista e que, podemos acrescentar, continua a ser empregado por outros esquemas de opressão (de raça, de gênero ou de classe) que violentam os corpos de suas vítimas ao mesmo tempo em que tentam apagar as marcas da violência.

sobretudo, de meios necessários para se tratar daquilo que não pode ser facilmente representado).

É precisamente a imaginação, escreve Seligmann-Silva (2008: 70), que é convocada como arma do simbólico para se enfrentar o buraco negro do real do trauma. E a literatura de testemunho, como mostra Levi, seria a prova viva disso, emergindo como indissociável da vida e de um comprometimento com o real. Ela se volta para o real não tanto para "representá-lo", enquanto imitação do mundo, mas para lhe dar forma: uma forma lacunar e incompleta. A literatura de testemunho é, com efeito, mais do que um gênero literário; é, antes, uma nova ética da representação do evento-limite. E, nela, vemos os limites entre ficção e realidade serem, senão extintos, ao menos completamente questionados. O testemunho busca "resgatar o que existe de mais terrível no real para apresentá-lo. Mesmo que para isso ele precise da literatura" (Seligmann-Silva, 2003: 372). Poderíamos acrescentar que não se trata apenas de um "mesmo que precise"; o testemunho, com efeito, só consegue apresentar o real porque permite imaginar.

No entanto, se a imaginação é precisamente o que possibilita a narrativa de uma experiência traumática ou a transmissão da memória da ofensa, ela também costuma ser vista como o principal fator de suspeição do testemunho, sendo recorrentemente atacada por exigências positivistas em torno da construção da verdade objetiva, de natureza histórica e jurídica. Na concepção jurídica do testemunho, explica Seligmann-Silva (2003: 374), "a literatura, em seu sentido de ficção, deve ser totalmente eliminada". A questão está em conceber a imaginação no registro da mentira, algo absolutamente equivocado. A ficção e a simbolização são, com efeito, um caminho potente de construção de verdades.

Mesmo que a violência extrema possa ser inimaginável em vários sentidos, é precisamente por isso que é necessário tentar imaginá-la (Didi-Huberman, 2017: 30). Não para aderir a visões espetacularizadas ou exibicionistas do sofrimento humano, mas para torná-lo transmissível e, ao assim fazer, inscrevê-lo no âmbito do político. Como bem apontou Levi, o nazismo foi uma guerra declarada à memória. Resignar-se ao impasse representacional seria, então, ceder às estratégias nazistas de apagamento das marcas da violência.

O trabalho do testemunho implica, assim, um ato de construção de um espaço comum de imaginação: testemunhar pressupõe não somente um sujeito disposto a falar, mas a existência de uma escuta social, de um contexto também institucional que lhe dê sustentação e visibilidade (e é aqui que entra, em grande medida, a importância das instituições jurídicas: tribunais judiciais, leis memoriais e comissões de verdade, por exemplo). O paradoxo é que se o direito (através de suas instituições jurídicas) ganha relevância para a criação de um contexto institucional de escuta do testemunho (tão importante nos dias de hoje), ele também contribui para eliminar todo o seu sentido de ficção em nome de critérios universalizantes, abstratos e de suposta coerência lógica (colocados pela lei e pelo processo).

E, nesse sentido, se é possível afirmar que uma das funções do direito – com todo seu aparato normativo e institucional – é traduzir as narrativas subjetivas em um evento portador de significado jurídico diante não apenas das vítimas, mas da sociedade como um todo (uma grave violação de direitos humanos, um genocídio, um crime contra a humanidade?), não se pode ignorar que essa tradução opera por meio de silenciamentos e violências, prestando-se, muitas vezes, à própria reprodução e ao aprofundamento dos mecanismos de opressão e exclusão. O direito, ao mesmo tempo que garante certo reconhecimento e legitimidade à narrativa testemunhal, também acaba por limitá-la, reduzi-la e padronizá-la nos termos da linguagem jurídica (constituída, por exemplo, por tipos penais, instrumentos normativos internacionais e critérios objetivos para a reparação das vítimas)[7].

Do ponto de vista do direito, o testemunho costuma ser reduzido a um depoimento, a uma espécie de prova da verdade daquilo que se afirma. Mas a narrativa testemunhal não se presta necessariamente a descrever fatos, datas e nomes de maneira clara, objetiva e neutra. A vítima que testemunha pode esquecer, pode se desdizer, pode narrar de maneiras diferentes os mesmos fatos, pode lembrar anos mais tarde de algo até então recalcado, de modo que o horizonte do testemunho está sempre aberto, voltado para as perguntas e expectativas do presente. Tais considerações nos remetem, por exemplo, a uma situação já bastante conhecida, ocorrida durante o Tribunal de Eichmann e narrada por Shoshanna Felman no livro *O inconsciente jurídico: julgamentos e traumas no século XX*. Uma das vítimas chamadas a falar, o escritor Yehil Dinoor, conhecido pelo pseudônimo de Ka-Zetnik e importante testemunha ocular do caso (ele havia encontrado Eichmann, em Auschwitz), "não

[7] Organizados com base na "dislógica" que caracteriza a memória da ofensa, os testemunhos das vítimas, aponta Rebecca Saunders, não se encaixam na racionalidade própria da linguagem de reconciliação própria do direito. Os fatos narrados pelas vítimas - complexos, lacunares e fragmentados - são enquadrados em categorias jurídicas genéricas (tortura, desaparecimento forçado, execução etc.); os sujeitos são limitados às qualificações da lei e o relato é inserido em um tempo pretérito a ser superado, ou melhor, em um tempo histórico próprio ao "nunca mais". Ver: Saunders (2008: 54).

conseguiu" dar seu testemunho perante o Tribunal. Antes mesmo de narrar o encontro factual com o acusado, o escritor desmaiou na tribuna.

> Esta é uma crônica do planeta de Auschwitz. Eu estive lá por mais ou menos dois anos. O tempo lá era diferente do que é aqui na Terra. Cada fração de segundo transcorria em um ciclo de tempo diferente. E os habitantes daquele planeta não tinham nomes. Eles não tinham pais nem filhos. Eles não se vestiam como nos vestimos aqui. Eles não nasciam lá e ninguém dava à luz. [...] Eles me deixaram, continuaram me deixando, para trás [...] por quase dois anos eles me deixaram e sempre me deixaram para trás [...] eu os vejo, eles estão me observando, eu os vejo". Nesse ponto, o promotor interrompe gentilmente: "Sr. Dinoor, eu poderia talvez fazer algumas perguntas ao senhor, se o senhor consentir? Mas Dinoor continuou a falar com uma voz vazia e tensa, alheio ao arranjo da sala do tribunal, como um homem mergulhado em alucinação ou em um transe hipnótico. "Eu os vejo, eu os vejo em pé, na fila..." Logo após, o juiz presidente de fato interviu: "Sr. Dinoor, por favor, por favor, ouça-os Sr. Hausner; espere um minuto, agora me ouça!" A testemunha, extenuada, levantou-se vagamente e, sem dar sinal, caiu desmaiada, desabando no chão, ao lado da tribuna da testemunha[8].

O que chama atenção em tal imagem, para além de todo o sofrimento revivido por Ka-Zetnik no interior do tribunal, é a possível repercussão do fato no âmbito do direito. A autora mostra que, numa perspectiva jurídica, aquele testemunho poderia não ter qualquer relevância, não passando de uma falha ou de um fracasso em se comprovar os fatos alegados pela acusação (Felman, 2014: 192-206). Se o

---

[8] Esse relato foi feito por Shoshana Felman. Ver: Felman (2014: 192).

silêncio ou o desmaio, em uma sala do tribunal, pode ser desprovido de significado jurídico, é preciso ter em mente que o testemunho não transmite apenas fatos: ele é, em si mesmo, uma evidência; ele é capaz de transmitir as verdades possíveis, necessariamente fragmentares, lacunares, quando não silenciosas.

Como explica Didi-Huberman (2012: 137), "testemunhar é contar apesar de tudo o que é impossível contar totalmente". Os testemunhos são, mais propriamente, palavras lacunares, fragmentares, arrancadas fugitivamente do real. Não se trata de um reflexo puro do acontecimento, nem de uma simples prova objetiva (como, por vezes, pretende o direito). Neles estão contidas, ao mesmo tempo, nitidez e impureza, revelações e confusões, silêncios, lacunas e vestígios. E são precisamente os paradoxos, impurezas, opacidades, fragmentos, inconsistências e lacunas - espécies de "zonas cinzentas"[9] do narrar - que fazem dos testemunhos um caminho possível para a construção de uma crítica, ética e política, da violência (e que, por vezes, coloca em xeque os limites do Direito em suas pretensões de neutralidade, univocidade e totalidade).

---

[9] Primo Levi (2016b: 32) utiliza a expressão "zona cinzenta" para se referir a uma zona "com contornos mal definidos que, ao mesmo tempo, separa e une os campos dos senhores e dos escravos" Tratando especificamente da experiência concentracionária, o autor chama a atenção para a ambiguidade do agir humano provocada pela opressão, não com o objetivo de negar a existência material e objetiva de vítimas, mas para afastar visões estereotipadas e maniqueístas dos seres humanos. Como aponta Didier Fassin (2013), o conceito de Primo Levi nos obriga tanto a repensar a distinção que aceitamos entre o bem e o mal em nosso mundo moral, quanto a refletir sobre a separação estabelecida entre a ética e a política. Trata-se de um conceito que nos desafia, enfim, a reavaliarmos nossos paradigmas morais e éticos.

Assim, se o testemunho dá a ver que a linguagem do trauma é constituída por lacunas e silêncios, coloca a necessidade, para o direito e para o corpo social, de que sua escuta não seja restringida senão pelos limites próprios ao ato de contar a experiência traumática. O desafio é criar modos de garantir que esse conhecimento, por si mesmo fragmentário, não seja ainda mais recortado de maneira definitiva por uma determinação que lhe é externa e que procura torná-lo legível às suas próprias categorias – independentemente da justeza do encaixe entre a forma predeterminada e aquilo que se mostra por meio do testemunho.

Apesar dos limites da linguagem e da lógica jurídicas, cabe certamente ao direito promover a reparação dos atingidos e dar seguimento às investigações e ao esclarecimento dos atos de violência, corrigindo as versões oficiais que costumam mascarar o grau e a amplitude da violência então adotada como política. Mas é importante não perder de vista que, diante da multiplicidade dos sentidos e tempos que proliferam do testemunho, a lógica jurídica se orienta pela pretensão de descrever, concatenar e resolver fatos objetivos e verificáveis, organizando-os cronológica e linearmente e direcionando-os a uma solução que, por sua vez, deve equivaler à superação do assunto em questão.

Nesse sentido, além dos limites colocados à escuta do testemunho pela sua tradução à linguagem jurídica, a perspectiva do tempo, no direito, também produz consequências para a escuta do testemunho. Assim, seguindo a mesma lógica temporal (linear e resolutiva) do direito, situa-se uma das principais respostas institucionais que puderam ser cunhadas para lidar com o passado traumático até hoje. Trata-se do objetivo de "reescrever o passado", a fim de contrariar as versões comprometidas com a promoção de políticas de esquecimento. Como, ao falarmos em memória, referimo-nos sempre a uma pluralidade de memórias, abordar os modos de transmissão da memória traumática, para os quais o testemunho é sempre central, implica perceber sua dimensão política. Como as memórias em conflito dizem respeito à atribuição de sentidos que um dado presente pode atribuir à sua realidade atual, o modo de perceber aquilo que nos trouxe até aqui impulsiona também a abertura para imaginar e criar os caminhos ainda por vir.

Dessa perspectiva, é possível notar que o que costuma escapar às representações históricas, mesmo aquelas produzidas no âmbito de reparação e escuta institucionais aos atingidos, é que tendem a implicitamente pôr em prática uma política do tempo[10] animada pela suposição de que a experiência humana seguiria um princípio progressivo e resolutivo. Isso significa que, influenciada diretamente pela forma do tempo no direito, a elaboração de uma outra representação da história poderia acabar por situar a memória da ofensa *atrás* do presente que dela se torna "consciente", considerando-o definitivamente superado. Entretanto, se hoje podemos afirmar, com dura clareza, que se torna cada vez mais difícil sustentar a crença na irreversibilidade das conquistas progressistas, isto é, se é evidente que a violência persiste sob distintas formas, é necessário que os trabalhos de memória, como a própria reescrita do passado, não correspondam a uma lógica voltada a um horizonte de futuro.

Para que a memória transmitida pelo testemunho alcance sua potência política, parece-nos necessário mantê-la

---

[10] Berber Bevernage utiliza o termo de Peter Osborne para referir-se à política que toma as estruturas temporais das práticas sociais como objeto específico de sua intenção transformadora ou conservadora. Ver: Bevernage (2010: 20) e Osborne (1995).

como tarefa permanente e dinâmica; como assunto do presente. Trata-se de afirmar constantemente a necessidade de tornar os instrumentos da memória ativos na produção de um espaço imaginário compartilhado em que se conjure, como valor, o recurso à violência. Por isso, manter as conquistas já alcançadas e abrir novas formas de produção da realidade implica um esforço jamais finalizado, dedicado ao esclarecimento de fatos de violência, mas também à participação ativa na produção de sentidos àquilo que se mostra por meio do testemunho.

Isso porque, sem essa dimensão ativa e permanente dos trabalhos de memória, corremos o risco de contribuir para o encerramento dos sentidos do passado, tornando-o inócuo à leitura do presente. Inclusive, é muitas vezes sob o argumento da suficiência da produção de *uma outra narrativa histórica* que se baseiam as iniciativas contrárias à continuidade das políticas de memória – como se, uma vez "reescrito", o passado estivesse já definitivamente "enterrado".

Justamente neste ponto, Berber Bevernage (2015: 335) problematiza o fato de que as *retrospective politics* sejam geralmente envolvidas por um falso dilema, constituído pela imposição de uma escolha ao presente entre, de um lado, atender à demanda pela reconstituição histórica e reparação da violência do passado *ou,* por outro, seguir adiante em direção à construção "do futuro" sem olhar para o que o antecedeu. Se se trata de um falso dilema é porque, nessa perspectiva, se pressupõe que caberia a todo presente determinar para qual *lugar do tempo* dirigir exclusivamente o olhar. Como se tomar o passado como substância para a legibilidade do presente fosse um gesto apartado, ou mesmo contrário, à criação do que está por vir.

Como efeito, corre-se o risco de eximir a experiência atual de perceber e lidar com o que do passado continua (Bevernage, 2010: 20). Diante disso, pode ser pertinente desnaturalizarmos finalmente a forma tradicionalmente estabelecida para a relação entre o tempo e a experiência, que informa os procedimentos do direito e que ressoa nas iniciativas de reescrever o passado, atentando para os dois "perigos" que, no fundo, dizem respeito a um mesmo risco: deixar que os trabalhos de memória sirvam como instrumento, não das lutas, mas da própria força de normalização da violência. A necessidade que se coloca à memória, hoje, parece-nos transformar constantemente os resultados de investigação e elucidação dos crimes do passado em instrumentos capazes de contribuir para a percepção do próprio presente. Observar os limites das representações jurídicas implica, portanto, imaginar formas de compor a partir deles outros modos de alcançar o presente com a memória da ofensa.

Trata-se, em outras palavras, de manter a atenção para o risco de despolitização da memória enquanto meio de se praticar uma crítica dinâmica e permanente do presente e da "normalidade". A primeira expressão desse risco corresponde, como visto, ao perigo de reduzirmos o testemunho à objetividade e à verificabilidade dos fatos, conformando-o acriticamente à lógica jurídica – como se a experiência da vida, até a mais impensável, precisasse caber dentro das formas preconcebidas do direito. O segundo perigo a ser evitado diz respeito à pretensão de, ao reescrever o passado inscrevendo a violência atrás do presente, acreditarmos rápido demais na superação dessa violência, sem notarmos que ela tende a continuar, sob formas distintas. Assim, sem abrir mão do direito, pode ser interessante investigar em que medida o dever de memória não se encerra dentro da lógica jurídica, mas que pode se expandir para além dela. Deslocar o olhar para outras formas de contar o passado, sobretudo aquelas produzidas em campos de maior liberdade expressiva, guarda a potência não só de tornar visíveis os limites do direito, mas de abrir novas saídas para o desafio de manter viva e produtiva a memória da ofensa, na orientação da ação.

A transmissão da experiência na obra de Primo Levi

A obra de Primo Levi importa justamente nesse ponto. Pela criação literária, o químico-escritor efetua uma prática de memória que de forma alguma exime o presente de se perceber implicado como eco no grito do "nunca mais!". Levi dirige-se ao seu leitor para enredá-lo na percepção de que aquilo que pôde ser produzido, e que ele agora conta, diz respeito a algo deste mundo, onde permanecemos e no qual ainda precisamos acreditar. Se a concretização do projeto nazista não pode ser resumida a um desvio de um suposto percurso evolutivo, é algo que precisamos tentar compreender, mesmo que essa compreensão jamais possa ser total. Como diz Primo Levi (2016b: 19), "o opressor continua como tal, tanto quanto a vítima: não são intercambiáveis; o primeiro deve ser punido e execrado (mas, se possível, compreendido), a segunda, deve ser lamentada e ajudada".

Nesse sentido, a transmissão da experiência do Campo por Levi produz um tipo de encontro entre o presente e o passado que não permite ao leitor dar por encerrada a possibilidade de recorrência do "intolerável". Dar a notícia da experiência dos Campos significa impor a tarefa de ruminar permanentemente a ideia, tão detestável quanto incontornável, de que somos "potencialmente capazes de construir uma quantidade infinita de dor" (Levi, 2016-b: 68). Por isso, a certa altura de *É isto um homem?*, escreve:

> Poderíamos, então, perguntar-nos se vale mesmo a pena, se convém que de tal situação humana reste alguma memória. A essa pergunta, tenho a convicção de poder responder que sim. Estamos convencidos de que nenhuma experiência humana é vazia de conteúdo, de que todas merecem ser analisadas; de que se podem extrair valores fundamentais (ainda que nem sempre positivos) desse mundo particular que estamos descrevendo. Desejaríamos chamar a atenção sobre o fato de que o Campo foi também (e marcadamente) uma notável experiência biológica e social. (Levi, 1988: 127).

Mas, se escrevendo, Primo Levi busca dar ordem àquilo que viveu, essa ordem não equivale a uma determinação externa ou preconcebida, na qual sua experiência deveria se enquadrar; é criada no próprio processo de sua construção literária. A partir de uma narração comprometida com a sobriedade, característica que o escritor coloca abertamente como parte de sua tarefa de contar[11], Primo Levi apresenta sentidos da experiência para além da representação de fatos "objetivos". Leva a sério o desafio autoimposto de encontrar a justa medida entre a necessidade de contar ao mundo a experiência de destruição à qual ele e tantos outros foram submetidos, e o desejo de tornar esta experiência capaz de orientar a ação no presente. A transformação da experiência de destruição, contrária, portanto, à vida, em uma

[11] Escreve: "Dito isso, e renunciando enfaticamente a qualquer pretensão normativa, proibitiva ou punitiva, gostaria de acrescentar que acho que não se deveria escrever de modo obscuro, pois um texto tem muito mais valor, e muito mais esperança de ser difundido e se tornar eterno, quanto melhor for compreendido e quanto menos se prestar a interpretações equívocas" (Levi, 2016-c: 56).

experiência transmissível pela escrita literária, parece ser o meio pelo qual Primo Levi se dá de volta à vida. Conta, em *O sistema periódico*, que

> Era exaltante procurar e encontrar, ou criar, a palavra certa, ou seja, comedida, breve e forte; tirar as coisas da memória e descrevê-las com o máximo de rigor e o mínimo embaraço. Paradoxalmente, o meu manancial de memórias atrozes tornava-se uma riqueza, um semen; parecia-me que, escrevendo, crescia como uma planta. (Levi, 1994: 153)

A precisão de Primo Levi é, portanto, químico-literária, mais do que jurídica: refere-se menos à obsessão com uma objetividade linear e total dos "fatos", e mais ao esforço por tornar permeável a experiência do Campo àqueles que não a viveram. Com isso, irrompe sobre a tranquilidade do leitor, e do próprio presente que lê um acontecimento "passado", com um chamado para torná-lo participante e implicado naquilo que ele conta. Afeta capilarmente seu leitor com a transmissão de uma verdade que habita não as grandes representações históricas, mas os pequenos momentos: fragmentos de memória que dão a pensar ao serem transmitidos como literatura. Como sustenta Renato Lessa (2008: 16): "Ao operar com pormenores, por outro lado, um poderoso mecanismo metonímico é posto em ação: cada detalhe, ou história parcial, fala de sua positividade intrínseca, mas ao mesmo tempo sugere ao leitor os contornos gerais de uma (des)ordem gigantesca que o contém".

É, assim, com uma *estética de fragmentos* (Lessa, 2008: 16) que Levi mostra, sem explicar, não apenas as condições de vida e morte no Campo, mas algo mais grave e de importância imprescritível: certos aspectos da condição humana diante do meticuloso e bem-sucedido projeto de extermínio.

É nesse cenário também que se pode ler a afirmação de Mario Barenghi (2015: 21) quando diz que "Levi não se limita a se referir fielmente a um fato ocorrido, mas reivindica a importância de contá-lo". Por isso, a forma de transmissão da experiência pela obra primoleviana não recusa, mas assume o paradoxo próprio à necessidade (vital) de transmitir uma experiência que desafia a linguagem, produzindo-se justamente sobre esse paradoxo como afirmação e criação. Desafia, desse modo, o projeto nazista de manter o monopólio da verdade, pela via do silenciamento das vítimas, acerca do experimento concentracionário.

***

Pensar a partir da obra de Primo Levi significa enfrentar alguns dos desafios inerentes à tarefa de transmitir a memória da ofensa, sem abrir mão de torná-la substância para orientar permanentemente a ação no presente. Sobretudo quando se parte do campo do direito, tanto no sentido estrito da promoção de reparações aos atingidos, quanto no das iniciativas que, mais amplamente, ressoam as formas jurídicas de ver e narrar a realidade, é preciso reconhecer os limites que se colocam à tarefa de contar o trauma. Se Primo Levi conta apesar de tudo, é para que não se possa *deixar de ver* que o intolerável tem lugar.

Deixar-se afetar por este fato pode contribuir para tornar visíveis os sinais de perigo que se imiscuem a toda "normalidade", e, com isso, criar maneiras de desviá-los. A potência da literatura reside justamente na capacidade de produzir um efeito capilar na percepção de todo presente, tornando perceptíveis sentidos da experiência de violência que tendem a ser neutralizados em uma representação supostamente objetiva e neutra do passado. Ao criar literatura, Primo Levi não apenas relata, mas mantém os sentidos da experiência abertos à composição com cada presente que lhe dirige o olhar.

O primeiro dos desafios colocados pela tarefa de testemunhar, tratados neste trabalho à luz da obra de Primo Levi, diz respeito ao paradoxo fundamental entre a necessidade de contar e a insuficiência da linguagem para transmitir a experiência de sobreviver à política de destruição de todo um grupo humano. Se é certa a impossibilidade de transmitir totalmente uma experiência "impensável", o testemunho se torna, em seus limites, lacunas, silêncios, idas e vindas, uma evidência incontornável daquilo que pode (porque pôde) ser produzido neste mundo. Se a violência já concretizada cala, o testemunho a desafia.

O segundo obstáculo que buscamos tratar refere-se, mais estritamente, aos limites próprios à escuta institucional. Se, por um lado, o direito e suas instituições têm o poder de interferir no imaginário coletivo, ocupando um papel privilegiado na produção de valores de uma sociedade, por outro, ao pretender produzir uma "verdade" sobre os acontecimentos, orienta-se por uma lógica que tende a conformar a realidade (mesmo do trauma) a formas preconcebidas. Fato é que o paradoxo do testemunho se intensifica quando a linguagem disponível se restringe à do direito e quando o tempo complexo da lembrança traumática é enquadrado a uma forma linear e resolutiva. Ainda assim, a forma institucional de escuta continua imprescindível à reparação individual e coletiva: não se trata de recusar o que pudemos produzir, mas perceber que seus limites determinam onde deve pousar a atenção do presente. Se a lógica do direito limita, os trabalhos de memória não precisam se reduzir àquilo que ela produz.

Nesse sentido, a questão passa a se direcionar à crítica das formas de transmissão da memória que possam não apenas dar a ver esses limites, mas criar a partir deles saídas para que a memória da ofensa, como desejo de conjurar o intolerável, habite a experiência política e histórica de todo presente. Buscamos, finalmente, mostrar em que medida a obra de Primo Levi cria modos de manter ativa a relação da memória com o presente. Ao tornar possível narrar o que viu e viveu, ao falar por si e pelos que não puderam contar, Levi torna permeável a experiência do que é, a princípio, impensável e sem por que do experimento concentracionário. Cria operadores literários que, por um lado, organizam e dão um sentido compartilhável à experiência de desumanização e, por outro, demandam do leitor que se impliquem naquilo que escutam.

Este capítulo buscou, portanto, apresentar os limites que caracterizam o testemunho e a escuta institucional não como linhas intransponíveis, mas, ao contrário, como elementos que podem direcionar a tarefa de transmissão da memória. A obra de Primo Levi importa especialmente porque condensa os paradoxos, os desafios e a abertura próprios à transmissão da memória da ofensa, tornando-a porosa àqueles que não a vivenciaram.

Referências

ALEXANDER, Zaia. Primo Levi and translation. In: GORDON, Robert. (Ed.). *Primo Levi*. Cambridge: Cambridge University Press, 2007.

BARENGHI, Mario. Por que acreditamos em Primo Levi? *Revista Digital do NIEJ*, ano 5, n. 9, 2015.

BEVERNAGE, Berber. The past is evil/evil is past: on retrospectives politics, philosophy of history, and temporal manichaeism. *History and Theory*, v. 54, 2015.

_______. Writing the Past Out of the Present: History and the Politics of Time in Transitional Justice. *History Workshop Journal*, v. 13, mar., 2010.

BUTLER, Judith. *Carminhos divergentes: judaicidade e crítica do sionismo*. Trad. Rogerio Bettoni. São Paulo: Boitempo, 2017.

CALDAS, Pedro. Uma crítica ao conceito da experiência traumática e as possibilidades de definição de um evento-limite: comentários sobre É isto um homem?, de Primo Levi. XXVIII Simpósio Nacional de História (Lugares dos Historiadores: velhos e novos desafios), Santa Catarina, jul., 2015. Disponível em: https://anpuh.org.br/uploads/anais-simposios/pdf/2019-01/1548945018_d128caad9de0aff371cc1a3f20c3fdf5.pdf. Acesso em: 1 maio 2020.

CONTE, Bárbara Souza. Clínicas do Testemunho: reparação psíquica e reconstrução de memórias. In: SIGMUND FREUD ASSOCIAÇÃO PSICANALÍTICA. *Clínicas do Testemunho: reparação psíquica e construção da memória*. Porto Alegre: Criação Humana, 2014.

DIDI-HUBERMAN, Georges. *Cascas*. Trad. André Telles. São Paulo: Editora 34, 2017.

__________. *Imagens, apesar de tudo*. Lisboa: KKYM, 2012.

FASSIN, Didier. On Resentment and Ressentiment – The Politics and Ethics of Moral Emotions. *Current Anthropology*, v. 54, n. 3, jun., 2013.

FELMAN, Shoshana. *O inconsciente jurídico: julgamento e traumas no século XX*. Trad. Ariani Bueno Sudatti. Bauru: Edipro, 2014.

FRIEDLANDER, Saul. Introduction. In: __________. (Org.). *Probing the limits of representation: nazism and the final solution*. Cambridge: Harvard University Press, 1993.

GAGNEBIN, Jeanne Marie. Palavras para Hurbinek. In: NESTROVSKI, Arthur e SELIGMANN-SILVA, Márcio. (Org.). *Catástrofe e representação*. São Paulo: Escuta, 2000.

GROSSMAN, David. Archivio. *La Repubblica*, 5 nov., 2017. Disponível em: https://ricerca.repubblica.it/repubblica/archivio/repubblica/2017/11/05/l-e-g-g-e-r-ep-r-i-m-o-l-e-v-i46.html?refresh_ce. Acesso em 29 jun., 2021.

HARTMAN, Geoffrey. Holocausto, Testemunho, Arte e Trauma. In: NESTROVSKI, Arthur; SELIGMANN-SILVA, Márcio. (Org.). *Catástrofe e Representação*. São Paulo: Escuta, 2000.

JELIN, Elisabeth. *Los trabajos de la memoria*. Buenos Aires: Siglo XXI, 2002.

LESSA, Renato. O silêncio e sua representação. *Edição Laboratório de Estudos Hum(e)anos – Online*. Rio de Janeiro, set., 2008.

__________. Posfácio: A experiência de K. In: KUCINSKI, Bernardo. *K. – Relatos de uma busca*. São Paulo: Cosac Naif, 2014.

__________. Primo Levi transformou em arte relato sobre o horror de Auschwitz. *Folha de S.Paulo*, São Paulo, 27 jul., 2019.

LEVI, Primo. *A tabela periódica*. Rio de Janeiro: Relume-Dumará, 1994.

__________. *É isto um homem?* Trad. Luigi Del Re. Rio de Janeiro: Rocco, 1988.

__________. *Primo Levi: oeuvres*. Paris: Éditions Robert Laffont, 2005.

__________. *A assimetria e a vida – Artigos e ensaios 1955-1987*. São Paulo: Editora Unesp, 2016a.

__________. *Os afogados e os sobreviventes: os delitos, os castigos, as penas, as impunidades*. 3. ed. São Paulo: Paz e Terra, 2016b.

__________. *O ofício alheio*. São Paulo: Editora Unesp, 2016c.

MACÊDO, Lucíola. *Primo Levi: a escrita do trauma,* Rio de Janeiro: Subversos, 2014.

MESNARD, Philippe. Entre témoignage et mémoire, quelle place pour Primo Levi?, Témoigner. *Entre histoire et mémoire (Revue pluridisciplinaire de la Fondation Auschwitz),* n. 119, 2014.

OSBORNE, Peter. *The Politics of Time: Modernity and Avant-Garde*. London/NY: Verso, 1995.

RÊGO BARROS, Romildo. É isto uma coisa? Prefácio. In: MACÊDO, Lucíola. *Primo Levi: a escrita do trauma*. Rio de Janeiro: Subversos, 2014.

SARLO, Beatriz. *Tempo passado: cultura da memória e guinada subjetiva*. São Paulo: Companhia das Letras, 2007.

SAUNDERS, Rebecca. Lost in Translation: Expressions of Human Suffering, the Language of Human Rights, and the South African Truth and Reconciliation Commission. *Sur (Revista Internacional de Direitos Humanos)*, v. 5, n. 9, 2008.

SELIGMANN-SILVA, Marcio. Narrar o Trauma: a questão dos testemunhos de catástrofes históricas. *Revista Psicologia Clínica*. Rio de Janeiro, v. 20, n. 1, 2008.

__________. Testemunho entre a ficção e o "real". In: ____________. *História, Memória, Literatura: o testemunho na era das catástrofes*. Campinas: Editora Unicamp, 2003.

TEIXEIRA, Antônio. A escrita do trauma ou o testemunho do "sem porquê" (apresentação). In: MACÊDO, Lucíola. *Primo Levi: a escrita do trauma*. Rio de Janeiro: Subversos, 2014.

VUILLARD, Éric. *A ordem do dia*. São Paulo: Planeta, 2019.

À guisa de posfácio: o trajeto leviano*

Renato Lessa

Primo Levi não é exatamente um desconhecido entre nós. Desde 1988, graças à edição um tanto tardia de seu primeiro livro – *É isto um homem?*, o público leitor brasileiro pôde ter acesso a um dos principais monumentos literários do século XX. Mas, ainda assim, é importante indicar alguns aspectos relevantes de sua trajetória e da singularidade de sua obra, a começar pelo seu caráter polimorfo e multifacetado, ressaltado por inúmeros comentadores. Com maior vivacidade, tal caráter pode ser detectado *viva voce*, por meio de duas autodescrições que bem valem como resumo analítico-autobiográfico:

> Sou químico. Aportei na categoria de escritor porque fui capturado como *partigiano* e terminei em um campo de concentração como judeu. (Levi, 2016: 169)
>
> Sinto-me como um Centauro. Duplo, híbrido, bífido. Sou italiano e judeu, químico e escritor, racionalista e poeta. Sou fabulosamente sedentário e gostaria de viajar. (Levi, 1981: 451-454)

Primo Levi nasceu em Turim, em 31 de julho de 1919, no apartamento situado no número 75 do Corso Re Umberto, no afluente bairro da Crocetta, no qual viveria até os 67 anos de idade, até a manhã de 11 de abril de 1987, com sua precipitação voluntária e mortal na área interna do prédio. Os 68

* Excelente fonte para informações e materiais a respeito da vida, da obra e dos temas de Primo Levi pode ser encontrada na página do Centro Primo Levi, de Turim: www.primolevi.org. Duas ótimas biografias: Thomson (2004) e Mesnard (2011).

anos incompletos da fixação "sedentária" em Turim foram temporariamente suspensos pelo que Levi designou como uma "interrupção involuntária": um modo elíptico e não desprovido de ironia para indicar o período compreendido entre dezembro de 1943 e outubro de 1945, vivido entre sua prisão pelas milícias fascistas, o internamento em Auschwitz e o trajeto de regresso a sua cidade, após a libertação do Campo em janeiro daquele ano.

> Meu laço com minha pequena pátria é muito forte. Vim ao mundo em Turim, meus antepassados são todos piemonteses. Encontrei minha vocação em Turim. Lá estudei, lá sempre vivi, trabalhei, fiz uma família, escrevi e publiquei todos os meus livros, com um editor profundamente enraizado no solo local, a despeito de seu renome internacional. Amo a cidade, seu dialeto, suas ruas, suas calçadas, suas avenidas, o monte e as montanhas que a circundam, por mim escaladas quando rapaz. Gosto das raízes rurais e montanhesas de seu povo, a consciência de seus trabalhadores, a sensibilidade de seus artesãos, o rigor de seus técnicos... Meu modo de escrever é influenciado, por certo em não pequena medida, pela minha profissão de químico, mas também, em alguma medida, por ter sido formado em uma cidade sóbria, concreta e assimétrica, uma cidade técnica na qual cavei o meu próprio nicho. (Poli e Calcagno, 1992: 236)

Ligado a Turim de modo profundo, as origens familiares de Primo Levi remontam a judeus sefarditas provenientes da Espanha e da Provença, fixados no Piemonte desde os idos dos séculos XV e XVI. Tanto o pai – o engenheiro elétrico Cesare Levi (1878-1942) – quanto a mãe – Ester Luzzati (1895-1991) – pertenciam a troncos judaicos enraizados e assimilados ao quadro social, econômico e cultural piemontês e dispersos por pequenas localidades tais como Mondovì e Bene Vagienna[1]. Tratava-se de uma comunidade distinta, relativamente recente nos quadros do judaísmo italiano por comparação à equivalente romana, fixada na península há cerca de dois mil anos[2].

Ainda que marcada pela memória de sua ancestralidade, segundo um dos biógrafos de Primo Levi - Ian Thomson - "o tom predominante na família Levi foi o da irreligião" (Thomson, 2004: XXX). O pano de fundo de um judaísmo a um só tempo presente e dissipado foi atravessado, a partir de 1922, pela chegada de Benito Mussolini ao governo, dando início ao processo de fascistização da sociedade e da política italianas, cuja expressão paroxística bem pode ser detectada no incontornável filme *Una giornata particolare* (1977), do grande cineasta italiano Ettore Scola. Mas, já em 1923, em suas primeiras horas, o regime introduziu uma reforma educacional - a *Lei Gentile* -, definida pelo *Duce*, como a "mais fascista lei". Entre outros aspectos, a reforma impôs uma radical reorientação curricular, marcada por uma ênfase celebratória e retórica do ensino humanístico e dos autores clássicos, como parte da promoção de uma cultura abertamente anticientífica. Primo Levi, que tinha três anos de idade quando os fascistas ocuparam o governo, acabou por fazer parte da primeira geração italiana a iniciar a escola primária sob o jugo daquele regime e de sua política educacional.

---

1 Para uma boa apresentação do universo familiar dos antepassados de Primo Levi, e sua árvore genealógica, ver a biografia escrita por Angier (2003). Ver, ainda, de Castiglion (2006; 2013).

2 Sobre a história dos judeus italianos, ver Calimani (2013). Para um recorte mais específico, com foco no período fascista, ver o incontornável livro de Sarfatti (2018).

No primeiro ano como aluno no Liceu Massimo d'Azeglio, no início dos anos 1930, Primo Levi foi introduzido com profundidade à leitura e à memorização de obras clássicas, tais como as de Petrarca, Bocaccio e Dante, em especial a primeira parte da *Divina Comédia*, "Inferno". Nos anos seguintes, o mesmo ocorreu com as partes subsequentes do poema de Dante – "Purgatório" e "Paraíso" –, além de peças de Shakespeare, sem deixar de incluir obras da prosa clássica francesa. Por tudo que escreveu, não parece crível que Levi não tenha tido contato com os *Ensaios* de Michel de Montaigne. Toda essa imersão ocorreu por força da iniciativa de uma professora – Azelia Arici – que o marcaria por toda a vida e para quem só três coisas verdadeiramente interessavam: "Atenas, Roma e Dante"[3].

Na formação do jovem Levi, a celebração da cultura clássica foi acompanhada por uma enorme curiosidade científica pessoal, estimulada pelo pai, próximo aos círculos intelectuais turinenses simpáticos à cultura filosófica do positivismo. O engenheiro Cesare Levi pertencia ao círculo intelectual formado à volta de Cesare Lombroso e em sua casa abrigava, para além de obras de divulgação científica, vasta biblioteca humanística. O retrato do escritor enquanto jovem revela, portanto, o processo de formação de um *híbrido intelectual* extremamente interessante: um sujeito marcado por um desejo crescente de imersão no domínio da cultura científica, mas nutrido por aspectos e autores centrais da tradição humanista.

Em *A Tabela Periódica*, de 1975, Levi recordará a disposição do adolescente de dezesseis anos em seu primeiro

[3] Cf. Thomson (2003: 64). Primo Levi referiu-se a Azelia Arici como estimuladora de "uma diligente atenção crítica" e da necessidade de "nunca se render à retórica fascista".

laboratório "rudimentar". A Química já então lhe parecia uma "nuvem indefinida de possibilidades futuras", abertura para "um ofício das coisas que se veem e se tocam" (Levi, 1975: 28, 47). No ano de 1937, Primo Levi matricula-se no curso de Química, na Faculdade de Ciências da Universidade de Turim, um ano antes que o regime fascista promulgasse as *Leis Raciais*, odioso conjunto de interdições à comunidade judaica italiana, como base em uma virada racialista. Levi escapou da restrição ao ingresso de alunos judeus no ensino público por uma cláusula da própria legislação, que isentava alunos já matriculados. Com isso pôde concluir *summa cum laude* o curso de Química, em 1941, o que lhe valeu o diploma no qual, ao lado de seu nome, aparecia fixada sua condição de pertencente à *razza ebraica*.

In Nome di Sua Maestà
Vittorio Emanuele III
per grazia di Dio e per volontà della Nazione
Re d'Italia e di Albania, Imperatore d'Etiopia
Noi Professore Azzo Azzi
Rettore della R. Università di Torino
Veduti gli attestati degli studi compiuti dal Sig. Levi
figlio di Cesare nato a Torino il 31 luglio 1919
Veduto il risultato dell'esame generale da lui superato in questa Università
il 12 giugno 1941-XIX con lode
Gli conferiamo la laurea di dottore in Chimica
Dato a Torino, 9 gennaio 1942 Anno XX
Il Rettore
Il Direttore Amministrativo
Il Preside della Facoltà

A experiência diária no laboratório do Instituto Tecnológico de Turim exerceu sobre Primo Levi um impacto indelével. Dela decorreu uma descoberta fundamental, a partir do trato com o elemento químico zinco e finamente narrada em *A Tabela Periódica*: a presença de um *princípio de impureza* como operador da natureza. Segundo seus próprios termos, tratou-se de uma descoberta "filosófica": a percepção de que a vida resulta de combinações impuras e sempre mutantes.

> Para que a roda gire, para que a vida viva, são necessárias as impurezas, e as impurezas das impurezas: mesmo com a terra, como se sabe, se se quiser que seja fértil. É preciso o dissenso, o diverso, o grão de sal e de mostarda: o fascismo não os quer, os proíbe, e por isso não és fascista; quer todos iguais e não és igual. Mas tampouco a virtude imaculada existe ou, se existe, é detestável. (Levi, 1975: 40)

O contraste entre a revelação química do *princípio da impureza* e a *propaganda da pureza* fez com que Primo Levi sustentasse o caráter antifascista da Química: "(...) a química e a física de que nos nutríamos, além de elementos vitais por si mesmos, eram o antídoto ao fascismo que (...) buscávamos (...) eram claras e distintas, a cada passo verificáveis, e não tecidas de mentiras e vaidades..." (Levi, 1975: 47-48).

Por ser judeu, Levi associa-se à "impureza que faz reagir o zinco": "porque justamente naqueles meses (agosto de 1938) se iniciava a publicação de *A Defesa da Raça*, de pureza se falava muito, e eu começava a ficar orgulhoso de ser impuro"[4].

---

[4] Cf. Levi e Regge (2012 [1984]: 41). A revista *Difesa della Razza* foi editada de 1938 a 1943, sob os auspícios do regime fascista. Seu editor, Giorgio Almirante, viria a ser o criador do Movimento Social Italiano, que deu origem ao neofascismo, posterior a 1946.

> Na verdade, até então não me importara muito ser judeu: dentro de mim e nos contatos com meus amigos cristãos, tinha sempre considerado minha origem como um fato quase negligenciável mas curioso, uma pequena e divertida anomalia, como quem tem sardas ou o nariz torto; um judeu é alguém que no Natal não arma a árvore, que não deve comer fiambre mas como do mesmo jeito, que aprendeu um pouco de hebraico aos treze anos e depois o esqueceu. Segundo a revista supracitada, um judeu é avaro e astuto: mas eu não era particularmente avaro e astuto, nem tampouco meu pai o fora. (Levi e Regge, 2012 [1984]: 41)

A passagem indica uma inflexão importante na vertente judaica de Primo Levi, até então dissolvida na memória do mundo de seus antepassados. Com as Leis Raciais de 1938, a ideia de uma "condição judaica" impõe-se à pluralidade das facetas, que já àquela altura compunham a *persona* do jovem químico. A *intuição da impureza* que daí decorre, por parte de Primo Levi, é uma centelha provocada pela combinação de circunstâncias variadas: a química, o laboratório, o fascismo e a inerência da condição judaica.

Primo Levi, a partir de 1942, aproximou-se do movimento de resistência antifascista, organizado pelo Partido da Ação, originário no movimento Justiça e Liberdade, fundado na década de 1920 pelo bravo liberal antifascista e turinense, Piero Gobetti (1901-1926). Tal passo levou-o a integrar um pequeno grupo guerrilheiro, instalado nas montanhas da região alpina ao norte de Turim. O bando mal armado e sem qualquer capacidade operacional foi capturado a 13 de dezembro de 1943. Era composto por um punhado de resistentes, entre os quais três amigos turinenses e viscerais: Luciana Nissim, Vanda Maestro e Primo Levi.

Depois de breve internação em um campo provisório italiano, próximo a Modena, foram enviados a Auschwitz. Vanda Maestro - "mulher delicada, leal e generosa" - foi submetida à câmara de gás, no "mais pavoroso destino que um homem, num paroxismo de ódio, poderia conceber e desejar ao pior dos inimigos"[5]. Luciana Nissim sobreviveu ao Campo e escreveu comovente relato de sua experiência, publicado em livro que compartilhou com a resistente polonesa Pelagia Lewinska[6]. O comboio que os conduziu a Auschwitz continha cerca de 650 prisioneiros, dos quais menos de vinte sobreviveram ao extermínio.

O episódio de 13 de dezembro de 1943 consta na abertura do primeiro capítulo de livro maior de Levi - *É isto um homem?*, com imensa força e concisão:

> Fui detido pela Milícia fascista no dia 13 de dezembro de 1943. Eu tinha vinte e quatro anos, pouco juízo, nenhuma experiência e uma forte propensão, favorecida pelo regime de segregação ao qual as leis contra os judeus haviam me obrigado durante os últimos quatro anos, a viver em um mundo só meu, um tanto apartado da realidade, povoado de racionais fantasmas cartesianos, de sinceras amizades masculinas e minguadas amizades femininas. Cultivava um moderado e abstrato espírito de rebelião (Levi, 1989: 11).

É isto um homem? foi publicado em 1947, por uma pequena casa editorial de Turim - De Silva -, com modesta tiragem, depois de ter sido recusado pela editora Einaudi. A qualidade literária da obra foi, no entanto, reconhecida de imediato pela crítica, com destaque para Italo Calvino que,

---

[5] Cf. Levi (2015).

[6] Cf. Nissim e Lewinska (1946). Ver, ainda, Momigliano (2007) e Lewinska (1945).

em coluna sob sua responsabilidade no jornal *L'Unità*, do Partido Comunista Italiano, enfatizou o quanto o texto de Levi excedia o mero relato testemunhal. Tempos depois, em apresentação de um livro ulterior de Primo Levi, Calvino confirmaria sua impressão original: "da solidez e precisão dos detalhes [foi] possível extrair uma nota de *páthos* lírico, embora sóbria e controlada" (Calvino, 2016: viii).

A elaboração e a publicação da obra foram precedidas pelo que podemos definir como o primeiro texto de Primo Levi, feito em parceria com o também sobrevivente de Auschwitz, o médico Leonardo de Benedetti. A ambos, na primavera de 1945, fora solicitado pelo comando soviético, responsável pela libertação de Auschwitz, um relato sobre as condições sanitárias do Campo de Extermínio, que veio a tomar como título "Relatório sobre a organização higiênico-sanitária do campo de concentração de Monowitz (Auschwitz-Alta Silésia)". O relato foi publicado em uma revista médica italiana - *Minerva Médica* - em fins de 1946. Em 2015, Fabio Levi e Domenico Scarpa editaram um valioso conjunto de textos esparsos e inéditos de Levi - sob o título de *Assim foi Auschwitz* -, que inclui o relato mencionado. Segundo os autores, o "Relatório", no "imediato pós-guerra (...) foi o primeiro testemunho de caráter técnico oferecido por ex-prisioneiros do campo de concentração de nacionalidade italiana". Para eles, foi ainda "um gesto eficaz porque concreto, voltado para o parco público então interessado em conhecer a realidade do extermínio" (Levi e Scarpa, 2015: 183). Scarpa, em particular, ressaltou a "desconcertante precisão testemunhal":

> Espanta a capacidade de memorizar, reunir e organizar informações de minuciosa complexidade (antropológica,

não menos que clínica; política, não menos do que científica) por parte de dois prisioneiros colocados no chão, na lama: a sua capacidade de derrotar a estúpida ignorância espaço-temporal que lhe foi infligida antes de qualquer outra humilhação. (Scarpa, 2021)

Para seguir a pista do "*páthos* lírico" indicado por Italo Calvino, em modo retrospectivo, encontramos que a estreia propriamente literária de Primo Levi, depois da saída de Auschwitz, se deu sob modo poético, com a publicação, em 26 de junho de 1946, do poema "Buna Lager", no número 26 do jornal *L'Amico del Popolo*, um semanário comunista da cidade de Vercelli, editado pelo amigo Silvio Ortona, que publicaria ainda no mesmo espaço cinco relatos, posteriormente incluídos como capítulos em *É isto um homem?*[7].

Embora Primo Levi não se tenha cansado, ao longo da vida de escritor, de destacar a importância da vertente do químico como componente de sua observação do mundo e de sua própria escrita, seu primeiro ato literário publicado deu-se sob a égide do mencionado "páthos lírico". Domenico Scarpa indica o quanto o poema "apresenta-nos (...) a fábrica do extermínio que funciona a todo vapor: com um ritmo intenso, com uma voracidade atormentada, com um registro declamatório" (Scarpa, 2021). De fato, os três primeiros dos vinte e dois versos, em sua língua original, sugerem de modo eloquente e sonoro tal efeito ritmado de voracidade: "Piedi piagati e terra maledetta/Lunga la schiera nei grigi mattini/Fuma la Buna dai mille camini". Pela importância que ocupa na obra de Primo Levi – além da qualidade e força ali presentes –, vale a referência completa ao poema (Scarpa, 2021):

[7] Sobre a estreia literária de Primo Levi, ver Domenico Scarpa (2021).

Buna Lager

Pés doloridos e terra amaldiçoada,
Longa a fila nas manhãs cinzentas,
Fuma a Buna de mil chaminés,
Um dia como todo os dias nos espera.
As sirenes terríveis ao amanhecer:
"Vós, multidão de rostos apagados,
Sobre o horror monótono da lama
Nasceu mais um dia de dor".
    Companheiro cansado eu te vejo no coração
    te vejo nos olhos companheiro ferido
    Tens dentro do peito frio, fome, nada,
    Você quebrou por dentro seu último valor.
Companheiro cinza fostes um homem forte,
Uma mulher caminhou ao teu lado.
Companheiro vazio que não tem mais nome,
Homem deserto que não chora mais,
Tão pobre que você não tem mais dor,
Tão cansado que não tem mais medo,
Homem apagado, que foste um homem forte:
    Se ainda nos encontrássemos
    Lá em cima, no doce mundo sob o sol,
    Qual rosto enfrentaríamos?
(Tradução de Aislan Camargo Macieira)

O poema só viria a ser publicado em 1984, em uma coletânea poética de Primo Levi – *Ad ora incerta* –, com o título simplificado para "Buna", termo alemão aplicado à fábrica de borracha sintética, instalada no campo de Monowitz, no "complexo" de Auschwitz, movida por trabalho escravo. Foi parte de atividade poética intensa, entre fins de 1945 e início de 1946. Domenico Scarpa, em comentário iluminado, considerou doze poemas produzidos naquela altura como "acordes de prelúdio do livro *É isto um homem?*, mais altissonantes e mais estridentes com relação ao memorial que lhes seguiria dali a pouco tempo". Do ponto de vista formal, Scarpa assinala, ainda, que "os versos de Levi infligem um *choque* acústico que se converte no instante em *choque* moral: não é por acaso que os últimos versos de "Buna Lager" evoquem a vergonha de ter atravessado aquela experiência de anulação da dignidade" (Scarpa, 2021).

O livro de estreia de Primo Levi refere-se à experiência desde a captura do autor, em dezembro de 1943, até o momento da chegada do Exército Vermelho a Auschwitz, em janeiro de 1945. Na narrativa há uma fusão de elementos díspares, cuja combinação acabou por lhe conferir um selo particular.

Em primeiro lugar, há o *selo do químico*, tal como atesta a declaração de intenções logo à partida do texto: realizar um "estudo sereno (...) da alma humana" e pela consideração do campo como um laboratório de observação da condição humana em cenário extremo. Em segundo lugar, a presença imanente de uma disposição poética, que transparece na presença ubíqua de Dante Alighieri como elemento básico de suporte narrativo. Virá de Dante a inspiração para a utilização da metáfora de "chegar ao fundo", como dimensão estruturante da "forma de vida Auschwitz".

> Pela primeira vez, então, nos damos conta de que a nossa língua não tem palavras para expressar esta ofensa, a aniquilação de um homem. Num instante, por intuição quase profética, a realidade nos foi revelada: chegamos ao fundo. Mais para baixo não é possível. Condição humana mais miserável não existe, não dá para imaginar[8]. (Levi, 1989: 24-25)

[8] Para uma reflexão a respeito da metáfora do "fundo", ver Lessa (2021).

Tais aspectos involucram a inequívoca disposição testemunhal que move todo o relato:

> (...) precisamente porque o Campo é uma grande engrenagem para nos transformar em animais, não devemos nos transformar em animais; até mesmo num lugar como este, pode-se sobreviver, para relatar a verdade, para dar nosso depoimento; e, para viver, é essencial esforçarmo-nos por salvar ao menos a estrutura da forma da civilização. (Levi, 1989: 39)

A escritura do livro, no entanto, toma a forma de um experimento literário que evita tanto a autovitimização como a ambição conceitual omnisciente, pelo recurso de uma estética de fragmentos, dotados de enorme capacidade metonímica e voltados para interpelar a incolumidade do espectador/leitor[9]. O "caráter fragmentário" do livro foi ressaltado pelo próprio autor: "seus capítulos foram escritos não em sucessão lógica, mas por ordem de urgência" (Levi, 1989: 8). Quase trinta anos mais tarde, em seu livro *A tabela periódica*, Levi dirá: "O livro me saía de entre as mãos quase espontaneamente, sem plano nem sistema, intrincado e repleto como um formigueiro" (Levi, 2001: 151). Em nova edição, publicada em 1958, pela Einaudi, o livro viria a obter crescente consagração. Depois de inúmeras edições, *É isto um homem*? fixou-se no horizonte da formação cultural, literária e cívica dos italianos.

A volta de Primo Levi a Turim, em outubro de 1945, deu início a uma forma de vida pessoal marcada pela simultaneidade de dois papéis: escritor e químico. Uma dualidade que viria a ser interrompida apenas em 1978, com o final de

[9] Sobre a *estética de fragmentos*, ver Lessa (2009: 83-101).

bem-sucedida trajetória profissional como químico industrial. Mais do que simultaneidade, para Primo Levi tratava-se de uma convergência na qual o ofício do químico possuía enorme valia para o de escritor:

> (...) desenvolvi o hábito de escrever de forma compacta, evitando o supérfluo. Precisão e concisão que, dizem, são a minha forma de escrever, surgiram-me da profissão de químico. E também o hábito da objetividade, de não me deixar enganar facilmente por aparências (...) meu modelo de escrita era o curto relatório do fim de semana. (Levi e Regge, 2012: 92-93)

Entre 1961 e 1962 Primo Levi escreveu seu segundo livro, *A Trégua*, publicado em 1963. Em sua veia meticulosa, Levi calculou que a escrita lhe teria tomado "duzentas horas de trabalho", tendo como resultado a elaboração de "um capítulo a cada mês", totalizando um trabalho de "400 dias", nas sobras de tempo permitidas por seu trabalho de químico industrial.

O livro percorre os cerca de nove meses que decorreram entre a libertação do campo, em janeiro de 1945, e o regresso de Primo Levi a Turim, em outubro do mesmo ano. A narrativa retoma o ponto no qual foi interrompida no livro anterior, no momento da chegada ao Campo de soldados do Exército Vermelho, dando azo à impressão de que o novo livro é uma continuação do primeiro. Há, no entanto, diferenças fundamentais. Um dos aspectos é o da presença de um "humorismo e de uma verve picaresca", tal como ressaltado por Marco Belpoliti. Os efeitos do quadro metafórico definido pela ideia de "fundo", como elemento estruturante de *É isto um homem?*, ainda estão, por certo, presentes, sobretudo nas páginas iniciais nas quais Levi nos fala de

Hurbinek, o menino mudo de três anos, apresentado como um "filho de Auschwitz". Primo Levi descreve suas dores, seu corpo e sua incapacidade de inscrição no domínio da linguagem, e faz desse quadro uma ocasião precisa para afirmar sua vontade de testemunho: falar por Hurbinek e inventar uma linguagem capaz de transmitir, não uma dor pessoal, mas algo que já não mais existe e que foi expelido do mundo.

Mas, de qualquer modo, o trajeto de volta representa uma saída física do universo do Campo, acompanhado por certo de marcas indeléveis, mas atravessado pelos imponderáveis de um trajeto homérico, que a partir de Auschwitz, percorreu em direções variadas o território soviético, até que o regresso a Turim se apresentasse como possível. Nessa trama um tanto aventureira, o humor e o ânimo picaresco comparecem em uma primeira observação do "que é o homem" fora do Campo. O confinamento de Auschwitz dá lugar ao movimento vago e sem direção, ainda que sob a vigência do selo do Campo. Daí o nome do livro: *A trégua* e não qualquer outro termo que denotasse "saída" ou "libertação".

Em uma de suas muitas entrevistas, Primo Levi indicou de modo claro outro aspecto que distingue as duas obras, ao comentar a respeito de *A Trégua*: "Desta vez escrevi de modo metódico, consciente do fato de que estava a escrever um livro, começando do princípio" (Lucca e Olagnero, 1984). Na edição escolar do livro, saída em 1965, destacou ainda o aspecto da idade do autor: "não apenas sou quinze anos mais velho, mas mais pacato e tranquilo, mais atento à tessitura da frase, mais consciente: em suma, mais escritor em todos os bons e maus sentidos do termo" (Levi, 1997: 1445).

O ímpeto de escrever *A Trégua* foi em grande medida derivado do sucesso da segunda edição de *É isto um homem?*, enfim publicado pela prestigiosa editora Einaudi, em 1958. Outro aspecto favorável foi o do crescente interesse pelas narrativas a respeito do holocausto e dos campos de extermínio, um quadro para o qual o próprio Primo Levi contribuiu tanto por meio de artigos na imprensa quanto pela participação direta em palestras e debates públicos. Com *A Trégua*, Primo Levi obteve o seu primeiro prêmio literário – o Premio Campiello.

Os anos intermediários entre os dois livros que compõem o ciclo leviano de Auschwitz foram preenchidos por significativa produção de contos, publicados em veículos diversos. Em carta a Primo Levi, em 1961, Italo Calvino, tendo lido alguns desses contos, distinguiu dois conjuntos. Um deles pareceu-lhe de menor interesse, por considerá-los "fragmentos" de *É isto um homem?*. O segundo, composto por contos "fantabiológicos", representavam para Calvino "uma direção para a qual eu te encorajo a trabalhar" (Belpoliti, 2015: 204). O primeiro resultado editorial dessa *virada fantástica*, na trajetória do autor, que até este momento apresentara-se a seus leitores como vinculado ao testemunho dos Campos, deu-se com a publicação, em 1966, sob o pseudônimo de Damiano Malabaila, de um volume de contos intitulado *Histórias Naturais*[10].

Na apresentação à edição italiana, Italo Calvino definiu o livro como uma reunião de "quinze divertimentos [...] que convidam o leitor a transferir-se para um futuro cada vez mais impulsionado pela mola frenética do

[10] Editado no Brasil em volume que reuniu os contos de Primo Levi. Ver Primo Levi (2005).

progresso tecnológico, como teatro de experimentos utópicos inquietantes, no qual operam máquinas extraordinárias e imprevisíveis". Ademais, aos contos caberia a etiqueta da "ficção científica", já que atravessados por "sátira e poesia, nostalgia do passado e antecipação do porvir, épica e realidade cotidiana, impostação científica e atração pelo absurdo, amor à ordem natural e gosto em subvertê-la por meio de jogos combinatórios, humanismo e educada malícia". Na verdade, a descrição de Calvino excede os limites do livro ao qual se destinou, sendo ao mesmo tempo uma das melhores sínteses possíveis da *persona* de Primo Levi.

Cinco anos após o lançamento de *Histórias Naturais*, Levi publica seu quarto livro - *Vício de Forma* –, dando sequência ao veio da *fantascienza*, aberto pela obra anterior. Os vinte contos que o compõem foram escritos entre 1968 e 1970. A expressão contida no título, segundo Primo Levi, evocava a presença de um "defeito de forma que anula aspectos de nossa forma de vida e de nosso universo moral", tal como inscrito no texto de apresentação do livro.

Em entrevista concedida a Luca Lamberti, Levi indica o quanto ambos os livros estão associados a uma nova postura no que diz respeito ao uso da linguagem:

> Julgava que havia exaurido um estoque de experiências únicas, trágicas e (para mim) paradoxalmente preciosas; parecia-me que me tinha queimado completamente como testemunha, como narrador e intérprete de uma determinada realidade, digamos um capítulo da história. Parecia-me que ainda tinha algumas coisas a dizer, e que só as poderia dizer em outra linguagem: uma linguagem que defino como irônica e que percebo como estridente, enviesada, rancorosa, deliberadamente antipoética, em suma,

tão desumana quanto minha língua anterior havia sido humana[11].

Trata-se ao mesmo tempo de uma *reorientação temática* e de uma *redefinição formal*. Após o lançamento sucessivo de dois livros de *fantascienza*, Levi definia sua estreia como escritor como consequência do envolvimento com "alguns acontecimentos importantes da História", que lhe teriam "imposto" o dever de escrever. Uma vez "exaurida" a "função", Levi desvia-se do "registro autobiográfico": "pareceu-me então que um certo tipo de *fantascienza* pudesse satisfazer o desejo de me exprimir que ainda sentia, e fosse adequado a uma forma moderna de alegoria"[12]. Uma nova plataforma para a escrita parecia se configurar, ocupada por objetos imaginários e narrada por uma linguagem exonerada da pesada carga moral da obrigação do testemunho. Mas, de todo modo, a imanência do *Lager* não se desfaz: "eu não publicaria [os contos de ficção fantástica] se não estivesse convencido (não inicialmente, para ser sincero) de que entre o *Lager* e essas invenções existe uma ponte, uma continuidade" (Levi, 2005: 11).

Os contos fantásticos de Levi podem ser tomados como parte de um experimento a respeito do que e como escrever depois de Auschwitz. A solução leviana, a seguir a própria natureza do autor, é compósita. Se a mudança temática, por um lado, dá azo à imaginação fantástica, por outro descortina um mundo distópico, assolado por dinâmicas tecnológicas e burocráticas que a seu modo fazem com que a

---

[11] Entrevista concedida a Luca Lamberti, "Vizio di forma: ci salveranno i tecnici" ("Vício de forma: os técnicos salvarão a si mesmos"), publicada no jornal *L'Adige* em 11 maio 1971. Cf. Levi (2018: 35-36).

[12] Entrevista concedida a Alfredo Barberis, "Nasi storti" ("Narizes tortos"), publicada no jornal *Corrieri della Sera*, 27 abr. 1972. Cf. Levi (2018: 50-51).

pergunta leviana maior – *é isto um homem?* – seja reposta em chave ficcional. A abertura da linguagem para uma tópica humorística estabelece um regime textual que associa *pessimismo, humor, ironia* e *absurdo*. Para Levi, o homem do *Lager* sonhava com a possibilidade de ser infeliz à moda dos homens normais: uma imagem razoavelmente íntegra do humano, de algum modo, operava como premissa tácita da própria indagação a respeito da humanidade das vítimas. No universo da *fantascienza,* o processo é distinto. Primo Levi cogitou em dar à segunda incursão lítero-fantástica o título de *Desumanesimo* – "Desumanismo" –, a sugerir que uma nova normalidade, estável e invencível, está posta.

No seu quinto livro – *A tabela periódica*, de 1975 –, Levi acrescenta às vertentes já presentes no seu universo de matérias literárias a dimensão da química. Por certo, ela já estava inscrita, de modo imanente, nos passos anteriores da obra, tal como já indicado. A novidade decorre da centralidade que a linguagem e o espírito leviano da química assumem na composição do texto.

Desde 1963, ano de publicação de *A trégua*, Levi manifestou forte disposição de escrever sobre a química, vale dizer, de inscrevê-la de algum modo em seu universo imaginário como escritor. Se a intenção inicial, tal como declarou em entrevista a Enzo Fabiani, foi a de "escrever o que faz o químico" e de "dizer ao público o significado da pesquisa científica", o processo de escrita, que percorreu cerca de uma década em paralelo à publicação dos livros de literatura fantástica, acabou por incorporar outras dimensões. O que disso resultou foi, a um só tempo, um experimento de notável inovação formal e de fusão de todos os temas e gêneros até então presentes na trajetória do autor.

A tabela periódica trouxe em seu título uma homenagem ao químico russo Dimitri Mendeleev, criador da tabela à qual seu nome foi associado de modo indelével. Mendeleev agrupou os 63 elementos químicos então conhecidos em 1869 numa tabela ordenada de modo crescente segundo os seus números atômicos – ou quantidade de prótons –, dispondo-os, ainda, em sete "períodos", compostos por elementos dotados da mesma quantidade de camadas eletrônicas. Para Levi, tratava-se de um ordenamento que dava a ver a própria ordem da natureza, "como quando se acende uma lâmpada: antes estava escuro e depois faz-se a luz"[13].

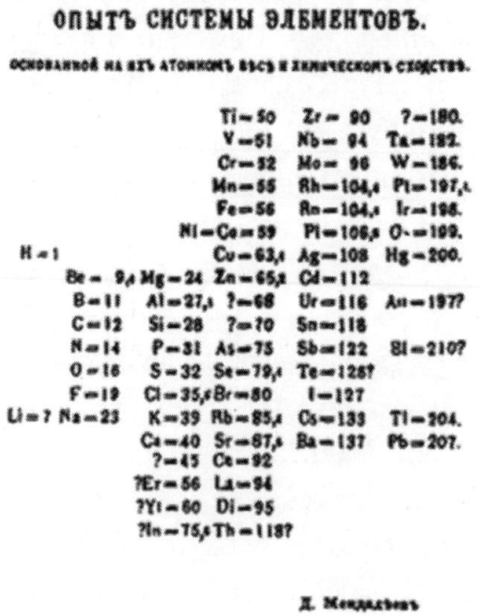

ОПЫТЪ СИСТЕМЫ ЭЛЕМЕНТОВЪ.

основанной на ихъ атомномъ вѣсѣ и химическомъ сходствѣ.

			Ti=50	Zr=90	?=180.
			V=51	Nb=94	Ta=182.
			Cr=52	Mo=96	W=186.
			Mn=55	Rh=104,4	Pt=197,4
			Fe=56	Ru=104,4	Ir=198.
			Ni=Co=59	Pl=106,6	Os=199.
H=1			Cu=63,4	Ag=108	Hg=200.
	Be=9,4	Mg=24	Zn=65,2	Cd=112	
	B=11	Al=27,4	?=68	Ur=116	Au=197?
	C=12	Si=28	?=70	Sn=118	
	N=14	P=31	As=75	Sb=122	Bi=210?
	O=16	S=32	Se=79,4	Te=128?	
	F=19	Cl=35,5	Br=80	I=127	
Li=7	Na=23	K=39	Rb=85,4	Cs=133	Tl=204.
		Ca=40	Sr=87,6	Ba=137	Pb=207.
		?=45	Ce=92		
		?Er=56	La=94		
		?Yt=60	Di=95		
		?In=75,6	Th=118?		

Д. Менделѣевъ

Medleev, Tabela Periódica, 1869

Primo Levi via beleza e dimensão poética na Tabela de Medleev: "era uma poesia, maior e mais solene do que todas as poesias digeridas no ginásio: pensando bem, tinha até rima!" (Cf. Levi, 2001: 47). A cada um dos vinte e um

[13] Entrevista concedida a Lorenzo Mondo, "Il sistema periodico", transmitida pela RAI em 14 set. 1975. Cf. Levi (2018: 79).

capítulos, conferiu como título um elemento químico. Neles, é possível dizer que todos os temas levianos estão presentes: a química, a dimensão judaica de seus antepassados, o Campo, a imaginação fantástica. Marco Belpoliti define *A tabela periódica* como "o livro de contos mais heteróclito de Levi, mas também o de maior ligadura, no qual se passa do tom épico ao humorístico, do conto autobiográfico à divagação douta" (Belpoliti, 2015: 257). Em 1985, Italo Calvino definiu a obra como o "mais primoleviano" dos livros de Primo Levi (Calvino, 2015: viii). No mesmo ano de seu lançamento, *A tabela periódica* foi agraciada, na Itália, com o Premio Prato.

Três anos depois, em 1978, aposentado de seu trabalho de químico, Primo Levi publicou seu quinto livro - *A chave estrela* - considerado por Marco Belpoliti como o "livro gêmeo de *A tabela periódica*" (Levi, 2001: 258).

Chave estrela tem como estrutura narrativa o diálogo e a interação entre um químico industrial - *alter ego* de Primo Levi - e um operário especializado, montador de estruturas industriais complexas e de grande porte, Tino Faussone, personagem central do livro. A "ação" teve como ocasião a estada de ambos na União Soviética, por razões profissionais. Com efeito, Primo Levi ali esteve, em visita técnica como químico industrial, entre 1972 e 1973, o que confere ao *alter ego* literário uma dimensão realista. Quanto à existência real e biográfica de Faussone, Levi, ao final do livro, fez-se valer de Joseph Conrad, em passagem da novela *Typhoon* (1902), ao sustentar um efeito de veracidade no qual a realidade diz menos do que a "autenticidade"[14].

[14] A passagem citada é a seguinte: "Mesmo que fosse verdade que o capitão MacWhir nunca tenha caminhado nesta terra (...), posso, no entanto, assegurar aos leitores que ele é perfeitamente autêntico". Cf. Levi (2009 [1978]: 198).

Italo Calvino, na apresentação do livro, indicou duas características de Faussone, um dos personagens mais extraordinários do universo de Primo Levi. Ao mesmo tempo em que encarna uma cultura obsessiva de destreza técnica, em "batalha contra os materiais e as condições ambientais", Faussone possui uma "vida picaresca", marcada por um deslocamento incessante pelo mundo, sobre o qual aplica seu "olhar divertido e irônico", como antecipação do prazer de contar, ao "transformá-lo em dialeto e em jargão".

Por intermédio de Faussone, Primo Levi formula um elogio aberto do trabalho. Em entrevista, foi claro a respeito: "Como o meu Faussone, eu celebro a religião do trabalho"[15]. Um elogio transmitido pela linguagem particular do herói operário. Trata-se, antes de tudo, de retirar a ideia e a cultura do trabalho do "buraco escuro de Auschwitz" no qual foram atiradas pela lógica do Campo: o trabalho forçado como reserva de indignidade e preâmbulo da expulsão da vida. Ao mesmo tempo, há um claro elogio do *trabalho com as mãos*. Faussone, em sua última fala no livro, sugere a seu interlocutor – que acabara de mencionar o desejo de aposentadoria para se dedicar à escrita – que não perdesse de vista a importância do trabalho com as mãos: "...fazer coisas que podem ser tocadas com as mãos é uma bela vantagem; é possível confrontá-las e saber quanto valem". E acrescenta: "A gente erra, se corrige e depois não erra mais" (Levi, 2018: 198). A voz do montador Faussone sugere um movimento de devolução do trabalho ao âmbito humano – nem destruído pela loucura do *Lager*; nem

[15] Entrevista concedida a Giorgio De Rienzo, Primo Levi: "Come il mio Faussone, io celebro la religione del lavoro", *Stampa Sera*, 29 dez., 1978. Cf. Levi (2018: 121-124).

desumanizado pela distopia da *fantascienza*. A *dimensão táctil* é condição de integridade existencial.

Ao mesmo tempo, o tema leviano da transmissão é reposto em chave pós-auschwitziana. Faussone, ao mesmo tempo em que enfrenta suas façanhas técnicas, antecipa o prazer que sentirá e transmitirá ao "transformá-las em dialeto". O abrigo dado pelo livro à linguagem de Faussone é apontado por Primo Levi como o objetivo central do livro, para além do elogio do trabalho humano:

> Preencher um nicho ecológico, qual seja o de conferir direito de cidadania ao novo italiano-piemontês que hoje se fala na Turim operária, com suas novas metáforas e um novo léxico derivado do mundo tecnológico. Pasolini fez o mesmo com o dialeto romano do subproletariado [Pasolini, 1955]. Por que não tentar uma operação análoga com relação ao mundo operário piemontês, oferecendo ao mesmo tempo uma visão dessa micro civilização do trabalho que merecia sair da sombra literária[16].

O romance de Faussone – "personagem vagamente neurótico" e "possivelmente filiado ao Partido Comunista Italiano"[17] – foi aclamado pela crítica italiana, tendo recebido, no ano de seu lançamento, dois prêmios literários, o Strega e o Bergamo.

Dedicado exclusivamente à literatura, a partir de 1978, Levi publicou dois livros no ano de 1981. Um deles – *A procura das raízes* – possui especial interesse. Trata-se de uma

---

[16] Entrevista a Alfredo Cattabiani, "Quando un operario specializzato diventa un personaggio letterario" ("Quando um operário se torna um personagem literário"), *Il Tempo*, 21 jan., 1979. Cf. Levi (2018: 131).

[17] Entrevista concedida a Francesco Poli, "Tino Faussone, la storia di un operario specializzato", *Quotidiano dei Lavoratori*, VI, 28 fev., 1979. Cf. Levi (2018: 144).

antologia, cujo conteúdo foi preenchido por trechos de autores por ele selecionados como constituintes de suas raízes. Uma antologia pessoal que fornece um mapa do "horizonte cultural" leviano, "vasto e impreciso", dada a natureza "híbrida" - "metade químico, metade escritor" - de seu autor. Mais do que selecionar textos e autores, como componentes essenciais de sua *bildung*, Levi, na introdução à obra e nos termos de Marco Belpoliti, fornece "um mapa do mapa", a indicar analogias e percursos possíveis de leitura. A seleção é vasta e inclui, entre muitos outros, o "Livro de Jó" - "um animal de experimento" -, Darwin - "um demolidor de dogmas" -, Joseph Conrad - "bom exemplo de como um homem pode construir a si mesmo". Ainda de acordo com Belpoliti, trata-se de "extraordinário autorretrato, semelhante ao que um pintor, já célebre e maduro, decide fazer para mostrar-se aos outros e para se conhecer melhor". Nesse hibridismo entre *espelho* e *janela*, *La ricerca delle radici* contém um excelente material de acesso a elementos estruturantes dos textos de Primo Levi.

No livro *Lilit e outros contos*, também de 1981, Levi retorna ao formato adotado em *Histórias naturais* e em *Vício de forma*. O novo conjunto, cujas peças foram escritas entre 1975 e 1981, foi por ele apresentado como composto por três grupos de textos. O primeiro abriga doze contos diretamente referidos ao experimento de Auschwitz; o segundo, com quinze estórias, retoma o veio da ficção fantástica; os nove contos que compõem o terceiro grupo são apresentados como contendo "personagens de carne e ossos, em certa medida".

Levi adverte, ainda, aos leitores que os contos podem ser tanto alegres como tristes, "porque nossos dias são felizes e tristes". Por tal razão, "não há, que eu saiba, mensagens ou profecias fundamentais; se o leitor ali as encontrar, será bondade sua".

Em 1982, Primo Levi foi agraciado pela segunda vez com o Premio Campiello, conferido desta feita à única obra à qual atribuiu o selo de "romance". *Se não agora, quando?*, embora inscrita no domínio ficcional, baseou-se nos chamados "fatos reais". Trata-se da aventura de um grupo de cerca de trinta guerrilheiros, composto por resistentes judeus russos e poloneses, sobreviventes dos guetos e dos massacres impostos pelos comandos especiais alemães, e ativo na região pantanosa de Pripets, na Bielorrúsia então ocupada.

Uma das motivações fortes do livro foi a de desfazer o mito da apatia judaica diante do extermínio, fixado na suposição de uma difundida inexistência de reação. Desde 1945, Levi conhecia histórias a respeito de judeus retornados e pertencentes a grupos *partisans*, tal como um grupo chegado a Milão, que recusou o rótulo de "pessoas deslocadas", comumente conferido aos sobreviventes, afirmando sua condição de resistentes[18]. Ademais, o interesse de Levi pela cultura yiddish – desperto a partir do contato com judeus da Europa oriental, durante a internação em Auschwitz –, levou-o não só a aprender algo do idioma como a buscar fontes documentais a respeito da resistência judaica armada, em arquivos aliados e em relatos de sobreviventes. O mais valioso de todos foi o testemunho do comandante guerrilheiro Moshe Kaganovich, cuja publicação foi encontrada

[18] Em particular, ver a preciosa entrevista conferida por Primo Levi a Barbara Kleiner, "Ritratto dela dignità e dela sua mancanza negli uomini" ("Retrato da dignidade e de sua falta nos homens"), *NTZ. Neue Musikzeitung*, XXXV, n. 8-9, 08-09, 1986. In: Levi (2018: 615-619). Ver, ainda, o texto de uma conferência feita por Primo Levi, em Bellagio, em 1982. Cf. Primo Levi. O itinerário de um escritor judeu. In: Levi (2016: 253-271).

por Levi na Biblioteca Nacional da França, intitulada "A guerra dos judeus *partisans* na Europa oriental", editada em Buenos Aires, em 1956. A trama investigatória, de sabor borgeano, mostra o empenho de Levi de fundamentar a ficção em uma dimensão "hipotética e plausível", assemelhado à defesa da "autenticidade" como suporte narrativo, feita ao final de *A chave estrela*.

O título conferido ao livro decorre desse mergulho leviano na tradição cultural e religiosa os judeus orientais. A expressão "se não agora, quando?" foi retirada de uma passagem das *Pirkei Avot* – a "Ética dos Pais", que compõe a *Mishná* judaica –, cuja íntegra é: "Se eu não sou por mim, quem será por mim? E se eu sou por mim, o que sou? E se não agora, quando?".

Marco Belpoliti sintetiza com precisão o desenho geral do livro:

> Levi escreve um romance de invenção – tal como afirmou muitas vezes –, mas ancorado solidamente em um contexto histórico em grande parte semelhante ao que ele mesmo viveu (um paralelismo sempre sublinhado entre *A trégua* e *Se não agora, quando?* (Belpoliti, 2015: 427)

O "romance de invenção" leviano, contudo, pode ser associado a outro contexto histórico e biográfico, qual seja, o da sua própria experiência de constituição de um grupo guerrilheiro, ainda que em modo larvar e amadorístico (tal como sempre acentuou). De algum modo, a aventura "hipotética e plausível" dos guerrilheiros na Bielorrússia está associada a sua própria aventura abortada. Não tendo tido a experiência direta da ação armada continuada, Levi acabou por trazer o "testemunho" da resistência para o seu quadro narrativo a respeito de Auschwitz e da *Shoah*. Um "testemunho" que não se limita ao registro de atos "plausíveis" de heroísmo, mas sobretudo – em ênfase tipicamente leviana na centralidade da língua – da encenação "hipotética" de uma linguagem em ato e, como tal, de uma forma de vida: "Tive que dar a impressão ao leitor de que os diálogos entre os meus personagens, obviamente em italiano padrão, foram traduzidos do yiddish, uma língua que não conhecia bem e que o leitor italiano médio desconhece". O livro, por fim, teve recepção consagradora e foi agraciado, também, com o Premio Viareggio.

Segundo Marco Belpoliti, o primeira texto publicado de Primo Levi teria sido um poema – "Crescenzago" –, em 1943 (Belpoliti, 2015: 463). A atividade poética, com efeito, acompanhou toda a trajetória do escritor, com publicações esparsas e em veículos diversos, entre os quais a revista editada por Giorgio Bassani, *Bottegha Oscura*. Em 1970 Levi reuniu vinte e três poemas seus, em uma edição privada, com apenas trezentos exemplares e sem indicação de autoria. Cinco anos depois um pequeno volume com vinte e seis peças foi publicado pela editora All'Insegna del Pesce d'Oro, sob o título de *L'osteria di Brema* (A taberna de Brema). Em 1984, a editora Garzanti publicou um volume mais consistente de poesias de Primo Levi – *Ad ora incerta* (Em hora incerta) –, reunindo 63 de sua própria autoria e dez traduções de poetas diversos, entre os quais oito poemas de Heinrich Heine. No ano seguinte, o livro viria a receber dois importantes prêmios: o 35º Prêmio Nacional de Poesia Giosue Carducci e o Premio Abetone.

Em entrevista concedida em 1984, Levi indicou a precedência da poesia no seu processo de escrita a respeito da experiência no campo de extermínio: "As poesias vieram em primeiro lugar, logo que retornei à Itália. Era como se estivesse em meio a uma coleta de fungos ('in mezzo a una fungata'): nunca se sabe onde e quando nasce um fungo". No mesmo movimento, Levi acrescentou que "a poesia é mais idônea do que a prosa para exprimir o que eu pensava", para logo em seguida alterar o sentido da célebre proposição de Adorno – a de que não há poesia possível depois de Auschwitz, no seguinte sentido: "depois de Auschwitz não se pode mais fazer poesia senão sobre Auschwitz". Apesar da ênfase, Levi não dispensou o travo cético: "sou um homem que crê pouco na poesia, todavia a pratico" [19].

Em outra entrevista, Levi indicou a presença de dois conjuntos de poemas entre os 63 incluídos no livro. O primeiro inclui poemas "fortemente emotivos" e compostos "em torno de 1946" – quando "escrevia poemas concisos e sangrentos" (Levi, 2001: 151). O segundo contém a "poesia de férias": "Férias de tudo; de escrever em prosa, por exemplo, ou do trabalho quotidiano de químico". Ainda que "de férias", Levi valorizava seu trabalho poético, que dava continuidade ao mote pessoal da "escrita clara" e obtinha considerável retorno por parte dos leitores.

Parte expressiva da poesia de Primo Levi viria a ser publicada no Brasil, graças à criteriosa seleção e tradução de Mauricio Santanna Dias, sob o título de *Mil sóis: poemas escolhidos*. A apresentação ao volume exibe de modo também claro o quadro no qual se inscreve a poesia leviana:

> Vindo de uma experiência infernal que emudeceu ou desarticulou para sempre não poucos sobreviventes, talvez o maior traço de Levi tenha sido justamente o de tornar dizível o que a muitas almas puras inefável, dar concretude e

[19] Entrevista concedida a Giulio Nascimbeni, "Levi: l'ora incerta della poesia". In: Levi (2018: 469).

visibilidade ao "mundo às avessas" – como se referia a Auschwitz –, traduzir o horror absoluto em palavras claras, cristalinas, e às vezes até jocosas[20].

Uma pequena amostra da força poética de Levi pode ser encontrada no poema "Levantar" ("Alzarsi"), de 11 de janeiro de 1946 (Levi, 2019: 13):

> Sonhávamos nas noites ferozes
> Sonhos densos e violentos
> Sonhados com corpo e alma:
> Voltar; comer; contar.
> Até que soava breve e abafado
> O comando da aurora:
> "*Wstawac*";
>
> E no peito o coração partia.
> Agora reencontramos a casa,
> Nosso ventre está saciado,
> Terminamos de contar.
> É tempo. Logo ouviremos de novo
> O comando estrangeiro:
> "*Wstawac*".
> (Tradução de Mauricio Santanna Dias)

O penúltimo livro de Primo Levi, editado em vida, reuniu em 1985 cerca de cinquenta ensaios escritos entre 1964 e 1984, publicados no jornal turinense *La Stampa*. Marco Belpoliti definiu *L'altrui mestiere* (*O ofício alheio*) como sendo o "livro mais curioso, bizarro e agudo, no qual [o autor] se mostra como entomólogo, linguista, antropólogo,

[20] Cf. Mauricio Santanna Dias, "A poesia de um sobrevivente", In: Levi (2019: 13).

astrônomo, filólogo, crítico literário e, também, intrometido" (Belpoliti, 2015: 477).

O juízo de intromissão deve-se à multiplicidade de temas e domínios submetidos á curiosidade leviana. O crítico literário Mario Porro destacou o aspecto crítico de Primo Levi a respeito do tema das "duas culturas", sobretudo no que diz respeito a uma demarcação entre a "cultura científica" e a "cultura humanística" (Porro, 1997: 437).

A imagem do "ofício alheio" vale como metáfora da intrusão que resulta do interesse intelectual omnívoro de Primo Levi. Nessa medida, faz todo o sentido a descrição aposta na quarta capa da edição Einaudi, que destaca o aspecto autobiográfico do autor da "súmula de experiências e de pensamentos extravagantes", contida no livro em questão. Na mesma chave, parece razoável supor que *La ricerca delle radici* (*Em busca das raízes*) e *L'altrui mestiere* operam em uma mesma frequência – ou "período" –, como pontos de observação privilegiados dos circuitos imaginários e intelectuais por onde transitou a ação criadora de Primo Levi. Trata-se de um livro genial, com ensaios incontornáveis, embora tenha sido o de menor sucesso editorial, com uma tiragem de "apenas" 14.000 exemplares. A despeito disso, o livro propiciou a Primo Levi sua última distinção em vida: o Prêmio Aquileia, de 1985.

O terceiro – e derradeiro – grande livro que compõe o ciclo de Auschwitz foi publicado em 1986, um ano antes da morte de Primo Levi, sob o título de *Os afogados e os sobreviventes: os delitos, os castigos, as penas, as impunidades*. Trata-se de um retorno direto ao tema originário, no qual o intelectual maduro de 66 anos de idade retoma a memória do jovem de 28, com tinturas analíticas mais acentuadas. A escritura dos fragmentos não desaparece de todo, pois ela é o que permite a ostensão dos exemplos, mas subordina-se na obra de extrema maturidade a uma analítica que evoca o mandamento de Levi, que faz da escrita *um modo de ordenamento das coisas*. Através de oito capítulos notáveis – na forma e na substância –, Levi procede a uma rigorosa *redução fenomenológica*, em torno dos seguintes itens: "Memória da ofensa"; "A zona cinzenta"; "A vergonha"; "Comunicar"; "Violência inútil"; "O intelectual em Auschwitz"; "Estereótipos" e "Cartas de alemães". Nesse último, Levi comenta reações de leitores alemães à recém-lançada edição naquele país de seu livro de estreia.

O suicídio de Primo Levi, em abril de 1987, fez com que retrospectivamente ao último livro fosse atribuído o selo do testamento, uma forma arbitrária de declarar concluído o conjunto da obra. Primo Levi sobreviveu a si mesmo, tanto por força de várias e importantes publicações póstumas, como pelo fato de que sua voz permanece ativa, como contraponto aos processos de degradação civilizatória que se aceleraram e aprofundaram depois de sua morte. Mas, de todo modo, parte expressiva do legado leviano está contida em *Os afogados e os sobreviventes*.

A começar pelas motivações para a composição do livro. É inegável que estejam ainda ativas no meio de nós: a dissipação da memória de Auschwitz e o advento e a fixação de uma cultura negacionista e revisionista. O livro, concebido cerca de dez anos antes de sua publicação, resultou de ambos os espectros. A memória de Auschwitz retorna, sob tratamento analítico sóbrio e sem alguns dos recursos retóricos empregados no livro de estreia, ainda que não eliminados de todo. Para Levi, assim como a transmissão, a retórica – o modo de argumentar e persuadir – fazia parte do *processo da verdade*. Os fatos deixados à sua própria sorte evanescem na memória dos que os testemunharam, mas ganham em verdade, expressividade e extensão na medida em que acolhidos pela linguagem: "Talvez seja indispensável uma certa dose de retórica para que dure a memória" (Levi: 1990: 16).

A linguagem, no entanto, ainda que central no processo de transmissão, está sujeita ao limite intransponível do alcance do próprio testemunho. Tal consciência compõe uma dimensão estrutural do relato analítico de Levi: não lhe foi dado ver tudo.

> Numa distância de anos, hoje se pode bem afirmar que a história do *Lager* foi escrita quase exclusivamente por aqueles que, como eu próprio, não tatearam seu fundo. Quem o fez não voltou, ou então sua capacidade de observação ficou paralisada pelo sofrimento e pela incompreensão. (Levi: 1990: 14)

Trata-se, a um só tempo, de falar do Campo e a partir dele. A transmissão leviana, ao fixar a memória, dirige-se ao futuro, em função da intuição de que "se aconteceu (Auschwitz), poderá novamente acontecer". Se em *É isto um homem?* o relato foi propulsionado por um interesse cognitivo que bem pode ser definido como filosófico-político-moral-antropológico, o de observar o sujeito humano *in extremis* – "fornecer documentos para um sereno estudo de certos aspectos da alma humana" –, em *Os afogados e os sobreviventes,* manifesta-se também uma vontade de compreensão.

> Este livro pretende contribuir para o esclarecimento de alguns aspectos do fenômeno do *Lager*, que ainda são obscuros. Propõe-se também um fim mais ambiciosos; pretende responder à pergunta mais urgente, a pergunta que angustia todos aqueles que tiveram a oportunidade de ler nossas

> narrativas: em que medida o mundo concentracionário morreu e não retornará mais, como a escravidão e o código dos duelos? Em que medida retornou ou está retornando? Que pode fazer cada um de nós para que, neste mundo pleno de ameaças, pelo menos esta ameaça seja anulada? (Levi: 1990: 17)

A fortuna literária de Primo Levi compreende, ainda, importantes publicações póstumas. Três delas merecem destaque.

Em 2002, organizado por Marco Belpoliti, veio a lume o livro *L'assimmetria e la vita* (*A assimetria e a vida*), com uma seleção de ensaios de Levi. O tema do Campo, mais uma vez está presente, com destaque para o prefácio à autobiografia de Rudolf Höss (comandante de Auschwitz), raro exemplar de testemunho de um perpetrador. Há, ainda, o importante ensaio do qual foi extraído o título – *A assimetria e a vida* –, uma incursão no domínio da ciência e uma bela peça de autobiografia intelectual, o ensaio "O escritor não escritor" e um ensaio-manifesto em prol do dever de escrever de modo claro.

Fabio Levi e Domenico Scarpa, em 2015, organizaram um importante volume que contém uma reedição do relatório elaborado por Levi e De Benedetti, em 1945, sobre as condições sanitárias do campo de Monowitz. Acrescentaram ao volume uma série preciosa de testemunhos e depoimentos, tais como o prestado por Levi para o julgamento de Adolf Eichmann, em 1960. Os dois organizadores foram responsáveis, ainda, pela seleção de dez contos de Levi, publicados em momentos e obras diversas, em torno do tema do Campo, sob o título de *Auschwitz città tranquila*.

A revista *Uomini e libri*, em seu número de janeiro-fevereiro de 1987, publicou a última entrevista de Primo Levi, no transcurso de sua vida, interrompida de modo voluntário a 11 de abril daquele ano. Trazia como título "Il sinistro potere dela scienza". Trata-se, provavelmente, do registro das últimas palavras de Levi publicadas em vida. O mote da entrevista foi uma indagação a respeito das perspectivas da paz, como valor e possibilidade. Levi manifestou grande preocupação a respeito da capacidade destrutiva da ciência, e de sua submissão ao poder político: "bem sei que existe uma ciência neutra, mas sei tão bem quanto há uma ciência que neutra não é: a ela é necessário dizer 'basta'"[21]. De modo algum, foi a mais otimista de suas entrevistas.

***

Por duas vezes, Primo Levi retornou a Auschwitz. Na primeira, em 1965, tratou-se de uma "cerimônia comemorativa polonesa": "Excessivamente faustosa, pouco acolhimento, tudo em perfeita ordem, rostos limpos, muitos discursos oficiais"[22].

A visita de 1965, acidamente lembrada em 1984, deixou gravado em Auschwitz o selo de Primo Levi, sob a forma do texto que passou a constar na entrada do memorial dos italianos, naquele campo:

> Visitante observa os vestígios deste campo e medita: qualquer que seja o seu país, aqui você não é um estrangeiro.

[21] Entrevista concedida a Fiora Vicenti, Roberto Guiducci e Mario Miccinesi, "Il sinistro potere della scienza", "Uomini e libri", 1-2/1986. Cf. Levi (2018: 664).

[22] Entrevista a Giulio Nascimbeni, "Levi: l'ora incerta della poesia". In: Levi (2018: 471).

> Faça com que a viagem não tenha sido inútil; que não tenha sido inútil a nossa morte. Para si e para seus filhos, que as cinzas de Auschwitz valham como advertência: faça com que o fruto horrendo do ódio, do qual viu aqui os sinais, não se transforme em semente, nem para amanhã, nem para nunca mais[23].

Na segunda visita, em 1982, "a emoção foi profunda":

> Vi pela primeira vez o monumento de Birkenau, que era um dos trinta e nove campos de Auschwitz, o das câmaras de gás. Foi conservada a ferrovia. Os trilhos enferrujados entram no campo e terminam no limiar de um espaço vazio. Adiante há um vagão simbólico, feito de blocos de granito. Cada bloco tem o nome de uma nação. O monumento é este: os trilhos e os blocos[24].

Perguntado a respeito da existência de imagens de vítimas e de assassinos em Birkenau, Primo Levi retrucou que não. Havia, tão somente, reencontrado sensações: "por exemplo, o odor do lugar; um odor inócuo; creio que tenha sido o do Carbono"[25]. Selo do químico.

---

[23] Entrevista a Giulio Nascimbeni, "Levi: l'ora incerta della poesia". In: Levi (2018: 471).

[24] Entrevista a Giulio Nascimbeni, "Levi: l'ora incerta della poesia". In: Levi (2018: 471).

[25] Entrevista a Giulio Nascimbeni, "Levi: l'ora incerta della poesia". In: Levi (2018: 471).

Referências

ANGIER, Carole. *The Double Bond: the life of Primo Levi*. New York: Farrar, Strauss and Giroux, 2003.

BELPOLITI, Marco. *Primo Levi: Di fronte e di profilo*. Milano: Ugo Guanda Editore, 2015.

CALIMANI, Riccardo. *Storia degli ebrei italiani*. v. I, II e III. Milano: Mondadori, 2013.

CALVINO, Italo. Os dois ofícios de Primo Levi. In: LEVI, Primo. *O Ofício Alheio*. Trad. Silvia Massimini. São Paulo: Editora da Unesp, 2016.

CASTIGLION, Alberto. *Notizie su Argon: gli antenati di Primo Levi da Francesco Petrarca a Cesare Lombroso.* Torino: Instar Libri, 2006.

__________. Gli antenati di Primo Levi. *Poliphilos*, v. 4, 2013.

LESSA, Renato. *Vita Infera*: Dante, Primo Levi. In: MACIERA, Aislan Camargo e MASSI, Luciana. (Org.). *Caledoscópio Primo Levi: ensaios sobre um poliédrico quimiscritor*. Campinas: Editora da Unicamp, 2021.

__________. O silêncio e sua representação. In: SCHWEIDSON, Edelyn. (Org.). *Memória e cinzas: vozes do silêncio*. São Paulo: Perspectiva, 2009.

LEVI, Primo. *É isto um homem?* São Paulo: Rocco, 1989.

__________. *Os afogados e os sobreviventes: os delitos, os castigos, as penas, as impunidades*. Trad. Luiz Sérgio Henriques. Rio de Janeiro: Paz e Terra, 1990.

__________. La Tregua: edizione scolastica. In: __________. *Opera Completa*, v. I. Torino: Einaudi, 1997.

__________. *A Tabela Periódica*. Trad. Luiz Sérgio Henriques. Rio de Janeiro: Relume Dumará, 2001 [1975].

__________. *71 contos*. Trad. Mauricio Santanna Dias. São Paulo: Companhia das Letras, 2005.

__________. *A chave estrela*. Trad. Mauricio Santanna Dias. São Paulo: Companhia das Letras, 2009 [1978].

__________. O escritor não escritor. In: __________. *A assimetria da vida: artigos e ensaios*. Trad. Ivone Benedetti. São Paulo: Editora Unesp, 2016.

__________. *Opere Complete III*. Torino: Einaudi, 2018.

__________. *Mil sóis: poemas escolhidos*. Seleção e tradução de Mauricio Santanna Dias. São Paulo: Todavia, 2019.

LEVI, Primo; REGGE, Tulio. *Diálogo sobre a Ciência e os Homens*. Lisboa: Gradiva 2012 [1984].

LEVI, Primo; BENEDETTI, Leonardo de. Testemunho de um companheiro de prisão. In: LEVI, Fabio; SCARPA, Domenico. (Org.). *Assim foi Auschwitz: testemunhos, 1945-1986*. São Paulo: Companhia das Letras, 2015.

LEWINSKA, Pelagia. *Vingt Mois à Auschwitz*. Paris: Nagel, 1945.

LUCCA, Rita Caccano de; OLAGNERO, Manuela. Entrevista. *Mondo Operario*, v. 3, 1984.

MESNARD, Philippe. *Primo Levi: Le passage d'um témoin*. Paris: Fayard, 2011.

MOMIGLIANO, Luciana Nissim. *Ricordi della casa dei morti e altri scritti*. Firenze: Giuntina, 2007.

NISSIM, Luciana; LEWINSKA, Pelagia. *Donne contro il mostro*. Torino: Ramella, 1946.

PASOLINI, Pier Paolo. *Ragazzi di vita*, Milano: Garzanti, 1955. (Edição brasileira: *Meninos de vida*. Tradução de Rosa Artini Petraitis. São Paulo: Brasiliense, 1985).

POLI, Gabriela; CALCAGNO, Giorgio. *Echi di una voce perduta: incontri, interviste e conversazione con Primo Levi*. Milano: Mursia, 1992.

PORRO, Mario. Scienza. *RIGA 13*, 1997, p. 434-475.

SARFATTI, Michele. *Gli ebrei nell'Italia fascista: vicende, identità, persecuzione*. Torino: Einaudi, 2018.

SCARPA, Domenico. A estreia absoluta de Primo Levi: *Buna Lagër*. Trad. Aislan Camargo Maciera. *Revista de Literatura Italiana*, v. 2, n. 3, mar., 2021.

THOMSON, Ian. *Primo Levi*. London: Vintage, 2003.

__________. *Primo Levi: a life*. New York: Picador, 2004.

Obras de Primo Levi publicadas no Brasil

(segundo ordem cronológica)

É isto um homem?. Trad. Luigi Del Re. São Paulo: Rocco, 1988 [1947].

Os afogados e os sobreviventes. Trad. Luiz Sérgio Henriques. Rio de Janeiro: Paz e Terra, 1990 [1986].

A trégua. Trad. Marco Lucchesi. São Paulo: Companhia das Letras, 1997 [1963].

Se não agora quando?. Trad. Nilson Moulin. São Paulo: Companhia das Letras, 1999 [1982, Premio Campiello].

O último natal da guerra. Trad. Maria do Rosário Toschi Aguiar. São Paulo: Berlendis & Vertecchia, 2000 [1986].

A tabela periódica. Trad. Luiz Sérgio Henriques. Rio de Janeiro: Relume Dumará, 2001 [1975].

71 Contos de Primo Levi. Trad. Mauricio Santanna Dias. São Paulo: Companhia das Letras, 2005 [reunião de três livros originais de contos: *Histórias Naturais* (1966), *Vício de Forma* (1971) e *Lilith* (1981)].

A chave estrela. Trad. Mauricio Santanna Dias. São Paulo: Companhia das Letras, 2009 [1978, Premio Strega].

Assim foi Auschwitz (com Leonardo de Benedetti). Org. Fabio Levi e Domenico Scarpa. Trad. Federico Carotti. São Paulo: Companhia das Letras, 2015 [2015, póstuma].

A assimetria e a vida. Trad. Ivone Benedetti. São Paulo: Editora da Unesp, 2016 [2002, póstumo].

O ofício alheio. Trad. Silvia Massimini. São Paulo: Editora da Unesp, 2016 [1985].

Mil sóis: poemas escolhidos. Trad. e Sel. Mauricio Santanna Dias. São Paulo: Todavia, 2019 [datas diversas].

Autores

Aislan Camargo Maciera é professor de literatura italiana e brasileira. Licenciado e bacharel em Letras (português e italiano) pela Unesp, mestre e doutor em Língua, Literatura e Cultura Italianas pela Universidade de São Paulo, é pesquisador de pós-doutorado na FFLCH/USP, bolsista PNPD/CAPES. É membro do GEPLIT - Grupo de Estudos e Pesquisas em Literatura Italiana e Tradução da USP e do NECLIT - Núcleo de Estudos Contemporâneos de Literatura Italiana da UFSC, trabalhando com tradução, recepção e fortuna crítica da Literatura Italiana no Brasil. É autor de *Primo Levi: ciência, técnica e literatura* (tese de doutorado) e do livro *Primo Levi. Da química à literatura, do testemunho à ficção*, além de outros artigos acadêmicos sobre o autor italiano. Colabora com o *Centro Internazionale di Studi Primo Levi*, de Turim, com trabalhos sobre a recepção dos escritos do autor na América Latina.

Andrea Schettini é professora do Departamento de Direito da PUC-Rio e pesquisadora do Núcleo de Direitos Humanos da mesma instituição. Doutora em Direito pela PUC-Rio em cotutela com a Universidade Paris Nanterre (França). Foi pesquisadora da Comissão Nacional da Verdade (2014) e assessora da Comissão Estadual da Verdade do Rio de Janeiro (2015-2016). Desenvolve pesquisa sobre justiça de transição, direitos humanos e memória.

Déborah Danowski é professora da Pós-Graduação em Filosofia da PUC-Rio e bolsista de produtividade do CNPq. É pesquisadora da metafísica moderna, mas, na última década, tem se dedicado sobretudo a questões ligadas à emergência ecológica global em curso. Suas publicações mais recentes incluem "O hiper-realismo das mudanças climáticas e as várias faces do negacionismo"; "καταστροφή: o fim e o começo"; *Há mundo por vir? Ensaio sobre os medos e os fins* (com Eduardo Viveiros de Castro); e o cordel *Negacionismos.*

Eduardo Jardim nasceu no Rio de Janeiro em 1948. Estudou filosofia na PUC-Rio, onde fez o mestrado, e doutorou-se pela UFRJ, em 1983. Publicou *A brasilidade modernista – sua dimensão filosófica* (2016), *Limites do moderno* (1999), *Mário de Andrade – a morte do poeta* (2005), *A duas vozes – Hannah Arendt e Octavio Paz* (2007), *Hannah Arendt – pensadora da crise e de um novo início* (2011), *Eu sou trezentos – Mário de Andrade – vida e obra* (2015) – (Prêmio Jabuti de melhor livro de não ficção, 2016), *Tudo em volta está deserto* (2017) e *A doença e o tempo* (2019). Organizou *Hannah Arendt – diálogos, reflexões, memórias* (2001), e as coleções *Modernismo + 90* (2013), e *Ensaios contemporâneos* (2016).

Fabio Levi é presidente do Centro Internacional de Estudos Primo Levi. Foi professor titular de História Contemporânea da Universidade de Torino. Publicou vários livros a respeito da perseguição antijudaica na Itália, pela editora Zamorani, sendo o mais recente *La persecuzione antiebraica dal fascismo al dopoguerra* (2009). Pela editora Feltrineli, publicou *In Viaggio con Alex*, uma biografia do fundador dos Verdes na Itália. Em colaboração com Domenico Scarpa, editou o livro *Così fu Auschwitz*, que reuniu textos de Primo Levi e Leonardo de Benedetti (também publicado no Brasil). Em 2019 publicou pela editora Einaudi, a décima Lição Primo Levi - *Dialoghi* - (incluída na presente coletânea) e, com Domenico Scarpa, editou um volume com todas as dez Lições Primo Levi, promovidas desse 2009 pelo Centro Primo Levi, pela editora Mondadori.

Jeanne Marie Gagnebin nasceu em Lausanne (Suíça). Estudou filosofia e literatura alemã na Universidade de Genebra e concluiu o doutorado em filosofia na Universidade de Heidelberg (Alemanha) em 1977. Vive e leciona no Brasil desde 1978. Coordena a edição crítica de textos de Walter Benjamin na Editora 34, São Paulo. Trabalha sobre as questões da memória e de políticas da memória. É professora titular de filosofia na PUC-SP e livre-docente (aposentada) em teoria literária na Unicamp. Entre outros, publicou os seguintes livros: *Walter Benjamin. Os Cacos da História* (1982 - nova edição em 2018); *História e Narração em Walter Benjamin* (1994); *Sete Aulas sobre Memória, Linguagem e História* (1997); *Lembrar. Escrever. Esquecer* (2006); *Limiar, aura e rememoração. Ensaios sobre Walter Benjamin* (2014).

Joel Birman é graduado em Medicina pela UFRJ, com especialização em Psiquiatria. É mestre em Filosofia (PUC-Rio) e em Medicina social (UERJ), e doutor em Filosofia (USP). É psicanalista, membro do Espaço Brasileiro de Estudos Psicanalíticos e do Espace Analytique (França); Professor Titular do Instituto de Psicologia da UFRJ e Professor do Programa de Pós-Graduação em Teoria Psicanalítica, na mesma universidade. É, ainda, professor associado e directeur d'Études en Lettres et Sciences Humaines na Université de Paris Diderot. Seus livros mais recentes são *Mal-estar na atualidade: A psicanálise e as novas formas de subjetivação* (2019) e *O Trauma na Pandemia do Coronavírus* (2020).

Maria Izabel Varella é mestre pelo Programa de Pós-Graduação em Direito da PUC-Rio, onde atualmente cursa o doutorado, e é pesquisadora do Núcleo de Direitos Humanos da mesma universidade. Interessa-se, sobretudo, pelo tema da memória e sua potência política, refletindo a partir de uma perspectiva transdisciplinar entre filosofia moderna e contemporânea, literatura e direito.

Mauricio Rocha é docente do Programa de Pós-Graduação em Direito da PUC-Rio. Graduado e licenciado em Filosofia no IFCS da UFRJ (1983). Mestre e doutor em Filosofia pela PUC-RJ (1998) com trabalhos sobre Spinoza. Como docente trabalhou na Faculdade de Educação da Baixada Fluminense / UERJ na Vila São Luís, Duque de Caxias (2001-2010) e no Departamento de Filosofia do Colégio Pedro II (1992-2005). Desde 2010 é docente do Departamento de Direito da PUC-Rio, com pesquisas e publicações sobre filosofia política moderna e contemporânea (Spinoza, Deleuze & Guattari, Fernand Deligny e Michel Foucault). Coordena o Círculo de leitura Spinoza & a filosofia do Rio de Janeiro, iniciado em 2000.

Renato Lessa é professor da Pós-Graduação em Teoria do Estado e Direito Constitucional e da Pós-Graduação em Filosofia da PUC-Rio. É bolsista de produtividade 1 A do CNPq, desde 2004. É Coordenador do Centro Primo Levi/ PUC-Rio e coeditor da revista *HURBINEK: Revista Internacional de Estudos Levianos.* Doutor em Teoria Política, pelo Iuperj (1992), com estágios de pós-doutorado realizados nas seguintes instituições: American University (Washington DC, EUA, 1994), Universidade de Lisboa (2004), Università dello Piemonte Orientale (Itália, 2011-2012), Universidade de Paris IV: Sorbonne (2015) e Lettres Sorbonne Université (2021). Foi professor titular de Teoria Política no Iuperj (1992-2010) e na Universidade Federal Fluminense (1994-2016). Presidiu a Faperj, em 2002, e a Biblioteca Nacional, entre 2013 e 2016. Suas publicações mais recentes são *O Cético e o Rabino* (2019) e o ensaio "Scepticism and *Lebensform*: a brief argument about some affinities between Wittgenstein and ancient skepticism" (2020).

Rosana Kohl Bines é professora associada do Departamento de Letras e do Programa de Pós-Graduação em Literatura, Cultura e Contemporaneidade da PUC-Rio. É bolsista do Conselho Nacional de Pesquisa (CNPq) e integra a Cátedra Sérgio Vieira de Mello (PUC-Rio/ACNUR), dedicada aos estudos do refúgio. Mestre em Ciência da Literatura pela Universidade Federal do Rio de Janeiro (UFRJ) e doutora em Literatura Comparada pela Universidade de Chicago. É curadora literária do acervo do escritor judeu-brasileiro Samuel Rawet, abrigado no Arquivo Museu de Literatura Brasileira da Fundação Casa de Rui Barbosa e co-organizadora das coletâneas *Samuel Rawet: Ensaios Reunidos* (2008) e *Rawet em diálogo* (2019), dentre outras publicações. É coeditora, na PUC-Rio, de *HURBINEK: Revista Internacional de Estudos Levianos* e coordenadora do Centro Primo Levi/ PUC-Rio.

Viviana Ribeiro é doutoranda pelo Programa de Pós-Graduação da Pontifícia Universidade Católica do Rio de Janeiro (PUC-Rio), mestra em Filosofia pelo Programa de Pós-Graduação em Filosofia da Universidade Federal Fluminense PFI/UFF e graduada em Direito pelo IBMEC-RJ. Professora e cofundadora da escola IPIA – Comunidade de Pensamento – e professora da Central de Cursos de Extensão (CCE) PUC- Rio. Desenvolve pesquisa na área de filosofia política, teoria do Estado, Democracia e Direito com a perspectiva de gênero, raça e classe. Integrante do Grupo de Trabalho Deleuze e Guattari da Associação Nacional de Pós-Graduação em Filosofia (GT- Deleuze/Anpof), do Seminário Spinoza e o Direito e do Círculo Spinoza e a filosofia da PUC-Rio.